일상의 문제 해결

일상의 문제 해결

공저 | 하서 빵냐 · 법성(法城)

도서출판 유마북

일상의 문제 해결

2024년 11월 14일 1판 1쇄 인쇄
2024년 11월 15일 1판 1쇄 발행

공　저 | 하서 빵냐 · 법성(法城)
펴낸이 | 성담(性淡)

펴낸곳 · 도서출판 유마북
인쇄 · 신도 | 제본 · 보경문화사
출판등록 · 제2010-09호
주소 · 경기도 하남시 아리수로 570 효성헤링턴타워
전화 · 031)795-1928 팩스 · 031)794-1929

ISBN 979-11-85049-29-8
가격 | 20,000원

잘못된 책은 바꿔 드립니다.

일상의 문제 해결

일러두기

○ 본서에서 4부 니까야, 청정도론의 권수와 페이지수『(제0권p000)』는 초기불전 연구원 역본(譯本)의 4부 니까야, 청정도론의 권수와 페이지수를 기재한 것임.

머리말

세상 사람 누구나 행복을 바란다. 자신의 미래의 행복은 마음이 창조한다. 세존께서는 단순히 '즐거운 느낌'만을 행복이라고 말씀하시지 않고 평온한 느낌과 느낌의 소멸까지도 포함하여 총체적으로 '괴로움이 없는 상태'를 행복이라고 말씀하셨다.

정신과 물질은 무상하기 때문에 마음을 압박하여 괴로움이고, 무거운 짐을 진 것과 같아서 괴로움이다. 어떻게 해야 마음의 압박을 해소하여 통쾌한 해방의 자유를 얻고, 무거운 짐을 내려놓아 편안하고 즐거우며, 다툼없는 고요하고 평화로운 경지에 이를 것인가.

일상생활에서 자기 몸과 마음을 관찰하여 담마(법)를 보고 연기(緣起)를 꿰뚫어 보았다면 그는 통찰지로서 일상의 문제를 해결하고 괴로움을 벗어난다. 그는 그 하나의 문제에 관한 한 바른 견해(정견)를 필두로 한 팔정도의 바른 방편으로서 괴로움의 소멸에 이른 것이다. 이 책은 이와 같이 일상의 문제를 해결하여 괴로움을 벗어나는 지혜와 방편을 설명한다. 만약 일체의 문제에 대한 근원적인 연기를 완전히 꿰뚫어 본다면 그는 취착이 없는 완전한 열반에 이를 것이다.

 이 책은 초심불자를 위한 이해하기 쉬운 인과의 주제로부터 오랜 세월 수행해온 구참 수행자를 위한 심도 있는 수행법문까지 폭넓은 주제를 다루었다. 이 책이 나오기까지 도움을 주신 여러분께 감사를 드린다. 통찰력으로 난해한 문제에 대한 해법을 제시해주신 담마 나가라(法城) 스님, 여러 도반 스님들, 보명 불자님, 멀리 일본의 자명 불자님, 법해 거사님 기타 여러 불자님들께 감사드린다.

2024년 10월

하서 빵냐 스님 · 법성(法城) 스님
삼가 씀

차 례

제1편 믿음, 발심(信)

1. 불교는 종교인가, 철학인가, 도인가 · · · · · · · 27
2. 자신의 미래는 마음이 창조한다 · · · · · · · · 29
3. 선은 생명의 기운이고, 악은 죽음의 기운이다 · · · · 31
   - 가. 생명의 특징과 죽음의 특징 · · · · · · · · 31
   - 나. 선한 마음과 불선한 마음의 특징 · · · · · · 32
4. 인과법문 · · · · · · · · · · · · · · · · · · 34
   - 가. 인과응보 · · · · · · · · · · · · · · · · 34
   - 나. 업의 종류 · · · · · · · · · · · · · · · · 35
   - 다. 임종과 후생 · · · · · · · · · · · · · · · 37
5. 남의 말과 행동은 내 마음의 거울이다 · · · · · · 39
6. 공덕을 짓는 데 게으른 사람 · · · · · · · · · · 44
7. 마음의 밭을 갈고 씨앗을 뿌려라 · · · · · · · · 53
8. 악업의 과보와 선업의 과보 · · · · · · · · · · 58
   - 가. 악업의 과보 · · · · · · · · · · · · · · · 58

나. 선업의 과보 · · · · · · · · · · · · · · · 65
　　다. 천상세계에 태어나는 5가지 선업 · · · · · · · 68
9. 큰 과보를 가져오는 청정한 보시 · · · · · · · · · 69
　　가. 열네 가지 개인에 대한 보시 · · · · · · · · · 70
　　나. 일곱 가지 승가에 대한 보시 · · · · · · · · · 72
　　다. 네 가지 보시의 청정 · · · · · · · · · · · · 73
10. 재물이 없이 남에게 보시하는 법 · · · · · · · · 78
　　가. 눈으로 베푸는 보시 · · · · · · · · · · · · 78
　　나. 얼굴로 베푸는 보시 · · · · · · · · · · · · 78
　　다. 말로 베푸는 보시 · · · · · · · · · · · · · 78
　　라. 몸으로 베푸는 보시 · · · · · · · · · · · · 79
　　마. 마음으로 베푸는 보시 · · · · · · · · · · · 79
　　바. 좌석으로 베푸는 보시 · · · · · · · · · · · 79
　　사. 방과 집으로 베푸는 보시 · · · · · · · · · · 79
11. 사람으로 태어나기 어렵다 · · · · · · · · · · · 81
12. 사람이 태어나는 원리 · · · · · · · · · · · · · 86

13. 포살과 팔관재계 · · · · · · · · · · · · · · · · 88
   가. 포살(布薩) · · · · · · · · · · · · · · · · · · 88
   나. 팔관재계(八關齋戒) · · · · · · · · · · · · · 91
14. 임종시의 마음자세와 도솔천왕생 · · · · · · · 97
   가. 임종의 마음자세 · · · · · · · · · · · · · · · 100
   나. 임종시 가족들의 주의사항 · · · · · · · · · · 101
   다. 도솔천왕생의 서원 · · · · · · · · · · · · · · 101
   라. 도솔천 왕생의 공덕 8가지 · · · · · · · · · 103
15. 감각적 욕망의 괴로움 · · · · · · · · · · · · · 106
   가. 감각적 욕망 · · · · · · · · · · · · · · · · · 106
   나. 괴로움의 4가지 뜻 · · · · · · · · · · · · · 108
   다. 감각적 욕망의 4가지 괴로움 · · · · · · · · 109
16. 찾고 구해야 할 내면의 즐거움 · · · · · · · · 111
   가. 외적인 즐거움 · · · · · · · · · · · · · · · · 111
   나. 내면의 즐거움 · · · · · · · · · · · · · · · · 112
17. 숙명론, 창조론, 허무주의 · · · · · · · · · · · 116

가. 숙명론(運命論) · · · · · · · · · · 117
　　나. 창조론(創造論) · · · · · · · · · · 117
　　다. 허무주의(虛無主義) · · · · · · · · · 118
18. 정법과 사이비의 판단기준 · · · · · · · · 120
　　가. 정법(正法) · · · · · · · · · · · 120
　　나. 사이비(似而非) · · · · · · · · · · 121

제2편 교리, 이해(解)

1. 마음으로 모든 법들이 만들어진다 · · · · · · · 127
2. 삼법인(三法印) · · · · · · · · · · · 129
　　가. 삼법인(三法印) · · · · · · · · · · 129
　　나. 오온(五蘊) · · · · · · · · · · · 130
　　다. 십이처(十二處) · · · · · · · · · · 131
　　라. 십팔계(十八界) · · · · · · · · · · 131

3. 삼계육도와 31가지 존재계 · · · · · · · · · · · · · · · 133
   가. 세상 · 133
   나. 31가지 존재계 · · · · · · · · · · · · · · · · · · 134

4. 윤회와 무아 · 138
   가. 윤회와 무아는 이론이 아니고 실제다 · · · · 138
   나. 윤회하는 주체는 없다 · · · · · · · · · · · · · · 139

5. 십이연기(十二緣起) · · · · · · · · · · · · · · · · · · 141
   가. 연기(緣起)의 의미 · · · · · · · · · · · · · · · · 141
   나. 유전문(流轉門) · · · · · · · · · · · · · · · · · · 141
   다. 환멸문(還滅門) · · · · · · · · · · · · · · · · · · 142
   라. 십이연기의 12가지 법들 · · · · · · · · · · · · 143
   마. 삼세양중인과(三世兩重因果) · · · · · · · · · 145
   바. 사성제와 십이연기의 관계 · · · · · · · · · · · 146

6. 사성제(四聖諦) · 148
   가. 고성제(苦聖諦) · · · · · · · · · · · · · · · · · · 148
   나. 집성제(集聖諦) · · · · · · · · · · · · · · · · · · 149

다. 멸성제(滅聖諦) · · · · · · · · · 150
　　라. 도성제(道聖諦) · · · · · · · · · 150
　　마. 일상에서 고집멸도(苦集滅道)를 통찰하는 예 · · 154
7. 세 가지 지혜(三慧)와 위빳사나의 삼요소 · · · · 156
　　가. 듣는 지혜 · · · · · · · · · · · 156
　　나. 생각하는 지혜 · · · · · · · · · 156
　　다. 닦는 지혜 · · · · · · · · · · · 156
　　라. 위빳사나의 삼요소 · · · · · · · · 157
8. 장님과 코끼리 비유 경 · · · · · · · · 166
　　가. 십사무기(十四無記) · · · · · · · · 166
　　나. 독화살의 비유(전유경) · · · · · · · 171
　　다. 장님과 코끼리 비유의 교훈 · · · · · · 172

제3편 수행, 실천(行)

1. 더없이 행복한 하룻밤의 게송 · · · · · · · · · · · 177
2. 쉬는 것이 수행이다 · · · · · · · · · · · · · · · 184
   가. 갈애를 쉬어라 · · · · · · · · · · · · · · · 184
   나. 생각을 쉬어라 · · · · · · · · · · · · · · · 184
   다. 의도를 쉬어라 · · · · · · · · · · · · · · · 185
3. 선근(善根)을 보호하라 · · · · · · · · · · · · · 193
   가. 여덟 가지 선근 · · · · · · · · · · · · · · · 193
   나. 선근의 보호 · · · · · · · · · · · · · · · · 195
4. 번뇌를 끊는 7가지 방편 · · · · · · · · · · · · 199
   가. 봄으로써 없애야 할 번뇌들 · · · · · · · · · 199
   나. 단속함으로써 없애야 할 번뇌들 · · · · · · · 201
   다. 수용함으로써 없애야 할 번뇌들 · · · · · · · 203
   라. 참고 견딤으로써 없애야 할 번뇌들 · · · · · 204
   마. 피함으로써 없애야 할 번뇌들 · · · · · · · · 206

바. 버림으로써 없애야 할 번뇌들 · · · · · · · · · 206
　　사. 닦음으로써 없애야 할 번뇌들 · · · · · · · · · 207
5. 번뇌에 대한 바른 이해 · · · · · · · · · · · · 210
　　가. 열네 가지 번뇌의 종류 · · · · · · · · · · · 210
　　나. 번뇌를 꿰뚫어 보고 제거하라 · · · · · · · · · 211
　　다. 번뇌의 네 가지 층 · · · · · · · · · · · · · 212
　　라. 번뇌를 제거하는 과정 · · · · · · · · · · · 213
6. 14가지 번뇌를 다스리는 법 · · · · · · · · · 217
　　가. 무명의 부류에 속하는 4가지 번뇌와 다스리는 법 · 217
　　나. 탐욕의 부류에 속하는 3가지 번뇌와 다스리는 법 · 217
　　다. 성냄의 부류에 속하는 4가지 번뇌와 다스리는 법 · 218
　　라. 기타 3가지 번뇌와 다스리는 법 · · · · · · · 218
7. 여섯 가지 기질과 명상주제 · · · · · · · · · 220
　　가. 탐욕의 기질 · · · · · · · · · · · · · · · 220
　　나. 성냄의 기질 · · · · · · · · · · · · · · · 220
　　다. 어리석음의 기질 · · · · · · · · · · · · · 220

라. 믿는 기질 · · · · · · · · · · · · · · · 221
　　마. 지적인 기질 · · · · · · · · · · · · · · 221
　　바. 사색하는 기질 · · · · · · · · · · · · · 222
8. 바른 말의 수행 · · · · · · · · · · · · · · · 223
　　가. 거짓말을 삼가는 것 · · · · · · · · · · 223
　　나. 이간질을 삼가는 것 · · · · · · · · · · 224
　　다. 추악한 말을 삼가는 것 · · · · · · · · · 224
　　라. 쓸데없는 말을 삼가는 것 · · · · · · · · 225
9. 한거(閑居) · · · · · · · · · · · · · · · · · 226
　　가. 홀로 머묾 · · · · · · · · · · · · · · · 226
　　나. 일없음 · · · · · · · · · · · · · · · · 228
　　다. 명상 · · · · · · · · · · · · · · · · · 229
10. 묵언수행 · · · · · · · · · · · · · · · · · 230
　　가. 말의 문제점 · · · · · · · · · · · · · · 230
　　나. 묵언(默言) · · · · · · · · · · · · · · 230
　　다. 말 알아차리기 · · · · · · · · · · · · · 231

11. 원숭이 경의 교훈 · · · · · · · · · · · · · · · · · · 232
12. 여섯 동물 비유경의 교훈 · · · · · · · · · · · · · 237
13. 때를 알고 행동하라 · · · · · · · · · · · · · · · · 239
   가. 조건의 성숙 · · · · · · · · · · · · · · · · · · · 239
   나. 농사의 비유 · · · · · · · · · · · · · · · · · · · 240
   다. 때를 알아 행동하라 · · · · · · · · · · · · · · 242
   라. 때에 맞게 가르치라 · · · · · · · · · · · · · · 244
14. 부정관, 음욕을 다스리는 법 · · · · · · · · · · · 247
   가. 부정관(不淨觀) · · · · · · · · · · · · · · · · · 247
   나. 보호관 · 249
   다. 육근의 단속 · · · · · · · · · · · · · · · · · · · 250
   라. 땀흘리기 · 251
15. 화가 날 때 다스리는 법 · · · · · · · · · · · · · 252
   가. 성냄의 나쁜 점 · · · · · · · · · · · · · · · · · 252
   나. 성냄 빨리 알아차리고 내려놓기 · · · · · · 253
   다. 법의 기쁨 일으키기 · · · · · · · · · · · · · · 254

라. 인욕하고 괴로움을 감수하기 · · · · · · · · · 257
　　마. 조급함 버리기 · · · · · · · · · · · · · · · 260
　　바. 자애와 연민 · · · · · · · · · · · · · · · · 261
16. 간략한 호흡명상법 · · · · · · · · · · · · · · · 263
17. 사무량심 명상법 · · · · · · · · · · · · · · · · 265
　　가. 사무량심의 의미 · · · · · · · · · · · · · · 265
　　나. 사무량심의 열한 가지 이익 · · · · · · · · · 266
　　다. 사무량심의 큰 복덕 · · · · · · · · · · · · · 267
　　라. 니까야의 사무량심을 통한 해탈 · · · · · · · 268
　　마. 청정도론의 사무량심 명상법 · · · · · · · · 272
18. 마음의 수행과 지혜의 수행은 다르다 · · · · · · 277
　　가. 번뇌의 2가지 종류 · · · · · · · · · · · · · 278
　　나. 마음의 수행법의 2가지 종류 · · · · · · · · 278
　　다. 지혜의 수행법의 3가지 종류 · · · · · · · · 280
19. 위빳사나 명상법 · · · · · · · · · · · · · · · · 283
20. 일심정진 · 287

가. 일심 · 287
　　나. 용맹정진과 깨달음 · · · · · · · · · · · · · 287
　　다. 망상과 탐욕의 제거 · · · · · · · · · · · · 292
21. 악연(惡緣)을 푸는 방법 · · · · · · · · · · · 294
　　가. 용서를 빌기 · · · · · · · · · · · · · · · · 294
　　나. 악연을 피하지 않고 당당히 마주하기 · · · · · 294
　　다. 참고 이겨내기 · · · · · · · · · · · · · · · 295
　　라. 과거의 악연으로부터 벗어나기 · · · · · · · 295
22. 수행과 마장 · · · · · · · · · · · · · · · · · 297
23. 인욕바라밀 · · · · · · · · · · · · · · · · · 300
　　가. 욕설과 험담을 하면 · · · · · · · · · · · · 302
　　나. 손찌검을 하면 · · · · · · · · · · · · · · · 302
　　다. 흙덩이를 던지면 · · · · · · · · · · · · · · 302
　　라. 몽둥이로 때리면 · · · · · · · · · · · · · · 303
　　마. 칼로 베면 · · · · · · · · · · · · · · · · · 303
　　바. 칼로 목숨을 빼앗으면 · · · · · · · · · · · 304

24. 강한 의지조건과 수행 · · · · · · · · · · · · · 307
　가. 기후 · 307
　나. 음식물 · · · · · · · · · · · · · · · · · · · 308
　다. 사람 · 309
　라. 처소 · 312
25. 재가수행지침 · · · · · · · · · · · · · · · · · 314
　가. 재가수행과 출가수행의 차이 · · · · · · · · 314
　나. 선업공덕을 부지런히 지어라 · · · · · · · · 314
　다. 재가수행의 장점과 업장소멸 · · · · · · · · 315
　라. 바로 지금, 여기서 수행하라 · · · · · · · · 316
26. 병들었을 때의 수행 · · · · · · · · · · · · · 318
　가. 몸의 감촉에 대한 바른 관찰 · · · · · · · · 318
　나. 병고의 장점 · · · · · · · · · · · · · · · · 320
　다. 죽음의 공포로 발심하여 깨달음을 얻다 · · · 321

제4편 문제 해결, 체험(證)

1. 수행의 결실, 문제 해결 능력 · · · · · · · · · · · · · **327**
    가. 수행의 결실 · · · · · · · · · · · · · · · · · 327
    나. 문제 해결 능력 · · · · · · · · · · · · · · · 328
2. 인간사의 갈등과 문제 해결 · · · · · · · · · · · · **333**
    가. 존중과 사랑 · · · · · · · · · · · · · · · · · 333
    나. 갈등의 원인과 해소 · · · · · · · · · · · · 334
    다. 심리치료 · · · · · · · · · · · · · · · · · · · 334
3. 자기 자신에게 의지하라 · · · · · · · · · · · · · · · **338**
4. 언제나 어디서나 주인이 되라 · · · · · · · · · · · **344**
5. 생각을 바꿔서 괴로움에서 벗어난 이야기 · · · · · **348**

회향문

찬불게(讚佛偈)

「나모 땃사 바가와또 아라하또 삼마 삼붓닷사」(3번)
그분, 존귀하신 분, 번뇌를 다하신 분, 스스로 완전히 깨달으신 분께
귀의합니다.

세간을 밝게 비추시는 정등각자께서는
위없는 깨달음을 얻으시고
널리 중생들을 연민하여
법의 바퀴를 굴리셨네.

마라를 항복받은 위대한 승리자이신
대적할 자 없는 황소의 힘을 가지신
고따마 붓다께서는 법의 등불을 켜고
인간과 천상을 인도하시네.

법의 북을 치고, 법의 나팔을 불고
법의 깃발을 높이 세우고서
눈 있는 자 와서 보고
귀 있는 자 와서 들으라고 사자후하시네.

거룩한 진리를 설하시기 전에 먼저
보시와 계의 선업을 닦아

천상에 태어나는 길을 말씀하시고
애욕은 더러움이요 출리가 뛰어남을 설하셨네.

듣는 이가 마음이 유연해지고
기쁨이 넘치고 부처님을 우러러 보아
믿음과 공경심이 충만할 때
비로소 사성제를 설하셨다네.

진리를 들은 이들은 모두가
법의 눈(法眼)이 청정해져서
앞으로 가야 할 길을 환하게 보고
뛸 듯이 기뻐하였네.

이제 부처님께서 행하신 방편을 본받아
여기에 모인 스님들과 불자님들을 위해
거룩한 삼보의 가피에 의지하여
법문을 설하겠습니다.

제1편 믿음, 발심(信)

제1편 믿음, 발심(信)

1. 불교는 종교인가, 철학인가, 도(道)인가

혹자는 불교는 종교라고 말하고, 혹자는 불교는 철학이라고 말하며, 혹자는 불교는 도(道)라고 말한다. 어느 주장이 맞는 말인가? 불교는 종교적 측면, 철학적 측면, 실천적 측면(道)이 모두 포함되어 있으며, 이것들을 각각 따로 떼어 생각할 수 없다.

만약 불교를 순수한 종교적 측면으로만 보고, 오직 신앙생활에만 전념하여 교리도 잘 모르고 수행도 해보지 않았다면 그는 진정한 불교를 알 수 없게 된다.

만약 불교를 순수한 철학적 측면으로만 보고, 오직 경과 논서를 학문적으로 분석하여 삼보에 대한 믿음도 약하고 수행도 하지 않는다면 그는 진정한 불교를 알 수 없게 된다.

만약 불교를 순수한 도(道)로만 보고, '수행이 불교의 전부'라고 말하며 오직 수행만 하여 삼보에 대한 믿음도 약하고 교리도 잘 모른다면 그는 진정한 불교를 알 수 없게 된다.

(1) 믿음(信, 감성) : 불교 신앙의 대상인 삼보를 믿고 의지하는 것은 종교적 측면이다.

(2) 이해(解, 지성) : 불교의 교리를 배워서 이치를 터득하는 것은 철학적 측면이다.

(3) 수행(行, 의지) : 불교의 실천수행 즉, 도(道)인 십선업, 팔정도, 삼십칠보리분법, 육바라밀을 실천하는 것은 실천적 측면이다.

이 세 가지 측면인 믿음, 이해, 수행(信, 解, 行) 중 어느 하나도 빼놓을 수 없다. 이 중 하나라도 빠진다면 그것은 진정한 불교가 아니다.

비유하자면 마치 솥과 같으니, 세 개의 다리를 가진 솥은 넘어지지 않고 곧게 서 있을 수 있으나 하나의 다리 또는 두 개의 다리만 있다면 솥은 곧 쓰러지게 되는 것과 같다.

2. 자신의 미래는 마음이 창조한다

세상은 마음의 거울이다. 왜냐하면 이 세상과 이 몸과 즐거움, 괴로움의 느낌은 과거에 일으킨 마음으로 지은 업의 과보이기 때문이다.

그러므로 인과를 꿰뚫어 아는 사람은 현재 자신이 어떤 삶을 살고 어떤 즐거움과 괴로움의 경험을 하는가를 보면 과거에 자기 자신이 어떤 마음을 일으켰고 어떤 업을 지었는지를 거울처럼 환히 알 수 있다. 또한 현재 자신이 일으키는 마음 또는 자신의 말과 행동을 보면 자신의 미래가 어떻게 될 것인지를 거울처럼 환히 알 수 있다.

"자신의 미래와 행복은 마음이 창조한다"는 것은 어떤 뜻인가?

선을 지으면 행복이 뒤따른다.
악을 지으면 불행이 뒤따른다.
마음을 청정하게 하면 해탈한다.

이것이 곧 "자신의 미래와 행복은 마음이 창조한다"는 뜻이다. 여기서 중요한 점은 "선을 짓는다"는 것과 "마음을 청정하게 한다"는 것에 어떤 차이가 있는지를 아는 것이다.

"선을 짓는다"는 것은 오계를 지키고 십선업을 닦되, 무명과 갈애 등의 번뇌에 오염된 마음으로 선을 짓는 것이다. '나는 이런 선을 행한다', '이 선행으로 인하여 이런 좋은 과보가 있을 것이다', '나는 이런 수행을 한다'라는 인식과 분별과 집착이 있다. 이것은 유위공덕(有爲功德) 또는 유루선(有漏善)이라고 말한다. 번뇌에 오염된 마음으로 선을 짓기 때문이다. 그 과보는 천상 또는 인간에 태어나 복을 받을 뿐이고 이런 선으로는 깨달음과 해탈에 이르지 못한다.

"마음을 청정하게 한다"는 것은 십선업, 팔정도, 십바라밀을 닦되, 무명과 갈애 등의 번뇌가 없는 청정한 마음으로 선을 짓는 것이다. 아무런 분별도 없고 집착도 없이 무심하게 선을 행하는 것이다. 이것은 무위공덕(無爲功德) 또는 무루선(無漏善)이라고 말한다. 이 선행은 반드시 깨달음과 해탈로 인도한다.

요약하면 선행을 하되 무명과 갈애에 물든 마음 즉, 분별과 집착이 있는 마음으로 행하면 이것은 미래에 세속적인 행복을 받을 뿐이다. 모든 선을 행하되 무명과 갈애가 없는 마음 즉, 분별과 집착이 없이 물이 흐르듯이 무심히 행하면 그 선행은 깨달음과 해탈로 인도한다.

이것은 칠불통게(七佛通偈) 즉, 일곱 부처님들의 공통된 게송의 뜻이다.

"모든 악을 삼가 짓지 말라.
모든 선을 받들어 행하라.
스스로 자기 마음을 청정하게 하라.
이것이 모든 부처님들의 가르침이다."

3. 선은 생명의 기운이고, 악은 죽음의 기운이다

가. 생명의 특징과 죽음의 특징

 살아있는 사람의 몸과 죽은 시체의 몸은 어떻게 다른 특징을 가지는가? 살아있는 초목의 생명의 기운과 죽은 초목의 죽음의 기운은 어떻게 다른가?

(1) 유연성
 살아있는 몸은 부드럽고 유연하다. 그러나 죽은 몸은 딱딱하고 거칠다. 살아있는 초목은 휘어져도 탄력이 있고 부러지지 않는다. 그러나 죽은 초목은 탄력이 없고 휘면 부러진다.

(2) 생기
 살아있는 몸은 생기가 있다. 가볍고 활기차고 색상은 선명하고 밝으며 윤기가 난다. 그러나 죽어가는 사람이나 시체는 몸은 무겁고 무기력하고 색상은 흐릿하고 어두운 색깔이고 메말랐다.

(3) 따뜻함
 살아있는 몸은 성장하고 제 기능과 역할을 한다. 그러나 죽어가는 몸은 쇠퇴하고 병들고 제 기능을 하지 못한다. 살아있는 몸은 따뜻하나 죽은 몸은 차갑다.

나. 선한 마음과 불선한 마음의 특징

선(善)은 생명의 기운이며, 불선(不善)은 죽음의 기운이다. 선(善)한 마음은 부드럽고 유연하여 탄력이 있으며 불선(不善)한 마음은 거칠고 딱딱하고 뻣뻣하다. 선한 마음은 탄력이 있어 남의 공격을 받더라도 유연하게 받아넘기며 상처를 받지 않는다. 마치 고무 타이어와 같다. 고무 타이어에 돌을 던지면 타이어는 돌을 튕겨내고 손상을 입지 않는다. 선한 마음이 강하면 이와 같이 남의 공격이나 비방이나 괴롭힘에 상처를 입지 않고 마음이 태연하다. 그러나 악한 마음은 남의 공격을 받으면 상처를 받고 화를 낸다. 마치 유리창과 같다. 유리창에 돌을 던지면 유리는 깨지고 만다. 이와 같이 불선한 마음은 남의 공격이나 비방이나 괴롭힘에 상처를 받고 화를 낸다.

선(善)한 마음은 생기가 있고 활력이 있으며 가볍고 얼굴은 선명하고 밝은 색깔이고 윤기가 난다. 그 마음은 부드럽고 따뜻하다. 불선(不善)한 마음은 생기가 없고 활력이 없으며 얼굴은 삭막하고 초췌한 색깔이고 피부는 메말랐다. 그 마음은 딱딱하고 차갑다.

그러므로 사람의 표정과 외모 그리고 말을 살펴보면 그 사람의 마음을 짐작할 수 있다. 평온한 표정이나 미소짓는 표정을 가진 사람, 빛나고 윤기있는 얼굴을 가진 사람, 남을 배려하고 따뜻하고 자상하게 말하며, 남의 말을 긍정적으로 받아들이며, 남으로부터 나쁜 말을 들어도 화를 내지 않고 유연하게 받아낼 수 있는 사람, 그는 선한 마음을 가지고 있는 것이다.

음흉한 눈초리를 가진 사람 또는 찌푸린 표정이나 짜증이 가득한 표정을 가진 사람 또는 무표정한 사람, 의심의 눈초리나 경계하는 눈초리로 남을 바라보고, 남의 말을 믿지 않고 부정적으로 평가하며, 퉁명스럽고 차갑게 말하고, 남으로부터 조금이라도 거슬리는 말을 들으면 불같이 화를 내거나 폭력을 행사하는 사람, 그는 불선한 마음을 가지고 있는 것이다.

4. 인과법문

인과법문 즉, 연기법(緣起法)은 자연법칙이고 불변의 진리다. 여래께서 세상에 출현하건 또는 세상에 출현하지 않건 간에 이 진리는 항상 존재하고 있으며 부처님은 이 진리를 깨달아 세상에 드러내고 보여주신 것이다.

조건이 일어남에 따라 법이 일어나고,
조건이 소멸함에 따라 법이 소멸한다.

가. 인과응보

선업을 지으면 즐거움(행복)이 따른다.
악업을 지으면 괴로움(불행)이 따른다.
이것이 인과응보의 법칙이다.

업이라는 원인과 과보라는 결과 사이에는 간격이 있다. 업을 지었다고 해서 곧바로 과보가 나타나는 것은 아니다. 업에 따라 과보를 받는 시기가 다르다. 금생에 업을 지어 금생에 과보를 받는 업도 있고, 금생에 업을 지어 후생에 과보를 받는 업도 있으며, 금생에 업을 지었으나 과보를 받는 시기가 정해지지 않는 업도 있다.

비유하자면 상추 씨앗을 땅에 심으면 45일이면 잎을 따먹을 수 있으나, 벼는 봄에 심어 가을에 수확을 거두며, 과일나무는 씨앗을 심어 3년이 지나야 열매를 맺는 것처럼 그와 같이 업의 종류에 따라 과보가 일어나는 시기가 다르다.

악행을 하는 사람도 그 악업이 익지 않으면 전생의 선업의 결과로서 일시적으로 복을 누릴 수도 있다. 그러나 악업이 익으면 죗값을 치른다. 선행을 하는 사람도 그 선업이 익지 않으면 전생의 악업의 결과로 일시적으로 고난을 겪을 수 있다. 그러나 선업이 익으면 행복을 누린다.

법구경(담마빠다)

악(惡)이 익기 전에는
악을 행한 자도 좋은 것을 누린다.
그러나 악이 익으면
그때 그는 악의 과보(괴로움, 불행, 재난)를 본다.

선(善)이 익기 전에는
선한 사람도 나쁜 것을 만난다.
그러나 선이 익으면
그때 선한 이는 선의 과보(즐거움, 행복)를 본다.

나. 업의 종류

선(善)이란 '자신과 남에게 즐거움과 행복을 주는 것', '유익한 것'의 뜻이다. 악(惡)이란 '자신과 남에게 괴로움과 불행을 주는 것', '해로운 것'의 뜻이다.

업에는 3가지 종류의 업이 있으니 몸으로 짓는 업, 말로 짓는 업, 마음으로 짓는 업이 그것이다. 또한 업은 선업과 악업의 2가지 종류가 있다.

(1) 십악업(十惡業)
 열 가지 악업 즉, 십악업(十惡業)은 몸으로 짓는 3가지 악업, 말로 짓는 4가지 악업, 마음으로 짓는 3가지 악업이다.

 몸으로 짓는 3가지 악업이 있으니 ① 살생 ② 남의 것을 허락없이 갖는 것(도둑질) ③ 삿된 음행(불륜, 강간 등)이다.

 말로 짓는 4가지 악업이 있으니 ① 거짓말 ② 이간질 ③ 욕 ④ 잡담이다.

 마음으로 짓는 3가지 악업이 있으니 ① 남의 것을 탐내는 것 ② 화내는 것 ③ 그릇된 견해 즉, 인과응보와 윤회를 부정하는 사견이다.

(2) 십선업(十善業)
 열 가지 선업 즉, 십선업(十善業)은 몸으로 짓는 3가지 선업, 말로 짓는 4가지 선업, 마음으로 짓는 3가지 선업이다.

 몸으로 짓는 3가지 선업은 ① 살생하지 않고 생명을 존중하고 사랑하는 것 ② 남의 것을 허락없이 가지거나 사용하지 않고 오히려 자신이 가진 것을 남에게 베푸는 것 ③ 몸가짐을 청정하게 하는 것이다.

말로 짓는 4가지 선업은 ① 거짓말을 하지 않고 사실대로 말하는 것 ② 이간질을 하지 않고 남 험담하지 않는 것 ③ 욕을 하지 않고 남에게 상처를 주거나 불쾌감을 주는 말을 하지 않는 것 ④ 쓸데없는 무익한 말과 과장하고 부풀리는 말과 아첨하는 말을 하지 않는 것이다.

마음으로 짓는 3가지 선업은 ① 욕심이 적고 만족하는 것 ② 화내지 않고 자비로운 것 ③ 바른 견해 즉, 인과응보와 윤회를 믿는 것이다.

다. 임종과 후생

평생 지은 업과 임종시에 짓는 업 그리고 서원에 따라 후생이 결정된다.

후생이 결정되는 업의 우선순위는
첫째 선정수행 등 무거운 선업 또는 오역죄 등 무거운 악업이고
둘째 임종시에 지은 업이며
셋째 습관적으로 지은 업이다.

이 순서대로 업이 작용하여 후생이 결정된다. 즉, 무거운 선업 또는 무거운 악업이 있다면 이 업에 따라 후생이 결정된다. 무거운 업이 없다면 임종시에 지은 업에 따라 후생이 결정된다. 임종시에 지은 업도 없다면 평생 습관적으로 지은 업에 따라 후생이 결정된다.

이 중 임종시에 지은 업이란 아래 3가지이다.

(1) 임종시 가족에 애착하거나, 성내거나, 원한을 품거나, 후회를 품거나, 사견에 굳게 집착한 상태로 죽으면 삼악도(지옥, 축생, 아귀)에 태어난다. 평생 선업을 많이 지었음에도 불구하고 임종시에 실수하여 죄업을 지으면 삼악도에 태어난다. 단, 이런 경우에는 삼악도에서 오래 지내지는 않고 죄업을 마치면 다시 천상이나 인간에 태어나게 된다.

(2) 임종시 삼보를 생각하거나, 법을 관찰하거나, 자비심을 품거나, 계를 굳건히 지키고 죽거나, 남의 목숨을 구하고 죽으면 천상, 인간의 좋은 곳에 태어난다.

(3) 평생 선업을 지은 사람이 임종시 서원을 세우면 어떤 곳이건 원하는 곳에 태어난다.

습관적으로 지은 선업은 기운이 맑고 가벼워 위로 뜬다. 습관적으로 지은 악업은 기운이 탁하고 무거워 아래로 가라앉는다. 평생 순수하게 십선업을 많이 지은 사람은 천상세계에 태어난다. 평생 선업을 주로 지었으나 일부 악업도 지은 사람은 인간세계에 태어난다. 평생 악업을 주로 많이 지은 사람은 삼악도(지옥, 축생, 아귀)에 태어난다. 지옥의 업은 살생과 남을 괴롭히고 해치는 업이다. 축생의 업은 어리석거나 빚을 지고 갚지 않은 업이다. 아귀의 업은 탐욕스럽고 인색한 업이다. 보시공덕을 지었으나 화를 잘 내고 성급하며 싸우기를 좋아하는 업을 지은 사람은 아수라 세계에 태어난다.

5. 남의 말과 행동은 내 마음의 거울이다

 세상은 마음의 거울이다. 마치 거울에 자기 얼굴을 비추어 보듯이, 세상 사람들은 '남이라는 거울'에 비추어 나타난 '자기 마음의 그림자'를 보고 남을 비난한다. 이처럼 사람들은 자기에게 해야 할 비난을 남에게 전가하며(넘겨씌우며) 살아간다.

 양심 없는 사람은 남의 양심적인 행동을 보고 도리어 '양심이 없다.'고 남을 비난한다. 사실은 자신이 양심이 없으면서도. 자기 마음을 남이라는 거울에 비추어 보고 자신의 양심 없음을 남에게 넘겨씌워 비난한다.

 부끄러움을 모르고 얼굴이 두꺼운 사람은 부끄러움을 아는 사람에게 도리어 '부끄러운 줄 모른다.'고 남을 비난한다. 사실은 자신이 부끄러움을 모르면서도. 자기 마음을 남이라는 거울에 비추어 보고 자신의 후안무치함을 남에게 넘겨씌워 비난한다.

 탐욕스러운 사람은 욕심이 적은 사람에게 도리어 '욕심 많다.'고 흉을 본다. 사실은 자신이 욕심이 많고 탐욕스러우면서도. 자기 마음을 남이라는 거울에 비추어 보고 자신의 탐욕스러움을 남에게 넘겨씌워 비난한다.

 남을 존중하지 않는 사람은 겸손한 사람에게 도리어 '왜 나를 존중하지 않느냐. 왜 나를 무시하냐.'고 남에게 불만을 표현한다. 사실은 자신이 남을 존중하지 않으면서도. 자기 마음을 남이라는 거울에 비추어 보고 자신의 교만함과 무례함을 남에게 넘겨씌워 비난한다.

 화를 잘 내는 사람은 화내지 않는 사람의 말과 행동을 보고 도리어 '왜 화를 내냐'고 남에게 따진다. 사실은 자신이 화를 내고 있으면서도. 자기 마음을 남이라는 거울에 비추어 보고 자신의 화를 남에게 넘겨씌워 비난한다.

 질투심이 많은 사람은 남의 행복을 따라 기뻐하는 사람에게 도리어 '시기질투하지 말라.'고 충고한다. 사실은 자신이 질투하면서도. 자기 마음을 남이라는 거울에 비추어 보고 자신의 시기 질투를 남에게 넘겨씌워 비난한다.

 인색한 사람은 너그럽고 남에게 잘 베푸는 사람에게 도리어 '이기적이고 인색하다. 남에게 나누고 베풀어야지.' 하고 비판한다. 사실은 자신이 인색하고 이기적이며 자기 것을 아끼면서도. 자기 마음을 남이라는 거울에 비추어 보고 자신의 이기심과 인색함을 남에게 넘겨씌워 비난한다.

 남녀관계에 있어서 행동이 문란한 사람은 몸가짐이 정숙한 사람에게 도리어 '행동이 문란하다.'고 비난한다. 사실은 자기 행동이 문란하면서도. 자기 마음을 남이라는 거울에 비추어 보고 자신의 문란함을 남에게 넘겨씌워 비난한다.

 남을 잘 속이는 사람은 정직한 사람에게 도리어 '거짓말하지 말라. 나는 당신의 거짓말에 속지 않는다.'고 의심한다. 사실은 자기가 거짓말을 잘 하고 남을 속이고 정직하지 않으면서도. 자기 마음을 남이라는 거울에 비추어 보고 자신의 교활함과 정직하지 않음을 남에게 넘겨씌워 비난한다.

삿된 사람에게 속아서 잘못된 믿음으로 미혹에 빠진 사람은 정상적인 사람에게 도리어 '정신차리라.'고 충고한다. 사실은 자신이 미혹에 빠져있으면서도. 자기 마음을 남이라는 거울에 비추어 보고 자신의 미혹함을 남에게 넘겨씌워 비난한다.

현명한 사람은 '남이라는 거울'에 비추어 나타난 '자기 마음의 그림자'를 보고 자신을 반성한다. 마치 거울에 자기 얼굴을 비추어 보듯이. 남의 악행을 보고 자신의 악행을 참회한다. '나도 한량없는 과거전생에 저런 악행을 했었다. 또한 금생에도, 올해에도, 이 달에도, 요즈음에도 나도 모르는 사이에 행하고 있을지도 모른다. 알고 지은 죄, 모르고 지은 죄 모두 다 참회합니다! 참회합니다! 참회합니다!'

남의 악행을 보고 이렇게 생각한다. '저 사람은 나에게 『이런 행위는 나쁜 행위이다』라고 가르쳐주는 스승이다. 나는 저 사람을 비난하지 않고 내 마음으로 돌아와 저 나쁜 행위와 반대되는 선법을 개발하리라.'

양심 없는 사람의 말과 행동을 보고 '양심 없음! 양심 없음! 양심 없음!' 하고 알아차리고 '나는 선량한 마음을 가지리라. 선(善)을 존중하고 현명한 사람을 믿고 존중하고 공경하리라.' 이렇게 생각한다.

부끄러움을 모르고 얼굴이 두꺼운 사람의 말과 행동을 보고 '부끄러움을 모름! 부끄러움을 모름! 부끄러움을 모름!' 하고 알아차리고 '나의 죄와 잘못에 대하여 부끄러움을 알고, 작은 죄도 크게 여겨 몸가짐과 말을 더욱 조심하리라.' 이렇게 생각한다.

탐욕스러운 사람의 말과 행동을 보고 '탐욕! 탐욕! 탐욕!' 하고 알아차리고 '나는 탐욕을 절제하고 현재 가진 것에 만족하리라! 탐욕은 모든 괴로움의 근본이다.' 이렇게 생각한다.

남을 존중하지 않고 무례한 사람의 말과 행동을 보고 '자만! 자만! 자만!' 하고 알아차리고 '밑바닥까지 나를 낮추리라. 우쭐대지 않고 나의 장점을 자랑하지 않고 나의 단점은 드러내고 잘못에 대해서는 용서를 구하리라. 예의를 갖추리라. 남을 공경하리라.' 이렇게 생각한다.

화를 내고 폭력적인 사람의 말과 행동을 보고 '성냄! 성냄! 성냄!' 하고 알아차리고 '화를 내지 않으리라. 남을 사랑하고 남의 행복을 바라는 자애심을 가지리라. 남을 불쌍히 여기고 남의 고통을 구제하려는 연민심을 가지리라. 중생을 보호하고 다치지 않게 하리라.' 이렇게 생각한다.

질투심이 많고 남의 행복을 못마땅히 여기고 불만족한 사람을 보고 '질투! 질투! 질투!' 하고 알아차리고 '남의 행복을 따라 기뻐하리라. 남의 행복이 곧 나의 행복이다.' 이렇게 생각한다.

이기적이고 인색하고 자기 것을 아끼는 사람을 보고 '인색! 인색! 인색!' 하고 알아차리고 '내 것이 본래 없다. 나와 남을 분별하지 않고 한 몸으로 보리라. 남에게 아낌없이 베풀어 남을 기쁘게 하리라. 남의 기쁨이 곧 나의 기쁨이다.' 이렇게 생각한다.

남녀관계에 있어서 행동이 문란한 사람을 보고 '문란! 문란! 문란!' 하고 알아차리고 '몸가짐을 조심하고 몸의 행동을 청정하게 하리라.' 이렇게 생각한다.

거짓말을 잘 하고 남을 속이고 위선적인 사람을 보고 '거짓! 거짓! 거짓!' 하고 알아차리고 '정직하게 말하고 행동하리라. 털끝만큼도 속임이 없고, 위선이 없고, 있는 그대로 말하고, 말한 그대로 행동하리라.' 이렇게 생각한다.

삿된 사람에게 속아서 잘못된 믿음으로 미혹에 빠진 사람을 보고 '미혹! 미혹! 미혹!' 하고 알아차리고 '바른 믿음을 확립하리라. 바른 견해를 확립하리라. 바른 판단과 결정을 내려 주저함도 없고 망설임도 없고 흔들림도 없이 바른 길을 가리라.' 이렇게 생각한다.

6. 공덕을 짓는 데 게으른 사람

 불자들은 경각심을 가지고 정진해야 한다. 사람의 마음은 매일 매일 매 순간마다 선업 또는 악업을 짓고 있다. 선업이나 악업을 지으면 반드시 과보를 초래한다.

 매 순간 업을 짓고 있다면 반드시 선업을 지어야 한다. 선업을 짓지 않는 사람은 이미 악업을 짓고 있기 때문이다. 선업을 짓고 수행하는 것은 마치 강물이 아래로 흐르는데 배를 저어 위로 거슬러 올라가는 것과 같다. 열심히 노를 젓지 않으면 물살에 밀려서 아래로 떠내려 간다. 그와 같이 마음을 다잡고 열심히 선업을 짓지 않는 방일한 사람은 이미 악에 빠져서 즐기고 있는 것이다.

법구경 (담마빠다 Dhammapada)

제9장 악(惡) 품

선을 행함에 서둘러라.
악으로부터 마음을 삼가라.
공덕을 짓는 데에 게으른 사람은
마음이 벌써 악(惡) 속에서 즐거워한다.

악을 지었다면
그것을 되풀이하지 말라.
그것에 대해 욕망을 내지 말라.

괴로움은 악의 누적이다.

공덕을 지었다면
되풀이해서 그것을 행하라.
그것에 대한 열망을 일으키라.
행복은 공덕의 누적이다.

악이 익기 전에는
악을 행한 자도 좋은 것을 누린다.
그러나 악이 익으면
그때 그는 악의 과보(불행.재난)를 본다.

선이 익기 전에는
선한 이도 나쁜 것을 만난다.
그러나 선이 익으면
그때 선한 이는 선의 과보(행복)를 본다.

"그것이 나에게 오지 않으리라."고
악을 가볍게 생각하지 말라.
물방울이 떨어져 물 단지가 가득 차듯이
어리석은 자는 조금씩 조금씩 쌓아
자신을 악으로 가득 채운다.

"그것이 나에게 오지 않으리라."고
선을 가볍게 생각하지 말라.

물방울이 떨어져 물 단지가 가득 차듯이
지혜로운 자는 조금씩 조금씩 쌓아
자신을 선으로 가득 채운다.

디가 니까야 D22 대념처경(大念處經) (제2권p545)

"비구들이여, 그러면 무엇이 바른 정진인가? 비구들이여,

(1) 여기 비구는 아직 일어나지 않은 사악하고 해로운 법들을 일어나지 못하게 하기 위해서 의욕을 생기게 하고 정진하고 힘을 내고 마음을 다잡고 애를 쓴다.

(2) 이미 일어난 사악하고 해로운 법들을 제거하기 위해서 의욕을 생기게 하고 정진하고 힘을 내고 마음을 다잡고 애를 쓴다.

(3) 아직 일어나지 않은 유익한 법들을 일어나도록 하기 위해서 의욕을 생기게 하고 정진하고 힘을 내고 마음을 다잡고 애를 쓴다.

(4) 이미 일어난 유익한 법들을 지속시키고, 사라지지 않게 하고, 증장시키고, 충만하게 하고, 개발하기 위해서 의욕을 생기게 하고 정진하고 힘을 내고 마음을 다잡고 애를 쓴다. 비구들이여, 이를 일러 바른 정진이라 한다."

'사악하고 해로운 법들'이란 십악업과 3가지 해로운 마음의 뿌리(탐, 진, 치)와 14가지 해로운 마음부수들이다. 이것들이 아직 일어

나지 않았으면 일어나지 않도록 예방하고 이미 일어났으면 없애도록 노력하는 것이다.

'유익한 법들'이란 십선업과 3가지 유익한 마음의 뿌리(탐욕 없음, 성냄 없음, 어리석음 없음)와 25가지 아름다운 마음부수들이다. 이것들이 아직 일어나지 않았으면 일어나도록 힘쓰고, 이미 일어났으면 더욱 키우고 늘리도록 노력하는 것이다.

여기서 세존께서는 구체적인 정진의 방법으로 5가지를 설하고 있다.
① 의욕을 생기게 한다.
② 정진한다.
③ 힘을 낸다.
④ 마음을 다잡는다.
⑤ 애를 쓴다.

정진에는 3가지 요소(三界)가 있다.

(1) 정진을 시작하는 요소(發勤界)
정진을 시작하는 요소란 정진을 일으키는 조건이다. 그것은 열의(의욕)로서 위의 '① 의욕을 생기게 한다.'가 여기에 해당한다.

열의(의욕)는 정진을 일으킨다. 열의를 일으키기 위해서는 수행이 가져오는 이익에 대한 확신이 있어야 한다. 또한 욕심이 적고 현재 가진 것에 만족할 줄 알아야 한다.

(2) 게으름을 벗어나는 요소(出離界)
 게으름을 벗어나는 요소란 정진을 유지하는 조건이다. 그것은 지속적인 노력으로서 위의 '② 정진한다.'가 여기에 해당한다. 쉬지 않고 노력하여 정진을 그치지 않는 것이다. 여기서 중요한 점은 너무 아등바등 억지로 애쓰고 노력하면 안된다는 점이다. 또한 너무 게으르게 정진해서도 안된다. 적절한 강도로 은근하게 쉼 없이 노력하는 것이 중요하다.

(3) 더욱 분발하는 요소(勇猛界)
 더욱 분발하는 요소란 정진을 키우고 늘리는 조건이다. 그것은 용맹정진으로서 위의 '③ 힘을 내고 ④ 마음을 다잡고 ⑤ 애를 쓰는 것'이다.

 더욱 분발하는 요소에 대한 경의 말씀이 있다.

 맛지마 니까야 M70 끼따기리 경 (제2권p726)

 "비구들이여, 스승의 교법에 믿음을 가진 제자가 통찰하여 취할 때, 다음과 같이 생각하는 것은 법다운 것이다. '피부와 힘줄과 뼈가 쇠약해지고 몸에 살점과 피가 마르더라도 대장부다운 근력과 대장부다운 노력과 대장부다운 분발로써 얻어야 하는 것을 얻을 때까지 정진을 계속하리라.'라고."

 여덟 가지 게으름과 여덟 가지 정진 (사리뿟따 존자의 설법)

디가 니까야 D33 합송경 (제3권p440)

① 도반들이여, 여기 비구가 일을 합니다. 그런 그에게 '나는 일을 해야 한다. 그러나 내가 일을 하면 몸이 피곤할 것이다. 에라, 나는 드러누워야겠다.' 라는 생각이 듭니다. 그는 드러누워서는 얻지 못한 것을 얻고 증득하지 못한 것을 증득하고 실현하지 못한 것을 실현하기 위해서 열심히 정진하지 않습니다. 이것이 첫 번째 게으른 경우입니다.

어떤 비구는 '나는 일을 해야 한다. 그러나 내가 일을 하면 부처님들의 가르침을 마음에 잡도리하기가 쉽지 않다. 그러니 이제 나는 열심히 정진하리라.' 그는 열심히 정진합니다. 이것이 첫 번째 열심히 정진하는 경우입니다.

② 다시 도반들이여, 비구가 일을 했습니다. 그런 그에게 '나는 일을 하였다. 내가 일을 하였기 때문에 몸이 피곤하다. 에라, 나는 드러누워야겠다.' 라는 생각이 듭니다. 그는 드러누워서는 ~ 정진하지 않습니다. 이것이 두 번째 게으른 경우입니다.

어떤 비구는 '나는 일을 했다. 그러나 내가 일을 했기 때문에 부처님들의 가르침을 마음에 잡도리할 수 없었다. 그러니 이제 나는 열심히 정진하리라.' 그는 열심히 정진합니다. 이것이 두 번째 열심히 정진하는 경우입니다.

③ 다시 도반들이여, 비구가 길을 가야 합니다. 그런 그에게 '나는

길을 가야 한다. 그러나 내가 길을 가면 몸이 피곤할 것이다. 에라, 나는 드러누워야겠다.'라는 생각이 듭니다. 그는 드러누워서는 ~ 정진하지 않습니다. 이것이 세 번째 게으른 경우입니다.

어떤 비구는 '나는 길을 가야 한다. 그러나 내가 길을 가면 부처님들의 가르침을 마음에 잡도리하기가 쉽지 않다. 그러니 이제 나는 열심히 정진하리라.' 그는 열심히 정진합니다. 이것이 세 번째 열심히 정진하는 경우입니다.

④ 다시 도반들이여, 비구가 길을 갔습니다. 그런 그에게 '나는 길을 갔다. 내가 길을 갔기 때문에 몸이 피곤하다. 에라, 나는 드러누워야겠다.'라는 생각이 듭니다. 그는 드러누워서는 ~ 정진하지 않습니다. 이것이 네 번째 게으른 경우입니다.

어떤 비구는 '나는 길을 갔다. 내가 길을 갔기 때문에 부처님들의 가르침을 마음에 잡도리할 수 없었다. 그러니 이제 나는 열심히 정진하리라.' 그는 열심히 정진합니다. 이것이 네 번째 열심히 정진하는 경우입니다.

⑤ 다시 도반들이여, 비구가 마을이나 읍으로 탁발을 하면서 거칠거나 좋은 음식을 원하는 만큼 충분히 얻지 못합니다. 그런 그에게 '나는 마을이나 읍으로 탁발을 하면서 거칠거나 좋은 음식을 원하는 만큼 충분히 얻지 못하였다. 그런 나의 몸은 피곤하고 아무것도 할 수가 없다. 에라, 나는 드러누워야겠다.'라는 생각이 듭니다. 그는 드러누워서는 ~ 정진하지 않습니다. 이것이 다섯

번째 게으른 경우입니다.

어떤 비구는 '나는 마을이나 읍으로 탁발을 하면서 거칠거나 좋은 음식을 원하는 만큼 충분히 얻지 못했다. 그런 나의 몸은 가볍고 일을 하기에 적합하다. 그러니 이제 나는 열심히 정진하리라.' 그는 열심히 정진합니다. 이것이 다섯 번째 열심히 정진하는 경우입니다.

⑥ 다시 도반들이여, 비구가 마을이나 읍으로 탁발을 하면서 거칠거나 좋은 음식을 충분히 얻습니다. 그런 그에게 '나는 마을이나 읍으로 탁발을 하면서 거칠거나 좋은 음식을 충분히 얻었다. 그런 나의 몸은 무겁고 아무것도 할 수 없으니 마치 젖은 콩자루처럼 무겁다는 생각이 드는구나. 에라, 나는 드러누워야겠다.' 라는 생각이 듭니다. 그는 드러누워서는 ~ 정진하지 않습니다. 이것이 여섯 번째 게으른 경우입니다.

어떤 비구는 '나는 마을이나 읍으로 탁발을 하면서 거칠거나 좋은 음식을 원하는 만큼 충분히 얻었다. 그런 나의 몸은 힘이 있고 일을 하기에 적합하다. 그러니 이제 나는 열심히 정진하리라.' 그는 열심히 정진합니다. 이것이 여섯 번째 열심히 정진하는 경우입니다.

⑦ 다시 도반들이여, 비구가 사소한 병이 생깁니다. 그런 그에게 '나에게 사소한 병이 생겼으니 이제 드러누울 핑게가 생겼다. 에라, 나는 드러누워야겠다.' 라는 생각이 듭니다. 그는 드러누워서

는 ~ 정진하지 않습니다. 이것이 일곱 번째 게으른 경우입니다.

어떤 비구는 '나에게 사소한 병이 생겼으니 어쩌면 이 병이 더 심해질 수도 있을 것이다. 그러니 이제 나는 열심히 정진하리라.' 그는 열심히 정진합니다. 이것이 일곱 번째 열심히 정진하는 경우입니다.

⑧ 다시 도반들이여, 비구가 병이 나아서 병상에서 일어난 지 오래되지 않았습니다. 그런 그에게 '나는 병이 나아서 병상에서 일어난 지 오래되지 않았다. 그러니 내 몸은 힘이 없고 아무것도 할 수가 없다. 에라, 나는 드러누워야겠다.' 라는 생각이 듭니다. 그는 드러누워서는 ~ 정진하지 않습니다. 이것이 여덟 번째 게으른 경우입니다.

어떤 비구는 '나는 병이 나아서 병상에서 일어난 지 오래되지 않았다. 어쩌면 이 병이 다시 도질 수도 있을 것이다. 그러니 이제 나는 열심히 정진하리라.' 그는 열심히 정진합니다. 이것이 여덟 번째 열심히 정진하는 경우입니다.

7. 마음의 밭을 갈고 씨앗을 뿌려라

 까시 바라드와자 경, 상윳따 니까야 제1권 p571 (S7:11)과 숫따니빠따(經集) 까시 바라드와자의 경(SN1:4)은 같은 내용의 경이다. 이 경에서 밭을 갈고 씨를 뿌리는 농사의 비유가 나온다.

 까시 바라드와자 바라문이 봄에 씨 뿌리는 때가 되어 쟁기를 맨 소를 준비하고 농사를 시작하려고 했다. 그때 세존께서 그의 일터로 가셨다. 일꾼들에게 음식을 배분하고 있던 바라문은 세존께서 서 계신 것을 보고 말했다.

 "사문이여, 저는 밭을 갈고 씨를 뿌립니다. 저는 밭을 갈고 씨를 뿌린 뒤 먹습니다. 사문이여, 당신도 밭을 갈고 씨를 뿌리십시오. 밭을 갈고 씨를 뿌린 뒤 먹으십시오."

 "바라문이여, 나도 밭을 갈고 씨를 뿌립니다. 나도 밭을 갈고 씨를 뿌린 뒤 먹습니다."

 "우리는 고따마 존자의 멍에도 쟁기도 보습도 소몰이 막대도 황소도 보지 못합니다. 그런데도 고따마 존자는 '바라문이여, 나도 밭을 갈고 씨를 뿌립니다. 나도 밭을 갈고 씨를 뿌린 뒤 먹습니다.'라고 말하고 있습니다."

 까시 바라드와자 바라문은 세존께 게송으로 물었다.

"당신은 스스로 밭 가는 자라고 주장하지만,
나는 당신이 밭 가는 것을 보지 못합니다.
밭 가는 분이라면 여쭙노니 말씀해 주소서.
당신의 밭갈이를 어떻게 이해해야 합니까?"

세존께서 게송으로 답하셨다.

"믿음은 씨앗, 고행은 비(雨),
나의 통찰지는 멍에와 쟁기,
양심은 끌채, 마음은 멍에의 끈,
나의 마음챙김은 보습과 소몰이 막대라네.

몸을 절제하고 말을 절제하고,
뱃속에 들어가는 음식의 양을 절제하고,
진리를 잡초 뽑는 도구로 삼아,
온화함에 도달하여 나의 멍에 풀었도다.

정진이야말로 짐을 실어나르는 황소,
속박에서 벗어난 평온으로 실어가도다.
그것은 쉼 없이 가고 또 가나니,
거기에 이르면 사람은 슬퍼하지 않도다.

이와 같이 밭갈이를 다 해 마치고,
불사(不死)의 결실을 거두게 되니,
이러한 밭갈이를 마치고 나면,

모든 괴로움으로부터 풀려나도다."

그러자 까시 바라드와자 바라문은 세존께 음식을 드시라고 말했다. 그러나 세존께서는 게송을 읊어서 받은 음식물을 먹지 않는다고 거절하셨고, 공양하려면 다른 음식을 따로 공양하라고 말씀하셨다. 그러자 까시 바라드와자 바라문은 진심으로 믿음과 공경심을 일으켜서 부처님을 찬탄하고 삼보에 귀의했다.

게송의 해설

믿음은 씨앗 : 믿음은 모든 유익한 선법들의 토대가 된다. 믿음이라는 씨앗을 땅에 심으면 계(戒)라는 뿌리가 생겨나서, 사마타와 위빳사나라는 영양분을 흡수하고, 통찰지의 줄기가 자라나, 거룩한 도(道)라는 꽃을 피우고 거룩한 과(果)라는 열매를 맺게 된다. 6가지의 청정(淸淨 = 계청정, 심청정, 견청정, 의심을 극복함에 의한 청정, 도와 도 아님에 대한 지견의 청정, 도닦음에 의한 지견의 청정)을 거쳐 마지막 지견청정(知見淸淨)에 이르고 예류, 일래, 불환의 도와 과를 거쳐서 마지막 아라한과의 열매를 맺게 된다.

고행은 비(雨) : 원래 고행은 열(熱)과 불(火)이다. 해로운 불선법들을 뜨거운 불로 태우기 때문에 고행(tapa)이라 한다. 열의(熱意), 육근의 단속, 정진, 두타행, 난행고행과 같은 뜻이다. 그런데 세존께서는 고행을 믿음이라는 씨앗으로부터 싹을 틔우게 하는 비(雨 vuṭṭhi)로 말씀하셨다.

나의 통찰지는 멍에와 쟁기 : 통찰지는 위빳사나의 지혜 그리고 도(道)의 지혜이다. 정진이라는 황소의 목에 맨 멍에는 위빳사나의 지혜이고, 땅을 갈아엎어서 잡초라는 번뇌를 없애는 쟁기는 도의 지혜이다.

양심은 끌채 : 양심은 스스로 지혜와 덕이 부족함에 대하여 부끄러움을 알고, 자신을 낮추어 겸손하고, 현명한 이들을 공경하는 마음이다. 끌채(轅, 長柄)란 쟁기의 앞에 길게 뻗은 막대기로서 쟁기와 멍에의 끈을 연결하는 부분이다.

마음은 멍에의 끈 : 마음(결심)은 멍에를 소의 목에 묶고 또한 쟁기에 연결하는 끈과 같다. 정진이라는 황소에 통찰지라는 멍에를 대결정심으로 단단히 묶기 때문이다.

나의 마음챙김은 보습과 소몰이 막대 : 보습은 쟁기의 밑부분에 달린 쇳조각(삽)이다. 땅을 갈아엎는 역할을 한다. 소몰이 막대는 소를 모는 막대기 또는 채찍이다.

진리를 잡초 뽑는 도구로 삼아 : 진리(諦)는 잡초라는 번뇌를 끊는다. 여기서 진리는 오온, 십이처, 십팔계, 삼법인, 사성제, 십이연기이다.

온화함에 도달하여 : 온화함(soracca)이란 아라한과의 경지, 열반의 경지를 뜻한다.

나의 멍에 풀었도다. : 멍에는 속박, 구속, 무거운 짐과 일이다. 열반에 이르면 오온(정신·물질)이라는 무거운 짐을 벗고 갈애라는 속박에서 풀려난다.

정진이야말로 짐을 실어나르는 황소 : 정진은 쟁기와 흙이라는 무거운 짐을 끌고 가는 황소의 힘이다.

속박에서 벗어난 평온으로 실어가도다. : '속박에서 벗어난 평온', 요가케마(yoga-khema)는 '유가안은(瑜伽安隱)'으로도 번역하는데 '멍에라는 힘든 짐과 일로부터의 휴식'의 뜻이다. 열반의 다른 명칭이다.

그것은 쉼 없이 가고 또 가나니 : 지칠 줄 모르는 정진, 쉬지 않고 빈틈없는 적절한 강도의 노력이다.

거기에 이르면 사람은 슬퍼하지 않도다. : 피안(열반)에 도달하면 더 이상 슬픔과 탄식, 고뇌, 절망이 없다. 일체 괴로움의 무더기는 소멸된다.

이와 같이 밭갈이를 다 해 마치고 : 해야 할 일(배움과 도닦음, 수행)을 다 해 마침. 번뇌와 괴로움이 종식됨.

불사(不死)의 결실을 거두게 되니 : 불사의 결실은 도(道)와 과(果), 해탈, 열반이다. 믿음이라는 씨앗을 뿌려, 계(戒)라는 뿌리가 자라나, 사마타와 위빳사나의 영양소를 빨아들여, 통찰지의 줄기가 자라서 맺은 꽃과 열매이다.

8. 악업의 과보와 선업의 과보

가. 악업의 과보

앙굿따라 니까야 A8:40 가장 경미함 경(제5권p197)

(1) 살생을 습관적으로 행하고 많이 지으면 지옥, 축생, 아귀에 태어나게 되고, 살생으로 받는 가장 경미한 과보는 사람의 수명을 단축시키는 것이다. (註 남의 목숨을 끊어 수명을 짧게 했으므로 그 과보로 자신의 목숨이 짧게 된다.)

(2) 남이 주지 않는 것을 가지는 업을 습관적으로 행하고 많이 지으면 지옥, 축생, 아귀에 태어나게 되고, 주지 않는 것을 가져서 받는 가장 경미한 과보는 사람이 재물을 잃게 된다. (註 남의 재산을 줄어들게 하고 가난하게 만들었기 때문에 그 과보로 본인의 재산이 줄어들고 가난해진다.)

(3) 삿된 음행을 습관적으로 행하고 많이 지으면 지옥, 축생, 아귀에 태어나게 되고, 삿된 음행으로 받는 가장 경미한 과보는 적들로 하여금 원한을 맺게 한다. (註 불륜이나 강간으로 그 상대방이나 상대방의 배우자.가족들이 두려움과 원한을 갖게 했으므로 그 과보로 본인이 두려움과 원한을 갖는 일이 생긴다.)

(4) 거짓말을 습관적으로 행하고 많이 지으면 지옥, 축생, 아귀에 태어나게 되고, 거짓말을 해서 받는 가장 경미한 과보는 사실이 아

닌 것으로 남의 비방을 받게 된다.

(5) 이간질, 비방을 습관적으로 행하고 많이 지으면 지옥, 축생, 아귀에 태어나게 되고, 이간질, 비방을 해서 받는 가장 경미한 과보는 친구와의 우정이 깨진다. (註 이간질로 남의 사이를 갈라 놓았기 때문에 그 과보로 자신이 친구와 사이가 갈라진다.)

(6) 욕설을 습관적으로 행하고 많이 지으면 지옥, 축생, 아귀에 태어나게 되고, 욕설을 해서 받는 가장 경미한 과보는 남으로부터 마음에 들지 않는 말(꾸지람과 공격적인 말 등)을 많이 듣게 된다.

(7) 잡담(쓸데없는 말)을 습관적으로 행하고 많이 지으면 지옥, 축생, 아귀에 태어나게 되고, 잡담을 해서 받는 가장 경미한 과보는 남이 자신의 말을 믿어주지 않는다.

(8) 술과 중독성 물질을 섭취하는 업을 습관적으로 행하고 많이 지으면 지옥, 축생, 아귀에 태어나게 되고, 술과 중독성 물질을 섭취해서 받는 가장 경미한 과보는 그 사람이 미치거나 정신이상이 된다.

앙굿따라 니까야 A10:212 지옥과 천상 경4 (제6권p509)

이 십악업에 40가지 법이 있다. 스스로 십악업을 행하는 것이 10가지 법이고, 남을 시켜 십악업을 행하게 하는 것이 10가지 법이며, 남이 십악업을 행하는 데 동의하는 것이 10가지 법이고, 남이 십악업을 행하는 것을 칭찬하는 것이 10가지 법이다. 이러한 40가지 법을 행하는 자는 마치 누가 그를 데려가서 놓는 것처럼 반드시 지옥에 떨어진다.

 반대로 십선업에도 40가지 법이 있다. 스스로 십선업을 행하는 것이 10가지 법이고, 남을 시켜 십선업을 행하게 하는 것이 10가지 법이며, 남이 십선업을 행하는 데 동의하는 것이 10가지 법이고, 남이 십선업을 행하는 것을 칭찬하는 것이 10가지 법이다. 이러한 40가지 법을 행하는 자는 마치 누가 그를 데려가서 놓는 것처럼 반드시 천상에 태어난다.

맛지마 니까야 M135 업 분석의 짧은 경(제4권p406)
중아함 170 앵무경

"중생들은 업이 바로 그들의 주인이고, 중생들은 업의 상속자이고, 업에서 태어났고, 업이 그들의 권속이고, 업이 그들의 의지처이다. 업이 중생들을 구분 지어서 천박하고 고귀하게 만든다."

(1) 다른 사람이나 동물을 손, 주먹, 돌, 몽둥이, 칼 등으로 해코지하고 괴롭힌 악업의 과보로 질병에 시달린다. (註 남을 때리고 괴롭히면 남의 몸을 아프게 했기 때문에 그 과보로 자신의 몸이 아프게 된다.)
 이와 반대로 남을 괴롭히지 않으면 그 과보로 질병이 없고 건강한 몸을 갖게 된다.

(2) 화를 잘 내고 성격이 급하고 남을 증오한 악업의 과보로 추악한 외모를 갖게 된다. (註 남을 미워하고 화를 내면 스스로의 얼굴도 찌푸려지고 상대방의 얼굴도 찌푸려져서 남의 외모를 추하게 만드는 것이므로 그 과보로 자신의 얼굴이 추하고 흉하게 된다.) 이와 반대로 화내지 않고 성격이 급하지 않고 남을 증오하지 않으면 그 과보로 단정한 외모를 갖게 된다.

(3) 남이 얻은 이득과 환대와 존경과 칭찬에 대하여 시기질투한 악업의 과보로 세력이 없고 남으로부터 공경.공양을 받지 못한다. 이와 반대로 질투하지 않고 남의 행복을 따라 기뻐한 사람은 그 과보로 세력이 있고, 남으로부터 공경.공양을 받는다.

(4) 방자하고 거만하고 무례한 악업의 과보로 비천한 가문에 태어난다. 이와 반대로 겸손하고 남을 공경하고 예의 바른 사람은 그 과보로 존귀한 가문에 태어난다.

(5) 인색하고 보시하지 않은 악업의 과보로 가난하고 재물이 없다. 이와 반대로 보시한 과보로 재물이 풍부하다.

(6) 선과 악의 법을 묻지 않고 배우지 않은 악업의 과보로 어리석다. 이와 반대로 법을 묻고 배운 사람은 그 과보로 지혜롭다.

지장경

(1) 삿된 음행의 과보로 공작이나 비둘기, 원앙새로 태어난다.

(註 삿된 음행으로 몸의 좋은 감촉을 탐했으므로 새나 털이 많은 동물로 태어나 몸의 좋은 감촉을 느끼지 못한다.)

(2) 인색함의 과보로 항상 일의 결과가 원하는 대로 되지 않는다.
(註 남이 와서 도움을 간절히 청하는데 외면하거나 핑계를 대고 도와주지 않으면 상대방의 소원을 어긋나게 하는 것이므로 그 과보로 자신의 소원이 어긋나게 된다. 여기서 남이란 친족, 동료, 친구, 친지, 거지, 탁발 스님 등이다.)

(3) 남의 재물을 횡령한 과보로 구하는 바가 막히고 끊어진다.
(註 공적인 재물을 개인적으로 써서 횡령, 배임을 하면 그 재물을 써야 할 사람들이 하는 일이 막히고 끊기게 되는 것이므로 그 과보로 후생에 자신이 하는 일이 막히고 끊기게 된다.)

(4) 자만하고 남을 깔본 과보로 미천한 종이나 아랫사람이 된다.
(註 항상 자신을 높이고 남을 깔보는 업을 지으면 남을 미천하게 만드는 것이니 그 과보로 후에 자기 자신이 미천하게 된다.)

(5) 욕한 과보로 가족이나 권속과 싸우게 된다.
(註 가족이나 친구, 동료, 친지 등에게 늘 욕하거나 꾸짖어서 불쾌감을 주고 원한을 심어주었기 때문에, 그 과보로 본인이 늘 남에게 꾸지람과 욕을 듣고 불쾌하며 원한이 생겨서 서로 다투고 싸운다.)

(6) 헐뜯고 비방한 과보로 혀가 손상된다.
(註 말로 남을 헐뜯었으므로 그 과보로 자신의 혀가 손상되어 벙어리

가 되거나 말이 어눌하여 남이 자신의 말을 알아듣지 못하게 된다.)

(7) 성냄의 과보로 얼굴이 추하고 흉하다.

(8) 사냥을 즐기는 과보로 놀라고 미쳐서 목숨을 잃는다.
(註 사냥이나 낚시 등을 즐기면 짐승, 조류, 물고기들이 놀라고 미쳐서 죽게 만드는 것이므로 그 과보로 자신이 놀라고 미쳐서 죽게 된다.)

(9) 부모의 뜻을 어기고 행패를 부리는 과보 : 천재지변으로 죽는다.
(註 부모의 은혜를 모르고 오히려 부모에게 패악질을 하면 신들의 노여움을 사게 되니 그 과보로 천재지변이나 뜻밖의 사고로 죽게 된다.)

(10) 산이나 숲에 불을 지른 과보 : 미쳐서 헤메다가 죽는다.
(註 산이나 숲에 불을 지르면 짐승들이 미쳐서 헤매다가 죽게 만드는 것이니 그 과보로 후생에 자신이 미쳐서 헤매다가 죽게 된다.)

수행승은 과거에 지은 악업의 과보를 금생에 모두 경험하고 끝내버린다. 후생에는 그 과보를 경험하지 않는다. 아래 경에 그 법문이 있다.

앙굿따라 니까야 A3:99 소금 덩이 경 (제1권p569)

"비구들이여, 여기 어떤 사람은 약간의 악업을 짓지만 그 업은 그를 지옥으로 인도한다. 비구들이여, 그러나 어떤 사람은 약간의 악업을 짓지만 지금 여기에서 다 겪는다. 그러면 다음 생에는 털끝만큼도 그 과보가 없을 것인데 어찌 많을 것인가?
~
 비구들이여, 여기 어떤 사람은 몸을 닦고 계를 닦고 마음을 닦고 통찰지를 닦아서 덕이 모자라지 않고 위대한 존재가 되고 번뇌가 다하여 한량없이 머무는 자가 된다. 비구들이여, 이러한 사람은 아주 작은 악업을 지었지만 지금 여기에서 다 겪는다. 그러면 다음 생에는 털끝만큼도 그 과보가 없을 것인데 어찌 많을 것인가?"

 여기서 세존께서는 약간의 악업을 짓고도 지옥에 가는 사람은 마치 작은 잔에 소금 덩이를 넣어서 물이 짠 것과 같고, 약간의 악업을 짓고도 후생에 과보를 받지 않는 사람은 강에 소금 덩이를 넣어서 물이 짜지 않은 것과 같다고 말씀하셨다. 여기서 물의 양은 공덕의 양을 비유한 것이고 소금 덩이는 악업을 비유한 것이다. 적은 공덕을 가진 사람은 공덕의 물이 적어서 작은 잔에 소금 덩이를 넣으면 물이 짠 것처럼 지옥에 태어나게 되고, 많은 공덕을 가진 사람은 공덕의 물이 많아서 강물에 소금 덩이를 넣어도 물이 짜지 않은 것과 같다는 것이다.

앙굿따라 니까야 A10:208 업에서 생긴 몸 경(제6권p487)

"비구들이여, 여자든 남자든 자애를 통한 마음의 해탈을 닦아야 한다. 여자든 남자든 이 몸을 가지고 저세상으로 가지 않는다. 죽기 마련인 중생은 마음이 그 원인이 된다. 그는 이와 같이 꿰뚫어 안다.

'여기 이 업에서 생긴 몸으로 내가 이전에 지은 악업은 모두 여기서 그 과보를 경험할 것이고, 다음 생에 그 과보를 경험하지 않을 것이다.' 라고. 비구들이여, 이와 같이 자애를 통한 마음의 해탈을 닦으면 그것은 아직 아라한과를 꿰뚫지는 못했지만 여기서 통찰지를 가진 비구로 하여금 불환과를 얻게 한다."

나. 선업의 과보

앙굿따라 니까야 A8:39 넘쳐흐름 경(제5권p194)

이 경에서 세존께서 여덟 가지 공덕을 말씀하셨다.

① 부처님께 귀의하는 것
② 법에 귀의하는 것
③ 승가에 귀의하는 것

《 다섯 가지 보시를 갖추는 것 》
④ 살생하지 않는 것
⑤ 주지 않는 것을 가지지 않는 것
⑥ 삿된 음행하지 않는 것
⑦ 거짓말하지 않는 것
⑧ 술과 중독성 물질을 섭취하지 않는 것

이것들은 여덟 가지 공덕이 넘쳐흐르고, 유익함이 넘쳐흐르고, 행복을 가져오고, 신성한 결말을 가져오고, 행복을 익게 하고, 천상에 태어나게 하는 선행이다.

　세존께서 오계를 다섯 가지 보시라고 말씀하신 이유는 이와 같다. 살생 내지 술과 중독성 있는 물질을 섭취하는 것은 중생들에게 두려움을 주는 것이고, 증오를 주는 것이고, 악의를 주는 것이다. 이와 반대로 오계를 지키는 것은 중생들에게 두려움 없음을 베풀고, 증오 없음을 베풀고, 악의 없음을 베풀어서 두려움 없음과 증오 없음과 악의 없음의 공덕을 중생들과 나누어 가지는 것이기 때문에 보시라고 말씀하신 것이다.

앙굿따라 니까야 A10:200 지옥과 천상 경 (제6권p476)

"비구들이여, 열 가지 법을 갖춘 자는 마치 누가 그를 데려가서 놓는 것처럼 반드시 천상에 태어난다. 무엇이 열인가?
비구들이여 여기 어떤 자는
① 살생을 버리고, 살생을 멀리 여읜다. ~
② 주지 않는 것을 가지는 것을 버리고, 주지 않는 것을 가지는 것을 멀리 여읜다. ~
③ 삿된 음행을 버리고, 삿된 음행을 멀리 여읜다. ~
④ 거짓말을 버리고, 거짓말을 멀리 여읜다. ~
⑤ 이간질을 버리고, 이간질을 멀리 여읜다. ~
⑥ 욕설을 버리고, 욕설을 멀리 여읜다. ~
⑦ 잡담을 버리고, 잡담을 멀리 여읜다. ~
⑧ 남의 재산과 재물을 탐하지 않는다. ~
⑨ 악의가 없다. ~

⑩ 바른 견해를 가진다.

비구들이여, 이러한 열 가지 법을 갖춘 자는 마치 누가 그를 데려가서 놓는 것처럼 반드시 천상에 태어난다."

잡아함경 1048 원주경(願珠經) 2
(1) 살생하지 않는 행을 많이 닦은 과보로 천상에 태어나거나 또는 사람으로 태어나면 장수한다.
(2) 남이 주지 않는 것을 갖지 않는 행(또는 보시)을 많이 닦은 과보로 천상에 태어나거나 또는 사람으로 태어나면 재물이 풍족하다.
(3) 삿된 음행하지 않는 행을 많이 닦은 과보로 천상에 태어나거나 또는 사람으로 태어나면 배우자가 정숙하다.
(4) 거짓말하지 않는 행을 많이 닦은 과보로 천상에 태어나거나 또는 사람으로 태어나면 남에게 꾸지람을 듣지 않는다.
(5) 이간질하지 않는 행을 많이 닦은 과보로 천상에 태어나거나 또는 사람으로 태어나면 친구가 의리가 있다.
(6) 욕하지 않는 행을 많이 닦은 과보로 천상에 태어나거나 또는 사람으로 태어나면 항상 좋은 말을 듣는다.
(7) 잡담하지 않는 행을 많이 닦은 과보로 천상에 태어나거나 또는 사람으로 태어나면 남으로부터 신뢰를 받는다.
(8) 탐욕을 절제한 과보로 천상에 태어나거나 또는 사람으로 태어나면 탐욕이 적다.
(9) 성냄을 절제한 과보로 천상에 태어나거나 또는 사람으로 태어나면 성냄이 적다.
(10) 바른 견해를 많이 닦은 과보로 천상에 태어나거나 또는 사람으로 태어나면 지혜롭다.

다. 천상세계에 태어나는 5가지 선업

(1) 믿음 : 삼보를 믿고 귀의하는 것.
(2) 보시 : 남에게 재물, 법, 두려움 없음을 보시하는 것.
(3) 지계 : 오계나 팔재계나 십선계를 지키는 것.
(4) 다문 : 정법을 많이 듣고 배우고 외우는 것. 스승이나 선지식에게 법을 묻고 답을 듣는 것.
(5) 지혜 : 자기 마음을 관찰하고 탐욕과 성냄 등 번뇌를 다스리는 것.

이 5가지의 법을 갖춘 사람은 서원하는 대로 후생에 원하는 천상세계에 태어날 수 있다.

9. 큰 과보를 가져오는 청정한 보시

맛지마 니까야 M142 『보시의 분석 경』에 보시에 대한 자세한 법문이 있다. 보시의 과보(결실)이란 1 수명 2 아름다운 외모 3 행복(재물, 명예, 자유) 4 힘(건강, 세력, 높은 가문) 5 총명함의 다섯 가지의 이익이다.

실천해야 할 보시의 항목들 5가지

① 수명의 보시 (불살생, 방생, 암 등 불치병의 치료를 돕는 것)
② 좋은 외모의 보시 (화내지 않음, 욕과 모진 말을 하지 않음, 환한 얼굴과 미소)
③ 행복의 보시
　○ 옷, 음식, 침구 등 생활필수품과 돈 등 재물의 보시
　○ 급박한 위험에서 구제하는 두려움 없음의 보시(無畏施)
　○ 칭찬과 좋은 평판을 얻도록 하여 남의 명예를 높여줌
④ 힘의 보시
　○ 육체적인 건강, 힘의 보시 (음식 보시, 간병, 좋은 의사의 소개, 약의 보시, 운동의 권유)
　○ 권세·힘의 보시 (남이 높은 자리에 오르도록 돕거나 힘을 갖도록 격려하고 돕는 것)
⑤ 총명함의 보시 (법보시, 좋은 지식과 기술을 가르침, 학업의 격려, 학자금의 지원)

가. 열네 가지 개인에 대한 보시

14가지 개인에 대한 보시가 있고, 그 보시의 결실이 있다.

(1) 축생에게 보시를 하면 백 배의 보답이 기대된다. (註 백 생동안 수명, 아름다운 용모, 행복, 힘, 총명함이라는 다섯 가지의 이익을 돌려준다. - 니까야 주석서)

(2) 행실이 나쁜 범부(악인)에게 보시를 하면 천 배의 보답이 기대된다. (註 행실이 나쁜 범부란 살생이나 도둑질 등 남을 속이고 괴롭혀 삶을 영위하는 자들이다.)

(3) 행실이 바른 범부(선인)에게 보시를 하면 십만 배의 보답이 기대된다. (註 행실이 바른 범부란 삼보에 귀의하지는 않았으나 남을 속이거나 괴롭히지 않고 선하게 살아가는 범부를 말한다.)

(4) 감각적 욕망을 떠난 이교도들에게 보시를 하면 천억 배의 보답이 기대된다. (註 감각적 욕망을 떠난 이교도란 음욕을 끊고 선정을 얻은 자들 또는 오신통을 얻은 외도들 즉, 타종교의 명상수행자인 요기(yogi)들을 말한다. 불교의 명상수행자도 요기(yogi)라고 부르기는 하지만 여기에는 해당하지 않는다.)

(5) 예류과의 실현을 닦는 자(預流向, 須陀洹向)에게 보시를 하면 헤아릴 수 없고 잴 수 없는 보답이 기대된다. (註 여기서 예류과의 실현을 닦는 자를 넓게 해석하면

① 가장 낮게는 삼보에 귀의한 재가자노 해당된다.

더 나아가
② 오계에 확고히 머문 자
③ 십계(십선업)에 확고히 머문 자
④ 사미계를 받은 사미
⑤ 구족계를 받은 비구
⑥ 구족계를 받고 의무를 충실히 이행하는 자
⑦ 위빳사나를 실천하는 자
⑧ 위빳사나를 열심히 닦는 자
이 순서대로 이 사람들에게 보시를 했을 경우 더욱더 큰 과보가 있다.

가장 높게는
⑨ 예류도를 구족한 자(예류과, 수다원과를 증득하기 직전 찰나의 예류도(預流道)의 경지)이다. - 니까야 주석서)

(6) 예류자에게 보시를 하면 더욱더 헤아릴 수 없고... 무슨 말이 더 필요하겠는가?
(7) 일래과의 실현을 닦는 자에게 보시를 하면 더욱더 헤아릴 수 없고...
(8) 일래자에게 보시를 하면 더욱더 헤아릴 수 없고...
(9) 불환과의 실현을 닦는 자에게 보시를 하면 더욱더 헤아릴 수 없고...
(10) 불환자에게 보시를 하면 더욱더 헤아릴 수 없고...
(11) 아라한과의 실현을 닦는 자에게 보시를 하면 더욱더 헤아릴 수

없고...
(12) 아라한에게 보시를 하면 더욱더 헤아릴 수 없고...
(13) 벽지불에게 보시를 하면 더욱더 헤아릴 수 없고...
(14) 부처님에게 보시를 하면 더욱더 헤아릴 수 없고... 무슨 말이 더 필요하겠는가?

나. 일곱 가지 승가에 대한 보시

보통 승가에 대한 보시는 개인에 대한 보시보다 더 공덕이 크다. 그래서 부처님께서는 마하빠자빠띠 고따미(세존의 이모이자 계모)가 자신이 손수 짠 새 옷을 부처님께 보시했을 때 '이 옷을 승가에 보시하라'고 권하셨다.

(1) 부처님을 상수로 하는 비구.비구니 두 승가에 보시하는 것
(2) 여래가 열반에 들고 나서 비구.비구니 두 승가에 보시하는 것
(3) 비구 승가에 보시하는 것
(4) 비구니 승가에 보시하는 것
(5) 승가에서 비구와 비구니를 제한하여 정한 다음 보시하는 것
(6) 승가에서 비구를 제한하여 정한 다음 보시하는 것
(7) 승가에서 비구니를 제한하여 정한 다음 보시하는 것

승가에 대한 보시는 이 순서대로 큰 공덕이 있다.

예를 들어 처음에는 승가에게 보시하겠다는 생각으로 보시물을 준비하여 사찰에 가서 '스님, 승가를 위해 스님 한 분을 추천해 주십시

오'라고 말하여 한 스님을 추천받고는 기뻐하면서 그 스님에게 보시한다는 생각으로 보시한다면 이것은 승가에게 한 보시가 아니고 개인에 대한 보시이다. 그러나 만약 스님 한 분을 추천받았을 때 전체 승가를 존중하면서 전체 승가에 보시한다는 마음가짐으로 그 스님에게 보시한다면 이것은 승가를 위한 보시에 해당한다. 즉, 한 개인에게 보시한다고 생각하고 보시하는가 또는 승가 전체를 대상으로 보시하는지에 따라 다르다.

다. 네 가지 보시의 청정

3가지의 청정한 보시가 있고 1가지의 청정하지 못한 보시가 있다. 청정한 3가지 보시는 보시하는 자에 의한 청정, 보시받는 자에 의한 청정, 보시하는 자와 보시받는 자 모두에 의한 청정이다. 1가지 청정하지 못한 보시는 보시하는 자도 계행이 청정하지 못하고 나쁜 성품을 가졌고, 보시받는 자도 계행이 청정치 못하고 나쁜 성품을 가진 것이다.

(1) 좋은 과보를 가져오는 첫 번째 청정한 보시
(보시하는 자는 청정하고 보시 받는 자는 청정하지 못할 때)

① 보시하는 자가 계행이 청정하다.
② 보시받는 자는 계행이 청정하지 못하다.
③ 보시할 때 행위의 결실이 크다는 것을 확신한다.
④ 보시물이 법답게 얻은 것이다.
⑤ 보시할 때 마음이 깨끗하다.(탐욕 없음, 성냄 없음, 어리석음 없

음, 자만 없음, 질투 없음).

 이러한 보시는 보시하는 자에 의해 청정해지며, 큰 과보(결실)을 가져온다.
 예를 들어 계행이 청정한 불자가 법답게 얻은 보시물을, 보시의 결실이 크다는 것을 확신하면서, 계행이 청정하지 못한 스님에게 보시하되, 청정한 승가를 위해 보시한다고 생각하면서 깨끗한 마음으로 보시했다면, 비록 보시받는 스님이 계행이 청정하지 못하더라도 그 보시는 보시하는 자(불자)에 의해 청정해지며, 큰 과보(결실)을 가져온다.

(2) 좋은 과보를 가져오는 두 번째 청정한 보시
(보시하는 자는 청정하지 않고 보시 받는 자가 청정할 때)

① 보시하는 자가 계행이 청정하지 못하다.
② 보시받는 자가 계행이 청정하다.
③ 보시할 때 행위의 결실이 크다는 것을 확신하지 못한다.
④ 보시물이 법답지 않게 얻은 것이다. (살생, 도둑질 등)
⑤ 보시할 때 마음이 깨끗하지 못하다.(탐욕, 성냄, 어리석음, 자만, 질투)

 이러한 보시는 보시받는 자에 의해 청정해지며, 큰 과보(결실)을 가져온다.
 예를 들어 계를 지키지 않고 행실이 나쁜 어떤 사람이 법답지 않게 얻은 보시물(살생 등)로, 보시의 결실이 크다는 것을 확신하지 못하면서, 깨끗하지 못한 마음(탐욕, 성냄 등)으로 계행이 청정한 스님에게 보시했다면 비록 보시하는 사람은 청정하지 못하지만 이 보시는 보시받는 스님에 의해 청정해지며, 그 보시는 큰 과보(결실)을 가져온다.

마찬가지로 어떤 사람이 계행이 청정하지 못하고, 인과를 확신하지 못하면서, 법답지 않은 보시물로, 깨끗하지 않은 마음을 품고 불전에 공양물을 올렸을 때에도 그는 좋은 과보를 얻는다. 왜냐하면 보시받는 대상인 부처님이 청정하시기 때문에 이 보시는 부처님에 의해 청정해졌기 때문이다.

(3) 가장 좋은 과보를 가져오는 세 번째 청정한 보시
(보시하는 자와 보시 받는 자 모두 청정할 때)

① 보시하는 자가 계행이 청정하다.
② 보시받는 자도 계행이 청정하다.
③ 보시할 때 행위의 결실이 크다는 것을 확신한다.
④ 보시물이 법답게 얻은 것이다.
⑤ 보시할 때 마음이 깨끗하다(탐욕 없음, 성냄 없음, 어리석음 없음, 자만 없음, 질투 없음).

이러한 보시는 보시하는 자, 보시받는 자 모두에 의해 청정해지며, 풍성한 과보(결실)을 가져온다.

(4) 청정하지 못한 1가지 보시

(보시하는 자와 보시 받는 자 모두 청정하지 않을 때)

① 보시하는 자가 계행이 청정하지 않다.
② 보시받는 자가 계행이 청정하지 않다.
③ 보시할 때 행위의 결실이 크다는 것을 확신하지 못한다.
④ 보시물이 법답지 않게 얻은 것이다. (살생, 도둑질 등)
⑤ 보시할 때 마음이 깨끗하지 못하다.(탐욕, 성냄, 어리석음, 자만, 질투).

이러한 보시는 매우 적은 과보를 가져오거나 또는 전혀 결실을 맺지 못한다. 예를 들어 이런 이야기가 있다. 어떤 사냥꾼이 죽었다. 그의 아내는 죽은 남편을 위해 한 스님에게 보시했다. 이 스님은 계가 청정하지 않았다. 이 경우 ① 보시하는 자(사냥꾼의 아내)는 계가 청정하지 않았다. ② 보시받는 스님도 계가 청정하지 않았다. ③ 사냥꾼의 아내는 행위의 결실이 크다는 것을 확신하지 못한다. ④ 보시물은 사냥(살생)으로 얻은 법답지 않은 것이다. ⑤ 보시할 때 그녀의 마음은 깨끗하지 못하다. 평소에 많은 악행을 해왔기 때문이다. 그러므로 이 보시는 청정하지 않은 보시(4)로서 결실을 맺지 못한다.

그녀가 스님에게 보시를 한 뒤에 죽은 남편에게 보시공덕을 나누어 주었을 때(회향) 그녀의 남편은 아귀계에 있었지만 "사두(sādhu)!"라고 말하지 못했다. 입을 열 수 없었다. 아귀가 사두라고 말을 하지 않으면 나누어준 공덕을 받을 수 없다. 그러므로 이 보시는 결실을 전혀 얻지 못했다. 그녀가 세 번이나 스님에게 보시를 하고 공덕을 회향해 주었지만 그 아귀는 사두를 외칠 수 없었고 보시 공덕을 얻지 못했다.

 그런데 그녀는 나중에 계행이 청정한 한 스님에게 보시를 했다. 그리고 죽은 남편에게 공덕을 나누어주었다. 그제야 아귀는 사두!라고 외칠 수 있었고 보시 공덕을 받아 아귀계에서 벗어나 천상계에 다시 태어날 수 있었다. 이 보시는 위 2번째 청정한 보시에 해당한다.

① 보시하는 자(사냥꾼의 아내)가 계행이 청정하지 못하다.
② 보시받는 자(스님)가 계행이 청정하다.
③ 보시할 때 행위의 결실이 크다는 것을 확신하지 못한다.
④ 보시물이 법답지 않게 얻은 것이다. (사냥)
⑤ 보시할 때 마음이 깨끗하지 못하다.

 이것은 보시받는 자(계행을 갖춘 스님)에 의해 청정해진 보시이다. 따라서 아귀가 보시공덕을 받을 수 있었던 것이다. 만약 한국사람이나 서양사람이 죽었을 때 아귀가 되었다면 가족이 그 아귀를 위해 보시하고 회향할 때 그 아귀는 사두라는 말을 할 수 있을까? 아귀가 사두라는 말을 들어본 적이 없어서 그 말을 못한다면 아귀가 어떤 말을 할 때 보시공덕을 받을 수 있을까?

 아귀가 기뻐하면서 "좋습니다", "훌륭합니다", "고맙습니다"는 말을 할 때 보시 공덕을 받을 것이라고 추론할 수 있다. 아귀가 이런 의미를 담아 말을 한다면 언어에 상관없이 보시 공덕을 받을 것으로 보인다.

10. 재물이 없이 남에게 보시하는 법

가난한 사람은 남에게 보시해야 한다는 것을 알고 있더라도 그런 마음을 내기 어렵다. 돈이 없어도 남에게 보시하는 방법이 있다. 우선 이 방법으로 실천하여 공덕을 쌓을 수 있다.

재물이 없이 남에게 베푸는 7가지 보시를 무재칠시(無財七施)라고 말한다.

가. 눈으로 베푸는 보시

좋은 눈길로 부모와 가족과 스승과 웃어른과 스님과 친지들을 바라보고, 나쁜 눈으로 보지 않는 것이다. 흘겨보지 않고 쏘아보지 않는다. 이 선업의 과보로 다음 생에는 항상 청정한 눈을 얻는다.

나. 얼굴로 베푸는 보시

부모와 가족과 스승과 웃어른과 스님과 친지들에 대하여 밝고 온화하고 기쁜 표정을 짓는 것이다. 찡그리고 찌푸리는 표정, 우울한 표정을 짓지 않는다. 이 선업의 과보로 다음 생에는 항상 잘생긴 외모를 얻는다.

다. 말로 베푸는 보시

부모와 가족과 스승과 웃어른과 스님과 친지들에 대하여 부드럽고 온화하고 따뜻한 말을 하는 것이다. 추악하고 거친 말, 차가운 말, 비웃고 조롱하는 말을 절대 하지 않는다. 이 선업의 과보로 다음 생에는 말이 유창하고, 말을 하면 다른 사람들이 믿고 받아들이게 된다.

라. 몸으로 베푸는 보시

부모와 가족과 스승과 웃어른과 스님과 친지들이 오면 항상 일어나서 반갑게 맞이하고 인사하는 것이다. 또한 자기 몸으로 다른 사람의 힘든 일을 도와주고 봉사하는 것이다. 이 선업의 과보로 다음 생에는 몸이 단정하고 큰 몸을 받고 다른 사람들의 공경을 받는다.

마. 마음으로 베푸는 보시

위와 같이 4가지로 보시하더라도 그 마음이 온화하고 착하지 않으면 좋은 보시라고 말할 수 없다. 착하고 온화한 마음으로 깊이 공경하는 마음을 내는 것이 마음의 보시이다. 이 선업의 과보로 다음 생에는 항상 마음이 밝아서 어리석거나 미치지 않는다.

바. 좌석으로 베푸는 보시

부모와 가족과 스승과 웃어른과 스님과 친지들을 보면 좌석을 내드려 앉도록 하며, 또는 스스로 앉았던 좌석에 청해서 앉도록 하는 것이다. 이 선업의 과보로 다음 생에 항상 존귀한 좌석에 앉게 된다.

사. 방과 집으로 베푸는 보시

부모와 가족과 스승과 웃어른과 스님과 친지들께 방과 집을 쓰시도록 하여 다니고 오가며 앉고 눕도록 하는 것을 방과 집의 보시라고 말한다. 이 선업의 과보로 다음 생에 항상 자연히 궁전과 집을 얻는다.

이것이 일곱 가지 보시로서 재물을 손실하지 않고 큰 과보를 얻는 것이니 매일매일 실천한다.

11. 사람으로 태어나기 어렵다

상윳따 니까야 56 진리(諦) 상윳따 102~131 경은 세존께서 다섯 가지 세계(五道)에서 태어나고 죽는 오도윤회를 말씀하고 계시며 특히 인간이나 천상에 태어나는 것이 얼마나 어려운지를 설하고 계신다. 불자들은 이 경을 보고 사람 몸 받기가 매우 어렵다는 인신난득(人身難得)의 교훈을 절실하게 느끼고 경각심을 가져야 한다.

상윳따 니까야 인간으로 죽음 경1 S56:102 (제6권p471)

그때 세존께서는 조그만 흙먼지를 손톱 끝에 올린 뒤 비구들을 불러서 말씀하셨다.

"비구들이여, 이를 어떻게 생각하는가? 내가 손톱 끝에 올린 조그만 이 흙먼지와 저 대지 가운데 어떤 것이 더 많은가?"

"세존이시여, 저 대지가 더 많습니다. 세존께서 손톱 끝에 올리신 조그만 이 흙먼지는 아주 적습니다. 세존께서 손톱 끝에 올리신 조그만 그 흙먼지는 대지에 비하면 헤아릴 것도 못되고 비교할 것도 못되며 아예 한 조각에도 미치지 못합니다."

"비구들이여, 그와 같이 인간으로 죽어서 인간으로 다시 태어나는 중생들은 적고, 인간으로 죽어서 지옥에 태어나는 중생들은 많다."

"그것은 무슨 이유 때문인가?

비구들이여, 네 가지 성스러운 진리를 보지 못했기 때문이다. 무엇이 넷인가? 괴로움의 성스러운 진리, 괴로움의 일어남의 성스러운 진리, 괴로움의 소멸의 성스러운 진리, 괴로움의 소멸로 인도하는 도닦음의 성스러운 진리이다."

"비구들이여, 그러므로 그대들은 '이것은 괴로움이다' 라고 수행해야 한다. '이것이 괴로움의 일어남이다.' 라고 수행해야 한다. '이것이 괴로움의 소멸이다.' 라고 수행해야 한다. '이것이 괴로움의 소멸로 인도하는 도닦음이다.' 라고 수행해야 한다."

(인간으로 죽음 경2) ~ 그와 같이 인간으로 죽어서 인간으로 다시 태어나는 중생들은 적고, 인간으로 죽어서 축생의 모태에 태어나는 중생들은 많다...

(인간으로 죽음 경3) ~ 그와 같이 인간으로 죽어서 인간으로 다시 태어나는 중생들은 적고, 인간으로 죽어서 아귀계에 태어나는 중생들은 많다...

(인간으로 죽음 경4~6) ~ 그와 같이 인간으로 죽어서 천신으로 태어나는 중생들은 적고, 인간으로 죽어서 지옥에(축생의 모태에, 아귀계에) 태어나는 중생들은 많다...

(신으로 죽음 경1~6) ~ 그와 같이 천신으로 죽어서 천신으로 다시 태어나는 중생들은 적고, 천신으로 죽어서 지옥에(축생에, 아귀에) 태어나는 중생들은 많다 ...

~ 그와 같이 천신으로 죽어서 인간으로 태어나는 중생들은 적고, 천신으로 죽어서 지옥에(축생에, 아귀에) 태어나는 중생들은 많다 ...

(지옥에서 죽음 경 1~6) ~ 그와 같이 지옥에서 죽어서 인간으로(천신으로) 태어나는 중생들은 적고 지옥에서 죽어서 지옥에(축생에, 아귀에) 태어나는 중생들은 많다.

(축생에서 죽음 경 1~6) ~ 그와 같이 축생계에서 죽어서 인간으로(천신으로) 태어나는 중생들은 적고 축생계에서 죽어서 지옥에(축생에, 아귀에) 태어나는 중생들은 많다.

(아귀에서 죽음 경 1~3) ~ 그와 같이 아귀계에서 죽어서 인간으로(천신으로) 태어나는 중생들은 적고 아귀계에서 죽어서 지옥에(축생에, 아귀에) 태어나는 중생들은 많다.

상윳따 니까야 인간으로 죽음 경1,2 S56:47 (제6권p471)

"비구들이여, 예를 들면 어떤 사람이 하나의 구멍만을 가진 멍에를 큰 바다에 던져 넣는다 하자. 그러면 동쪽에서 부는 바람은 그것을 서쪽으로 몰고 갈 것이고 서쪽에서 부는 바람은 그것을 동쪽으로 몰고 갈 것이며, 북쪽에서 부는 바람은 그것을 남쪽으로 몰고 갈 것이고 남쪽에서 부는 바람은 그것을 북쪽으로 몰고 갈 것이다. 마침 거기에 눈먼 거북이가 있어서 백 년 만에 한 번씩 물 위로 올라온다 하자. 비구들이여, 이를 어떻게 생각하는가? 백 년 만에 한 번씩 물위로 올라오는 그 눈먼 거북이가 그 멍에에 나 있는 하나의 구멍 속으로 목을 넣을 수 있겠는가?"

"세존이시여, 만일 가능하다 해도 그것은 참으로 오랜 세월이 지난 후에나 가능할지 모릅니다."

"비구들이여, 백 년 만에 한 번씩 물 위로 올라오는 눈먼 거북이가 그 멍에의 단 하나의 구멍 속으로 목을 넣는 것이 어리석은 자가 한 번 파멸처(악도)에 떨어진 뒤에 다시 인간의 몸을 받는 것보다 훨씬 더 빠르다고 나는 말한다. 그것은 무슨 이유 때문인가?
 비구들이여, 그곳(파멸처)에는 법다운 행위가 없고 곧은 행위가 없으며, 유익함을 행하지 않고 공덕을 짓지 않기 때문이다. 그곳에는 서로서로 잡아먹는 것과 약육강식만이 있을 뿐이기 때문이다. 그것은 무슨 이유 때문인가?
 비구들이여, 그들은 네 가지 성스러운 진리를 보지 못하기 때문이다. 무엇이 넷인가? 괴로움의 성스러운 진리, 괴로움의 일어남의 성스러운 진리, 괴로움의 소멸의 성스러운 진리, 괴로움의 소멸로 인도하는 도닦음의 성스러운 진리이다."

"비구들이여, 그러므로 그대들은 '이것이 괴로움이다.' 라고 수행해야 한다. '이것이 괴로움의 일어남이다.' 라고 수행해야 한다. '이것이 괴로움의 소멸이다.' 라고 수행해야 한다. '이것이 괴로움의 소멸로 인도하는 도닦음이다.' 라고 수행해야 한다."

이것을 '눈먼 거북이가 나무를 만난다' 즉, 맹구우목(盲龜遇木)이라 부른다. 사람 몸 받기가 이렇게 어려운데 우리는 전생의 선업 공덕으로 이미 사람 몸을 받아 태어났고, 그중에서도 부처님 법을 만나게 되었으니 이 얼마나 고맙고 다행한 일인가? 금생을 놓치면 또 어느 세월에 사람 몸 받겠는가?

 절박한 마음을 일으켜 시간을 낭비하지 말고 선업 공덕을 부지런히 짓고, 마음을 닦아 도를 깨닫도록 힘써 노력하여야 한다.

12. 사람이 태어나는 원리

보통 사람들은 정자와 난자가 결합하여 수정란이 생성되고 사람(태아)이 된다고 알고 있다. 이것은 잘 모르고 하는 생각이다. 마음은 형상이 없다. 따라서 과학자들은 수정이 될 때 마음이 어떻게 작용하는지 모른다. 그저 현미경으로 움직이는 물질만을 볼 뿐이다.

어떤 사람은 부모에게 "왜 나를 낳았는가?" 하며 원망한다. 이것은 어리석은 말이다. 자기 스스로 전생에 업을 짓고 그 업의 힘으로 인하여 금생에 최초의 자기 마음이 스스로 인연이 있는 부모를 찾아서 어머니의 모태에 들어간 것이다.

부처님은 어떻게 말씀하셨는가?

맛지마 니까야 M38 갈애 멸진의 긴 경

26. "비구들이여, 세 가지가 만나서 수태가 이루어진다. 여기 어머니와 아버지가 교합하더라도 어머니가 월경이 없고, 간답바(識, 마음)가 있지 않으면, 수태가 이루어지지 않는다. 여기 어머니와 아버지가 교합하고 어머니가 월경이 있더라도 간답바가 있지 않으면 수태가 이루어지지 않는다. 비구들이여, 어머니와 아버지가 교합하고 어머니가 월경이 있고 간답바가 있어서, 이와 같이 세 가지가 만날 때 수태가 이루어진다."

여기서 간답바는 '잉태될 준비가 되어 있는 존재'라는 의미인데 금생의 최초의 마음(재생연결식)이다. 다시 말해서 정자와 난자가 만나 수정란이 생성될 때 단순히 물질만 결합하는 것이 아니라 마음(識)이 거기에 달라붙는다는 것이다. 그리하여 색수상행식의 오온이 결합되고 태아가 형성된다. 마음은 왜 정자·난자의 수정시에 여기에 달라붙을까? 부처님께서는 욕계에 태어나는 것은 음욕으로 태어난다고 말씀하셨다. 즉 어떤 물질을 붙게 할 때 접착제가 필요하듯이 음욕의 힘이 접착제와 같이 작용하여 마음이 정자·난자에 달라붙어 수정이 된다는 것이다.

이와 같이 욕계의 존재로 태어나기 위해서는 갈애(음욕)이 접착제처럼 작용하여 마음(식)이 물질(정자·난자)에 달라붙고 정신(수상행)과 결합하여 오온(태아)이 만들어진다.

생사윤회의 원인은 업과 갈애(음욕)이다. 또한 갈애의 원인은 법(진리)을 모르는 무명(무지)이다. 무명을 근본원인으로, 갈애를 직접원인으로 태어나고 윤회하며 온갖 쓰라린 괴로움과 쾌락을 맛보고 감각적 쾌락을 즐거움, 행복이라고 착각한다. 괴로움인 감각적 쾌락을 즐거움으로 착각하기 때문에 괴로움을 벗어나기가 매우 어렵다.

정신·물질을 괴로움이라고 바르게 꿰뚫어 아는 것이 고성제의 진리이다. 괴로움의 발생원인이 갈애와 무명이라는 것을 바르게 꿰뚫어 아는 것이 집성제의 진리이다. 열반을 즐거움이라고 바르게 꿰뚫어 아는 것이 멸성제의 진리이다. 괴로움의 소멸인 열반에 이르기 위해서는 바른 도(팔정도)를 닦아야 한다는 것을 바르게 꿰뚫어 아는 것이 도성제의 진리이다.

13. 포살과 팔관재계

가. 포살(布薩)

음력으로 반달마다 8일, 14일, 15일은 육재일(六齋日)이니 즉 매월 음력 8일, 14일, 15일, 23일, 29일, 30일이다.

앙굿따라 니까야 A3:36~37 사대천왕경 (제1권p373)

상현과 하현의 8일 즉, 음력 8일과 23일에는 사대천왕의 신하들이 천하를 순찰하면서 인간들의 선업, 악업을 판단한다. 인간 세상에 많은 사람들이 자기 어머니, 아버지와 사문, 바라문들을 존경하는지, 연장자를 공경하는지, 포살을 실천하는지, 해야 할 일에 전념하는지, 공덕을 쌓는지를 살핀다. 상현과 하현의 14일 즉, 음력 14일과 29일에는 사천왕의 아들들이 이 세상을 순찰한다. 보름의 포살일 즉, 음력 15일과 30일에는 사천왕이 세상을 직접 순찰한다. 그리고 그 결과를 삼십삼천과 제석천왕에게 보고한다.

만약 인간들이 부모에게 효도하고, 스님들과 스승과 윗사람을 섬기며, 계(戒)를 지키고, 외롭고 가난한 사람들을 구제하고 선행을 하는 사람이 많으면 모든 삼십삼천의 천신들은 크게 기뻐한다. 왜냐하면 하늘에 태어날 사람들이 많아지고 아수라가 적어지기 때문이다. 만약 인간들이 부모에게 효도하지 않고, 스님들과 스승과 윗사람을 섬기지 않으며, 계(戒)를 지키지 않고, 외롭고 가난한 사람을 구제하지 않으면 모든 하늘들은 실망하고 슬퍼한다.

옛적에 삭까 즉, 삼십삼천의 제석천왕이 게송을 읊었다.

'나처럼 되기를 원하는 사람은
14일, 15일, 상현과 하현의 8일에
여덟 가지를 갖춘 포살(팔재계)을 준수해야 하고
연속적으로 행하는 포살을 해야 하리.'

부처님께서는 이 게송이 잘못된 것이라고 말씀하셨다. 왜냐하면 제석천왕은 탐욕, 성냄, 어리석음을 제거하지 못했으며 늙음, 죽음, 근심, 탄식, 육체적 고통, 정신적 고통, 절망에서 벗어나지 못했기 때문이다. 만약 어떤 비구가 아라한이 되어 해탈했다면 그 비구가 이렇게 게송을 읊는다면 이 게송은 적절하다고 말씀하셨다.

'나처럼 되기를 원하는 사람은
14일, 15일, 상현과 하현의 8일에
여덟 가지를 갖춘 포살(팔재계)을 준수해야 하고
연속적으로 행하는 포살을 해야 하리.'

왜냐하면 그 아라한 비구는 탐욕, 성냄, 어리석음을 제거했으며 늙음, 죽음, 근심, 탄식, 육체적 고통, 정신적 고통, 절망에서 벗어났고, 일체의 괴로움에서 벗어났기 때문이다.
이 게송의 법문을 보면 팔재계를 지키는 공덕을 '모든 번뇌를 끊고 해탈한 아라한 비구' 처럼 되어가는 중요한 수행으로 설하고 있다.

포살(布薩)이란 원래 매월 반달 중 14일 또는 15일에 즉, 보름(14

일 또는 15일 중 하루)과 그믐(29일 또는 30일 중 하루)에 수행승들이 모여서 비구계의 계목(戒目, 계율의 조목)을 외우고 반달 동안 부처님의 가르침대로 살았는지 반성하고 잘못이 있으면 참회하는 것이다. 즉, 출가자의 포살은 한달에 2번이다.

자자(自恣)는 안거 기간에 행하는 포살의 일종인데 보통 1년에 한 번 하안거 해제일인 음력 7월 15일에 행한다. 수행승들이 안거 기간 중에 자신의 죄와 잘못에 대하여 본 것, 들은 것, 의심나는 것이 있으면 자신에게 말해줄 것을 대중에게 청하고, 누군가로부터 지적받은 점이 있으면 반성하고 참회하는 행사이다. 안거 기간 중에 첫 번째 보름의 포살일을 첫 번째 자자, 두 번째 보름의 포살일을 두 번째 자자, 세 번째 보름의 포살일을 세 번째 자자라고 말하기도 한다.

위 게송에서 '연속적으로 행하는 포살'이란 여름 안거 3개월 동안 연속적으로 매일 팔재계를 지키는 것이다. 만약 이것이 불가능한 사람은 첫 번째와 두 번째 자자(自恣)의 중간에 1달 동안 매일 팔재계를 지킨다. 이것도 불가능한 사람은 첫 번째 자자(自恣)로부터 시작해서 반달 동안 매일 팔재계를 지키는 것이다. 이것이 '연속적으로 행하는 포살'이다. 한역경전에서는 이것을 신변월(神變月) 또는 삼장재월(三長齋月)이라고 불렀다. '연속적으로 행한다'는 단어인 빠띠하리야 pāṭihāriya는 '신변(神變)', '기적'이라는 의미가 있기 때문이다.

재가자의 포살은 '작은 포살'까지 다 합쳐 한 달에 4번(8일, 보름, 23일, 그믐) 포살이 있다. 8일과 23일에 행하는 포살은 '작은 포살'

이라고 불리는데 계율의 조목을 외우지는 않고 스승의 훈계를 듣고 팔재계를 지킬 뿐이다. 포살일 기준으로 보면 4일이지만 실제로 팔재계를 지키는 것은 6일이므로 육재일이라고 부른다. 위 게송에서 '여덟 가지를 갖춘 포살'이란 육재일에 팔재계를 외우고 지키는 것을 말한다.

미얀마의 재가 불자들은 보통 그믐의 저녁에 사원에 모여 탑돌이 등을 행하고 다음 날인 초하루에는 수행과 법문 듣기와 10바라밀 닦기와 경전 공부 등을 하게 되고, 8일과 23일에는 하루 동안 사찰에서 지내며, 14일에는 그믐과 같이 저녁에 사원으로 모여 탑돌이 등을 행하고 다음 날인 15일 보름에는 수행과 법문 듣기와 10바라밀 닦기와 경전 공부 등을 하기에 한 달에 4번 사찰에 가게 된다. 재가 불자들은 이러한 날에 사원에 가서 팔재계를 받고, 설법을 듣거나 명상하거나 하면서 하루를 사원에서 보낸다.

나. 팔관재계(八關齋戒)

팔재계 또는 팔관재계는 재가 수행자들이 육재일(팔관재일)에 지키는 계율이다. 이때는 재가 수행자라도 아라한처럼 계를 지키고 수행하는 것이다. 부처님 당시에는 재가 수행자들이 이 계를 지켰으며, 부처님의 친족인 석가족들이 이 계를 지키지 않으면 부처님께서는 꾸짖으셨다.

한 달에 여섯 날 팔재계를 지키는 것은 수행자가 적절한 긴장감을 유지하게 하고 계를 지켜야 한다는 경각심을 일으켜서 수행에 큰 도움을 준다. 이러한 긴장감과 경각심이 없으면 마음을 풀어놓고 방일하게 되기 때문이다.

팔재계를 설한 경전은 앙굿따라 니까야 A3:70 팔관재계 경 (제1권 p490)과 앙굿따라 니까야 제5장 포살 품에 속하는 A8:41 간략하게 경, A8:42 상세하게 경, A8:43 위사카 경 등이 있다.

앙굿따라 니까야 A8:41 간략하게 경 (제5권p200)

(1) 살생을 멀리 여읨
"비구들이여, 여기 성스러운 제자는 이와 같이 숙고한다. '아라한들은 일생 내내 생명을 죽이는 것을 버리고, 생명을 죽이는 것을 멀리 여의고, 몽둥이를 내려놓고, 칼을 내려놓는다. 그분들은 양심적이고, 동정심이 있으며, 모든 생명의 이익을 위하고, 연민하며 머문다. 나 역시 이 밤과 이 낮이 다 가도록 생명을 죽이는 것을 버리고 ~ 연민하며 머물리라. 이러한 공덕으로 나는 아라한을 본받으리라. 그러면 나의 포살은 바르게 준수될 것이다.' 라고. 그는 이러한 첫 번째 구성요소를 구족한다."

(2) 주지 않은 것을 가지는 것을 멀리 여읨
"'아라한들은 일생 내내 주지 않은 것을 가지는 것을 버리고, 주지 않은 것을 가지는 것을 멀리 여의었다. 그분들은 준 것만을 받고, 스스로 훔치지 않아 자신을 깨끗하게 하여 머문다. 나 역시 이 밤과 이 낮이 다 가도록 주지 않은 것을 가지는 것을 버리고 ~ 내 자신을 깨끗하게 하여 머물리라. 이러한 공덕으로 나는 아라한을 본받으리라.

그러면 나의 포살은 바르게 준수될 것이다.'라고. 그는 이러한 두 번째 구성요소를 구족한다."

(3) 성행위의 저속함을 멀리 여읨
"'아라한들은 일생 내내 금욕적이지 못한 삶을 버리고, 청정범행을 닦는다. 그분들은 도덕적이고 성행위의 저속함을 멀리 여의었다. 나 역시 이 밤과 이 낮이 다 가도록 금욕적이지 못한 삶을 버리고, 청정범행을 닦으리라. 도덕적이고 성행위의 저속함을 멀리 여의리라. 이러한 공덕으로 나는 아라한을 본받으리라. 그러면 나의 포살은 바르게 준수될 것이다.'라고. 그는 이러한 세 번째 구성요소를 구족한다."

(4) 거짓말을 멀리 여읨
"'아라한들은 일생 내내 거짓말을 버리고, 거짓말을 멀리 여의었다. 그분들은 진실을 말하며, 진실에 부합하고, 굳건하고, 믿음직하여 세상을 속이지 않는다. 나 역시 이 밤과 이 낮이 다 가도록 거짓말을 버리고, 거짓말을 멀리 여의리라. 진실을 말하며, 진실에 부합하고 굳건하고 믿음직하여 세상을 속이지 않으리라. 이러한 공덕으로 나는 아라한을 본받으리라. 그러면 나의 포살은 바르게 준수될 것이다.'라고. 그는 이러한 네 번째 구성요소를 구족한다."

(5) 술과 중독성 물질을 멀리 여읨
"'아라한들은 일생 내내 방일하는 근본이 되는 술과 중독성 물질을 섭취하는 것을 버리고, 방일하는 근본이 되는 술과 중독성 물질을 멀리 여의었다. 나 역시 이 밤과 이 낮이 다 가도록 방일하는 근본이 되는 술과 중독성 물질을 섭취하는 것을 버리고, 방일하는 근본이 되는 술과 중독성 물질을 멀리 여의리라. 이러한 공덕으로 나는 아라한을 본받으리라. 그러면 나의 포살은 바르게 준수될 것이다.' 라고. 그는 이러한 다섯 번째 구성요소를 구족한다."

(6) 때 아닌 때 먹는 것을 멀리 여읨
"'아라한들은 일생 내내 하루 한 끼만 먹는다. 그분들은 밤에 먹는 것을 여의고 때 아닌 때 먹는 것을 멀리 여의었다. 나 역시 이 밤과 이 낮이 다 가도록 하루 한 끼만 먹으리라. 나도 밤에 먹는 것을 그만두고, 때 아닌 때에 먹는 것을 멀리 여의리라. 이러한 공덕으로 나는 아라한을 본받으리라. 그러면 나의 포살은 바르게 준수될 것이다.' 라고. 그는 이러한 여섯 번째 구성요소를 구족한다."

(註 때 아닌 때 먹는 것은 ① 밤에 먹는 것 ② 정해진 식사시간이 아닐 때 간식을 먹는 것이다. 니까야에서는 세존께서 하루에 한 끼 먹는 것을 권장하셨지만 이것은 지키기가 어려워서 현재 남방 사원에서 수행승들은 아침과 점심은 먹고 있으며 오후불식을 하고 간식을 먹지 않는 계를 지키고 있다. 단, 팔재계와는 달리 매일 지킨다. 재가불자들의 경우에도 팔재계를 지킬 때 아침과 점심 두 끼를 먹는 것은 허용된다.)

(7) 춤, 노래, 연주, 연극의 관람과 화환, 향, 화장을 멀리 여읨
"'아라한들은 일생 내내 춤, 노래, 연주, 연극을 관람하는 것을 멀리 여의었다. 그분들은 화환과 향과 화장품으로 치장하는 것을 멀리 여의었다. 나 역시 이 밤과 이 낮이 다 가도록 춤, 노래, 연주, 연극을 관

람하는 것을 멀리 여의리라. 화환과 향과 화장품으로 치장하는 것을 멀리 여의리라. 이러한 공덕으로 나는 아라한을 본받으리라. 그러면 나의 포살은 바르게 준수될 것이다.' 라고. 그는 이러한 일곱 번째 구성요소를 구족한다."

(8) 높고 큰 침상을 멀리 여윔
" '아라한들은 일생 내내 높고 큰 침상을 버리고, 높고 큰 침상을 멀리 여의었다. 그분들은 소파나 골풀로 만든 돗자리의 낮은 침상에서 잠을 잔다. 나 역시 이 밤과 이 낮이 다 가도록 높고 큰 침상을 버리고, 높고 큰 침상을 멀리 여의리라. 소파나 골풀로 만든 돗자리의 낮은 침상에서 잠을 자리라. 이러한 공덕으로 나는 아라한을 본받으리라. 그러면 나의 포살은 바르게 준수될 것이다.' 라고. 그는 이러한 여덟 번째 구성요소를 구족한다.

비구들이여, 이와 같이 여덟 가지 구성요소를 가진 포살을 준수하면 큰 결실이 있고, 큰 이익이 있고, 큰 빛이 있고, 크게 과보가 퍼진다."

앙굿따라 니까야 A8:42 상세하게 경 (제5권p203)

"그러면 얼마만큼 큰 결실이 있고, 큰 이익이 있고, 큰 빛이 있고, 크게 과보가 퍼지는가?
비구들이여, 어떤 사람이 앙가, 마가다,... 열 여섯의 큰 나라를 다스리는 지배자가 된다고 하더라도 그의 지배력은 여덟 가지 구성요소를 가진 포살(팔관재계)을 준수하는 것의 16분의 1만큼의 가치도 없다. 그것은 무슨 이유인가? 비구들이여 인간들의 왕위는 천상의 행복에 비하면 하잘 것 없기 때문이다."

"비구들이여 인간들의 50년은 사대왕천의 단 하루 밤낮과 같고, 그 밤으로 계산하여 30일이 한 달이고, 그 달로 계산하여 12달이 1년이다. 그 해로 계산하여 사대왕천의 신들의 수명의 한계는 500년이다. 비구들이여 어떤 여자나 남자가 여덟 가지 구성요소를 가진 포살을 준수하고서 몸이 무너져 죽은 뒤 사대왕천의 신들 가운데 태어나는 것은 가능하다. ~ 삼십삼천의 신들 가운데 태어나는 것은 가능하다. ~ 야마천의 신들 가운데 태어나는 것은 가능하다. ~ 도솔천의 신들 가운데 태어나는 것은 가능하다. ~ 화락천의 신들 가운데 태어나는 것은 가능하다. ~ 타화자재천의 신들 가운데 태어나는 것은 가능하다."

(註 사대왕천의 수명은 인간의 시간으로 900만년, 삼십삼천은 그 4배인 3천6백만년, 야마천은 그 4배인 1억 4천4백만년, 도솔천은 그 4배인 5억7천6백만년이다. 화락천은 도솔천의 4배, 타화자재천은 화락천의 4배이다.)

14. 임종시의 마음자세와 도솔천 왕생

　흔히 수행자들은 무아, 공을 통찰하라고 하고 후생을 생각하지 말고 집착하지 말라고 한다. 이것은 하나만 알고 둘은 모르는 말이다. 금생에 아라한과에 이르기는 쉽지 않다. 만약 금생에 반드시 해탈을 한다는 백 퍼센트 보증이 있다거나 또는 백 퍼센트 확신이 있다면 후생을 대비할 필요가 없을 것이다. 그러나 그것은 극히 어려운 일이다. 현실은 생각하지 않고 이상만 말하며 후생을 대비하지 않는 사람은 죽음에 이르렀을 때 막막하거나 후회막심할 것이다.

　이 삼계와 육도에서 가장 안전하고 수행이 물러나지 않을 좋은 수행처는 어디인가? 사악처(지옥, 축생, 아귀, 아수라)는 수행하기 나쁜 곳이다. 삼악도에서는 항상 고통을 받기 때문에, 아수라들은 항상 악의를 일으키고 투쟁심을 일으키기 때문에 수행하기 어렵다. 인간세계는 수행하기에 좋은 곳이기는 하나 지금은 오탁악세의 말법시대라서 사견과 사이비가 많으며 세월이 갈수록 악행이 많아지는 세상이라서 수행이 물러날 위험이 있다. 욕계의 천상세계는 감각적 쾌락에 빠져있어 발심하여 수행하기가 어려운 곳이다. 색계도 기쁘고 즐겁고 오랫동안 장수하기 때문에 수행하기 어렵다.

　그렇다면 수행이 물러나지 않는 가장 안전한 수행처는 어디인가? 도솔천이다. 이 도솔천에는 일생보처보살이시고 석가모니 부처님 다음으로 미래에 인간 세상에서 부처님이 되시는 미륵(빠알리어 멧떼야, 산스크리뜨어 마이뜨레야) 보살님이 계시는 곳이다. 이곳이야말로 이 사바세계에서 가장 안전하고 행복한 곳이다. 미륵보살님과 여러 성중(聖衆)들이 머물고 있고 미륵보살님의 설법을 들을 수 있기 때문에 수행이 물러날 위험이 없다.

 미륵불은 초기불교경전인 니까야와 아함경에서 미륵불을 설하고 있으며, 대승경전에서도 설하고 있어 초기불교나 대승불교나 모두 인정하는 부처님이다. 스리랑카, 미얀마, 태국 등 남방불교에서도 미륵불을 인정한다.

디가 니까야 M26 전륜성왕 사자후경 (제3권 p145)

"비구들이여, 인간들이 8만살의 수명을 가질 때에 멧떼야(미륵)라는 세존이 세상에 출현할 것이다. 그는 아라한이시며, 완전히 깨달은 분이시며, 영지와 실천이 구족한 분이시며, 피안으로 잘 가신 분이시며, 세간을 잘 알고 계신 분이시며, 가장 높은 분이시며, 사람을 잘 길들이는 분이시며, 하늘과 인간의 스승이시며, 부처님이시며, 세존이시다. 마치 내가 지금 이 시대에 세상에 출현하여 아라한이며 ~ 세존인 것과 같다. ~ 그는 수천의 비구 승가를 거느릴 것이다. 마치 지금 이 시대에 내가 수천의 비구 승가를 거느리는 것과 같다."

 욕계(欲界)의 여섯 천상세계는 모두 남녀가 있고, 음욕이 아직 남아 있으며, 덩어리 음식을 먹는 천상세계이다.

(1) 타화자재천
(2) 화자재천 (화락천)
(3) 도솔천 (미륵보살님 계심)

(4) 야마천
(5) 삼십삼천 (도리천. 제석천왕이 다스림)
(6) 사천왕천

도솔천의 수명은 천상의 시간으로 4천세이며, 이 하늘의 하루는 인간세계의 4백년에 해당한다. 그래서 수명은 $4,000 \times 360 \times 400 = 5$억 7,600만년이다.

도솔천(兜率天)은 지혜도 뛰어나고 욕심이 적어 만족할 줄 알며 항상 기뻐하기 때문에 지족천(知足天)이라고도 부른다. 이런 덕이 있기 때문에 부처님 되기 직전의 대보살님이 이곳에 머물다가 인간에 내려와 부처님이 되는 것이다. 과거에 석가모니 부처님도 일생보처 보살로서 이 도솔천에 계시다가 인간에 내려와 깨달음을 얻고 부처님이 되었다.

도솔천 내원궁에 계시는 미륵보살님을 만나 뵙고 수행하기를 원하는 사람은 자신의 공덕을 도솔천에 회향하고 서원을 세워야 한다. "저의 모든 선업 공덕을 도솔천 내원궁에 회향합니다. 이 목숨 마치면 도솔천 내원궁에 태어나 미륵보살님을 친견하고 그 밑에서 수행할 것입니다. 그리고 나중에 미륵부처님께서 출현하실 때 그 밑에서 출가하여 해탈하기를 서원합니다."

청정도론을 쓰신 붓다고사 스님은 "후생에 삼십삼천에 태어나 복을 누리다가 미래에 미륵불 밑에서 출가하여 아라한과를 얻기를!" 하고 서원했다. 근대에 확철대오하여 크게 선풍을 드날렸던 경허선사도 도솔천에 왕생하기를 발원하셨다.

가. 임종의 마음자세

(1) 모든 애착을 버려라
 죽음에 임해서는 모든 애착을 버려야 한다. 죽음에 이르러 본다면 인생 백 년이 한바탕 꿈이라 집착할 것이 전혀 없다. 배우자, 자식이나 부모 형제라 할지라도 허깨비와 같이 생각하여 애착하지 말아야 한다. 재산에 대해서도 애착해서는 안 된다. 죽음에 이르러 가족이나 재산에 대해 애착하는 마음으로 죽으면 나쁜 곳 삼악도에 가서 태어나게 되니 애착을 놓아버려야 한다.

(2) 모든 원한을 버려라
 죽음에 이르러서는 일체 원한을 버려야 한다. 죽기 전에 모두 용서하고 원한을 버려야 한다. 이것은 무엇보다도 자기 자신을 위해서이다. 이유 없이 남에게 괴롭힘을 당하거나 사기를 당할 때는 이것이 전생의 빚을 갚는다고 생각하여 보복할 생각을 하지 말아야 한다.

(3) 죽음을 겁내지 말고 삶을 탐하지 말라
 죽음을 겁내지도 말고 삶을 탐하지도 말고 담담히 죽음을 받아들여야 한다. 죽음을 헌 옷을 벗고 새 옷으로 갈아입는 것처럼 자연스러운 과정으로 받아들인다. 병이 들어 죽음이 임박한 사람은 "이 세상의 모든 것은 무상하여 오래 가지 못하고 허망하다." 하고 생각하고 염불하면서 평온하게 죽기를 기다리되 가족들을 걱정하지도 말고 슬퍼하지도 말아야 한다.

나. 임종시 가족들의 주의사항

 병자의 움직임이 없고, 다섯 가지 감각이 끊어졌다고 하더라도, 몸의 체온이 차가워지지 않는 한 죽은 것이 아니다. 절대로 조심해야 할 것은 죽음에 임박한 사람의 몸을 함부로 만지고 움직이는 것이다. 그 사람은 큰 고통을 느끼게 되거나 정신이 산란하게 되어 나쁜 곳에 갈 수 있다. 또한 울거나 통곡을 해서도 안 되고 오직 염불이나 독경만 해주어야 한다. 몸이 차가워져 죽었다고 판단되더라도 6시간 동안은 몸을 움직이지 말아야 한다. 이때에는 가족들이 높은 소리로 염불과 독경을 계속해주어야 한다.

다. 도솔천왕생의 서원

 현재 도솔천 내원궁에는 미륵보살님과 많은 성중(聖衆)들이 계시고 수많은 천신들이 함께 미륵보살님의 설법을 듣고 있다. 앞으로 먼 미래에 사람의 수명이 8만세가 될 때에 미륵보살님은 인간세계에 내려와 출가 수행하여 미륵부처님이 되신다. 미륵보살님을 만나 공부하고 또한 미래에 미륵부처님 밑에서 해탈하기를 서원하는 선남자, 선여인들은 많은 선업 공덕을 쌓고 이 공덕을 도솔천에 회향하여 왕생하기를 발원해야 한다.

 (1) 도솔천 왕생 서원의 예문
 "도솔천에 계시는 거룩하신 미륵보살님! 큰 자비로 중생들을 이끌어서 열반과 깨달음으로 인도하시는 자애로운 미륵보살님! 저의 모든 선업 공덕을 도솔천에 회향합니다.

이 목숨 마치면 도솔천에 태어나 미륵보살님을 친견하고 법문 듣고 수행하다가 미륵보살님이 인간 세계에 내려올때 나도 따라 내려와 미륵 부처님 밑에서 해탈하기를 발원합니다."

이 서원을 매일 아침 또는 저녁 예불시간에 외우거나 또는 틈나는 대로 외우는 것이 좋다.

(2) 기쁨 일으키기
 평소에 도솔천을 생각하고 기쁜 마음을 일으키는 것이 좋다. 우울하거나 기분이 좋지 않을 때는 아래와 같이 생각하고 기쁜 마음을 일으킨다.

"도솔천에 태어나 수많은 청정한 보살님들과 함께 미륵보살님의 법문을 듣고 공부하고 수행한다면 얼마나 기쁘고 즐거울까? 생각만 해도 가슴이 벅차오르네. 나는 죽음이 두렵지 않다. 행복한 세상, 저 곳 도솔천에 가는데 무엇이 두렵고 무엇을 근심하랴? 나는 기쁘고 행복하게 죽을 것이다.

남은 인생 부끄럽지 않게 열심히 공부하고 도솔천에 태어나는 8가지 공덕(믿음, 보시, 지계, 다문, 지혜, 지족, 자애, 서원)을 두루두루 원만하게 닦아서 미륵보살님 만날 때 부끄럽지 않은 제자가 되리라. 가야 할 길이 확고하게 정해져 있으니 나의 마음은 흔들림이 없고, 두려움도 없고 오직 기쁨만이 있을 뿐이다."

라. 도솔천 왕생의 공덕 8가지

도솔천에 왕생하기 위해서는 다음 8가지 공덕을 닦아야 한다.

(1) 믿음(信)
믿음이란 삼보에 대한 흔들림 없는 믿음을 확립하는 것이다. 또한 현재 도솔천에 미륵보살님이 설법하고 계시고 중생들을 구제하신다는 것과 선업 공덕을 짓고 이 공덕을 도솔천에 회향하고 염불하면 도솔천에 왕생한다는 것을 굳게 믿어 털끝만큼도 의심하지 않는 것이다.

(2) 보시(布施)
보시란 첫째 재보시이니 돈과 재물로서 가난한 사람, 불쌍한 사람을 구제하는 것이며, 둘째 무외시이니 위험에 빠진 사람이나 동물을 구제하며 또한 죽을 목숨을 방생하는 것이며, 셋째 법보시이니 부처님의 법을 남에게 전하고 법을 해설하여 이해하고 믿고 따르도록 권하는 것이다.

(3) 지계(持戒)
지계란 오계, 십선계, 팔재계 등을 청정하게 잘 지키는 것이다. 스스로도 계율을 잘 지킬 뿐 아니라, 남에게도 계율 지킬 것을 권하여 지키게 하고, 계율을 지키는 사람을 보면 따라 기뻐하고 칭찬하는 것이다.

(4) 다문(多聞)

다문이란 법을 자주 듣고, 많이 듣고, 들은 법을 깊이 사유하는 것이다. 경을 직접 읽거나 해설서를 보거나 스님이나 법사로부터 법을 듣고 의문 나는 점을 물어 답을 구하는 것이다. 그리고 홀로 조용한 곳에서 들은 법의 뜻을 사유하는 것이다.

(5) 지혜(智慧)
지혜란 일상생활을 할 때 자기 몸과 마음을 관찰하여 법을 확인하고 스스로 번뇌를 줄여나가고 문제를 해결하는 능력이다.

(6) 지족(知足)
지족이란 만족할 줄 아는 덕이다. 욕심이 적어 많은 것을 얻기를 바라지 않고 현재 가진 것에 만족할 줄 아는 것이다. 도솔천의 "도솔(뚜시따)"의 뜻은 곧 "만족할 줄 안다"는 뜻이기 때문이다. 또한 이런 욕심이 적고 만족할 줄 아는 덕이 있는 사람들이 도솔천에 태어나기 때문이다.

산뚯타 Santuṭṭha = 산뚜시따 Santusita
선지족(善知足). 도솔천(都率天)

상(산) saṁ ① 하나의. 함께. 모인. ② 올바른. 완전한.
뚜시따 tusita ① 만족한 ② 만족을 아는 하늘나라의 신들. 지족천(知足天). 희족천(喜足天). 도솔천(兜率天)

(7) 자애(慈愛)
미륵보살님은 자씨보살(慈氏菩薩)이라고도 말하니 자애가 뛰어나

시기 때문이다. 그러므로 미륵보살님 앞에 태어나기를 바라는 불자들은 일체중생을 평등하게 사랑하고 불쌍히 여기는 자비심을 자주 닦고 보살행을 해야 한다.

 일체중생들은 모두가 다 과거 무수한 전생에 나와 인연이 있으니 때로는 부모, 형제의 인연, 때로는 부부의 인연, 때로는 부모 자식의 인연, 때로는 친구의 인연이 있는 것이다. 그러니 나보다 나이가 많은 사람은 조부모나 부모나 친척 웃어른과 같이 공경하고 사랑하며, 나이가 비슷한 사람은 형제자매나 친구와 같이 공경하고 사랑하며, 나이 어린 사람은 자식, 조카, 손자와 같이 사랑해야 한다. 또한 악행을 하는 사람을 보면 미워하지 말고 불쌍히 여겨야 한다.

 (8) 서원(誓願)
 위에서 예를 든 것과 같이 항상 도솔천 왕생의 서원을 세우고 자신의 공덕을 도솔천에 회향하며 틈나는 대로 염불하는 것이다. 염불은 "나무미륵보살" 또는 "미륵보살" 또는 "나모 멧떼야(빠알리어)" 또는 "나마 아리야 마이뜨레야 보디삿뜨바야 마하삿뜨바야(산스크리뜨어)" 이렇게 염불한다. 하루 저녁에 최소한 30분 정도 매일 염불하는 것이 좋다. 또한 낮에도 틈나는 대로 염불한다.

15. 감각적 욕망의 괴로움

가. 감각적 욕망

감각적 욕망은 5가지 물질(형색, 소리, 냄새, 맛, 감촉)에 대한 욕망이다.

눈은 좋아하는 형색을 보려고 하고 거기에 달라붙고 집착한다.
귀는 좋아하는 소리를 들으려고 하고 거기에 달라붙고 집착한다.
코는 좋아하는 냄새를 맡으려고 하고 거기에 달라붙고 집착한다.
혀는 좋아하는 음식을 맛보려고 하고 거기에 달라붙고 집착한다.
몸은 좋아하는 감촉을 느끼려고 하고 거기에 달라붙고 집착한다.
이것이 5가지의 감각적 욕망이다.

(1) 보고자 하는 욕망(色欲) = 형색에 대한 욕망
눈으로 좋은 경치를 보거나, 노래와 춤과 연극 등 각종 공연을 보려고 하고, 아름다운 여자나 건장한 남자를 보려고 하며, 영화.드라마.동영상을 보거나, 각종 스포츠를 보거나 바둑.장기.도박.경마를 보거나, 놀고 장난치는 모습과 구경거리 등을 보려고 하거나, 거울을 보며 화장.미용을 하거나, 옷과 모자.신발.가방 등으로 몸을 꾸미거나, 화초.가구.그림 등 인테리어로 집안을 예쁘게 장식하려고 하는 것이다.

(2) 듣고자 하는 욕망(聲欲) = 소리에 대한 욕망
귀로 흥겨운 노래와 음악을 듣고자 하고, 여자의 말소리, 남자의 말소리를 듣고자 하며, 남으로부터 칭찬하는 말과 박수 소리와 남이 자신을 공대하는 말, 남이 자신의 주장에 동조하는 말, 좋은 평판과 소문을 듣고자 하며, 새소리, 물소리, 바람소리, 빗소리 등을 듣고자 하는 것이다.

(3) 냄새 맡고자 하는 욕망(香欲) = 냄새에 대한 욕망
 코로 꽃 냄새, 풀 냄새, 나무 냄새, 허브 냄새를 맡고자 하고, 향수 냄새를 맡고자 하며, 음식 냄새, 술 냄새를 맡고자 하고, 여자의 냄새, 남자의 냄새 등 좋은 냄새를 맡고자 하는 것이다.

(4) 맛보려고 하는 욕망(味欲) = 맛에 대한 욕망
 밥맛, 고기 맛, 과일 맛, 야채맛 등 각종 음식을 맛보려고 하고, 단맛, 신맛, 짠맛, 매운맛, 쓴맛, 고소한 맛, 담백한 맛 등 맛난 음식을 맛보려고 하는 것이다.

(5) 감촉하고자 하는 욕망(觸欲) = 감촉에 대한 욕망
 옷의 감촉, 이불의 감촉, 소파의 감촉, 침대의 감촉, 여자의 몸의 감촉, 남자의 몸의 감촉, 각종 물건의 감촉, 부드러운 감촉, 따뜻한 감촉, 서늘한 감촉, 매끄러운 감촉, 촉촉한 감촉, 마른 감촉, 움직임의 감촉 등 기분이 좋은 감촉을 느끼고자 하거나 맛사지, 온천욕, 운동, 스포츠, 드라이브, 등산, 육체노동 등으로 기분 좋은 몸의 감촉을 탐닉하는 것이다.

(6) 재물욕 : 돈과 땅, 집, 자동차, 각종 물건에 대한 욕망.
(7) 성욕 : 남녀의 성관계의 쾌락을 느끼려는 욕망.

(8) 식욕 : 맛 좋은 음식에 대한 욕망.
(9) 명예욕 : 칭찬과 인정, 좋은 대접, 좋은 평판과 소문을 들으려는 욕망.
(10) 수면욕 : 쉬고 싶고, 드러눕고 싶고, 자고 싶은 욕망.

나. 괴로움의 4가지 뜻

(1) 좋아하는 대상(사랑하는 배우자, 자식, 가족, 친구의 만남, 재물의 증가, 명예의 증가, 권력·지위의 획득, 건강함, 젊음, 장수, 땅과 집의 구입)은 무상하기 때문에 떠나가거나 사라져버린다. 이것을 막을 수 없고 피할 수 없다. 그래서 마음을 압박하기 때문에 괴로움이다.

(2) 싫어하는 대상(원수·싫은 사람과의 만남, 사랑하는 사람과의 이별, 재물의 손실, 명예의 실추, 권력과 지위의 상실, 병약함, 늙음, 단명, 거처로부터 쫓겨남)은 무상하기 때문에 반드시 눈앞에 나타난다. 이것을 막을 수 없고 피할 수 없다. 그래서 마음을 압박하기 때문에 괴로움이다.

(3) 좋아하고 바라는 감각적 욕망의 대상(재물, 명예, 권력, 남녀, 자손, 음식, 여행, 휴식)을 얻기 위해 미래를 계획하고 머리가 아프도록 손발이 닳도록 애쓰고 노력해야 한다. 이 무거운 짐이 곧 괴로움이다.

(4) 싫어하고 미워하는 대상을 떠나기 위해, 버리기 위해, 나타나지

않도록 하기 위해 머리가 아프도록 손발이 닳도록 애쓰고 노력해야 한다. 이 무거운 짐이 곧 괴로움이다.

다. 감각적 욕망의 4가지 괴로움

(1) 구해도 얻지 못하는 괴로움
 원하는 것을 얻기 위해 애쓰고 노력해도 얻지 못하여 좌절하고 절망하는 것이 괴로움이다. 또한 애쓰고 노력하는 동안에도 힘들고 피곤하고 괴롭다.

(2) 지키는 괴로움
 원하는 것을 얻었어도 이것을 지키는 것이 괴로움이다. 투자한 돈을 손해 보지 않을까, 돈이나 재산을 남에게 빼앗기지 않을까, 부모의 유산을 형제자매보다 적게 받지 않을까, 배우자나 연인이 바람피우지 않을까, 배우자·연인의 자신에 대한 사랑이 변하지 않을까, 명예가 실추되지 않을까, 망신당하지 않을까, 좌천되어 직위가 내려가지 않을까, 경쟁에서 뒤처지지 않을까, 동료들은 승진하는데 나는 승진하지 못하지 않을까... 이와 같이 가진 것을 지키기 위해 두려워하고 근심하고 전전긍긍하고 마음이 불안하고 초조한 수많은 괴로움이 있다.

(3) 만족하지 못하는 괴로움
 원하는 것을 얻었어도 기쁨은 잠시뿐이고 조금만 시간이 지나면 기쁨이 사라져버리고 허전하고 불만족하다. 그래서 또다시 새로운 욕망의 대상을 찾아 헤맨다. 이렇게 만족하지 못하는 것이 곧 괴로움이다.

(4) 잃는 괴로움
 사랑하는 사람이나 재산이나 명예나 권력이나 애지중지하는 집이나 자동차나 물건을 잃었을 때 슬퍼하고, 탄식하고, 근심하고, 두려워하고, 좌절하고, 눈물을 흘리고, 통곡하고, 오열하고, 목놓아 울부짖고, 절망하고, 머리가 잘린 뱀처럼 몸부림친다. 죽고 싶어 한다. 이것이 잃는 괴로움이다.

 감각적 욕망의 기쁨은 잠깐뿐이다. 사실은 그 기쁨조차도 무상하기 때문에 본질은 괴로움이다. 더구나 그 기쁨 뒤에 뒤따라오는 괴로움은 길고 많다. 그런데도 사람들은 이런 수많은 괴로움과 길고 긴 괴로움을 보지 못한다.

 그러나 욕심이 적고 현재에 만족할 줄 아는 사람은 이런 괴로움이 없거나 또는 적다. 마음이 편안하고 즐겁다. 그러므로 괴로움에서 벗어나기 위해서는 미래에 많은 것을 얻기를 바라지 말고 현재 가진 것에 만족할 줄 알아야 한다. 적게 먹고 소박하게 살면서 부처님의 가르침을 배우고 일상생활에서 실천하여 법의 이익을 얻고 법의 기쁨과 행복 속에서 살아야 한다.

16. 찾고 구해야 할 내면의 즐거움

어떤 수행자들은 일체의 즐거움은 탐욕이니 버려야 한다고 생각한다. 감각적 욕망을 버렸으니 다시 즐길 수도 없고 수행은 힘들고 즐겁지 않다. 그래서 수행하는 중에 항상 괴로워한다. 이것은 잘못된 견해이다. 버려야 하는 즐거움이 있는가 하면 찾아야 하고 누려야 하는 즐거움도 있기 때문이다.

아래 부처님 말씀은 '많은 느낌 경' (M59) 맛지마 니까야 (제2권 p539), '빤짜깡가 경' (S36:19) 상윳따 니까야 (제4권p458), 중아함 169 구루수무쟁경(拘樓瘦無諍經), 잡아함 485. '우다이경(優陀夷經)'을 종합한 것이다.

가. 외적인 즐거움(外樂)

부처님께서는 "극히 하천(下賤)한 업이고 범부의 행인 탐욕의 즐거움을 구하지 말고, 또한 지극히 괴롭고 거룩한 행이 아니며 이치와 서로 걸맞지 않는 자신의 고행도 구하지 말라. 이 두 가지 치우침을 여의면 곧 중도(中道)가 되나니 그것은 눈을 이루고 지혜를 이루어 자재로이 선정을 이루며 지혜로 나아가고 깨달음으로 나아가며 열반으로 나아간다.

만일 탐욕과 서로 호응하고 기쁨 · 즐거움과 함께하여 지극히 하천한 업인 범부의 행을 짓는 자가 있다고 하자. 이 법은 괴로움(苦)이 있고, 번민(煩)이 있으며 흥분(熱)이 있고 걱정(憂)과 슬픔(慼)과 삿된 행(邪行)이 있다. 이 법은 병의 근본·종기의 근본·화살이나 가시의 근본이며, 음식(食)이 있고, 나고 죽음이 있으며 다툼이 있으니 닦아서는 안 되고 익혀서도 안 되며 널리 펴서도 안 된다. 그래서 나는 그런 즐거움은 닦지 않아야 한다고 말한다."고 말씀하셨다. (중아함 169 구루수무쟁경)

여기서 '극히 하천(下賤)한 업이고 범부의 행인 탐욕의 즐거움'이란 외면의 즐거움(外樂)이다. 그것은 형색(色)의 즐거움, 소리(聲)의 즐거움, 냄새(香)의 즐거움, 맛(味)의 즐거움, 감촉(觸)의 즐거움이니 즉, 감각적 쾌락인 오욕락(五欲樂)이다. 이런 즐거움은 닦지 말아야 한다. '지극히 괴롭고 거룩한 행이 아니며 이치와 서로 걸맞지 않는 자신의 고행'이란 자이나교 등 외도들이 몸을 학대하는 고행을 말한다. 몸을 학대함으로써 죄업을 소멸시킨다는 그릇된 견해로 고행을 한다. 중도(中道)란 곧 팔성도(八聖道)이니 바른 견해 내지 바른 삼매이다.

나. 내면의 즐거움(內樂)

부처님께서는 "내면의 즐거움을 구하라. ~ 내면의 즐거움을 구하지 않는 것은 곧 내면의 마음을 구하지 않는 것이다. 그러므로 이 법은 괴로움이 있고 번민이 있으며 흥분이 있고 걱정과 슬픔과 삿된 행이 있다. 내면의 즐거움을 구하는 것은 곧 내면의 마음을 구하는 것이다. 그러므로 이 법은 괴로움이 없고 번민이 없으며 흥분이 없고 걱정과 슬픔이 없으며 바른 행이 있다. 이 법은 성인의 즐거움이고, 음식(食)이 없고, 나고 죽음이 없으며 다툼이 없으니 닦아야 하고 익

혀야 하고 널리 펴야 한다."고 말씀하셨다. (중아함 169 구루수무쟁경)

부처님께서는 아래 5가지 내면의 즐거움을 설하셨다.

(1) 삼매의 즐거움(禪悅)
① 다섯 가지 장애를 떨쳐버림에서 생겨난 초선의 기쁨, 즐거움
② 일으킨 생각과 지속적 고찰을 가라앉히고, 내면에서 생겨난 제2선의 기쁨과 즐거움
③ 기쁨은 없고 마음챙김과 알아차림이 있는 제3선의 평온한 몸의 즐거움
④ 즐거움과 괴로움을 모두 벗어난 제4선의 평온한 즐거움
⑤ 물질에 대한 인식을 초월한 '무한한 허공'의 공무변처의 즐거움
⑥ 공무변처를 초월한 '무한한 알음알이'의 식무변처의 즐거움
⑦ 식무변처를 초월한 '아무것도 없음'의 무소유처의 즐거움
⑧ 무소유처를 초월한 비상비비상처의 즐거움
⑨ 비상비비상처를 초월한 인식과 느낌이 소멸한 멸진정의 즐거움

세존께서는 단순히 '즐거운 느낌'만을 즐거움이라고 말씀하는 것이 아니다. 평온한 느낌과 느낌의 소멸까지도 포함하여 총체적으로 '괴로움이 없는 상태'를 즐거움이라고 말씀하셨다. (M59 많은 느낌경, S36:19 빤짜깡가 경)

또한 이것보다 더 깊은 아래 4가지의 지극한 즐거움이 있다. (잡아함 485 우다이경, 중아함 169 구루수무쟁경)

(2) 감각적 욕망을 벗어난 즐거움(離欲樂, 無欲樂)
 감각적 욕망을 벗어나, 더운 열기(熱)와 가슴 아픔과 눈물과 슬픔과 근심이 없는 맑고 시원한 즐거움이다.

(3) 멀리 떠난 즐거움(遠離樂, 離樂)
 악(惡)을 떠나고, 머리 아프고 답답한 세속의 일에 묶이고 얽매임을 멀리 떠나, 근심이 없고 자유로운 해방의 즐거움이다.

(4) 고요한 즐거움(寂滅樂, 息樂)
 마음의 산란함과 불안함과 두려움을 떠나, 마음이 쉬고 안정되고 고요하고 평온한 즐거움이다.

(5) 깨달음의 즐거움(菩提樂, 正覺之樂)
 의혹과 무지와 어두움의 답답함을 벗어나, 진리를 배우고 깨달아 한 점 의심 없이 환히 꿰뚫어 아는 통쾌한 즐거움이다.

 수행자가 감각적 욕망을 버리고 나서 처음 수행을 할 때 그는 수행의 즐거움을 느끼지 못한다. 그는 수행이 생소하고 긴장되고 기쁘지 않고 즐겁지 않다. 이것은 자연스러운 과정이다. 그가 상당기간 수행하여 그 수행이 익숙하고 편안하게 되었을 때 또한 감각적 욕망은 괴로움을 초래하는 해로운 법이고, 법의 기쁨을 누리는 것은 깨달음과 해탈로 가는 유익한 길이라는 것을 바르게 인식했을 때 그는 비로소 법의 기쁨과 즐거움을 느낀다.

 비유하자면, 어떤 사람이 몸에 해로운 가공식품, 정제 탄수화물인

밀가루 식품, 인스턴트 식품, 인공첨가물이 많은 식품만을 먹고 즐기다가 몸에 병이 생겼다. 그가 의사로부터 조언을 듣고 식단을 바꾸어 가공되지 않은 자연식품인 현미, 야채, 과일, 견과류 등을 먹기 시작했을 때 그는 처음에는 그 음식들이 생소하고 맛이 없다고 느끼고 그 음식들을 먹는 것을 힘들어한다. 그가 상당 기간 동안 그 음식들을 먹어서 그 음식들이 익숙해지고 편안해졌을 때 그는 비로소 자연식품의 맛을 느끼게 되고 즐기게 된다. 그리고 가공식품은 오히려 낯설고 싫어진다.

 수행도 이와 같다. 처음에는 생소하고 익숙하지 않기 때문에 또한 모든 욕망과 기쁨을 버려야 한다는 그릇된 견해를 가졌을 때 그는 수행이 즐겁지 않고 무미건조하고 힘들다. 그러나 그가 수행이 익숙해지고 편안해졌을 때 또한 법의 기쁨과 삼매의 즐거움은 깨달음과 해탈로 가는 바른 길이라는 것을 이해했을 때 그는 비로소 수행이 기쁘고 즐겁고 행복함을 느낀다.

17. 숙명론, 창조론, 허무주의

세 가지의 그릇된 견해가 있다.

앙굿따라 니까야 A3:61 외도의 주장 경 (제1권p433)

본 경에서 부처님께서는 외도(타종교)의 주장을 다음과 같이 크게 셋으로 정리하고 계신다. 첫째는 '모든 것은 전생의 행위에 기인한다(運命論, 宿命論)'는 것이고, 둘째는 '모든 것은 신이 창조했기 때문이다(創造論)'는 것이고, 셋째는 '어떤 것에도 원인도 없고 조건도 없다(虛無主義)'는 것이다. 이것은 지금도 대부분의 인류가 가지고 있는 대표적인 세 종류의 믿음이다. 모든 것을 전생의 탓으로 돌리는 것은 운명론, 숙명론이다. 모든 것을 신의 피조물로 여기는 것은 창조론이다. 원인도 없고 조건도 없다는 것은 도덕부정론이다.

부처님께서는 이러한 사고방식을 위험하다고 지적하신다. 왜? 이러한 사상에 물들게 되면 스스로의 향상을 위한 노력과 선행을 포기하고 도덕을 부정하기 때문이다. 해야 할 것과 하지 말아야 할 것을 구분할 수 없고 따라서 열의와 노력이 없다. 그래서 방일하게 되고 모든 것을 운명이나 남의 탓으로 돌린다.

이 3가지의 그릇된 견해 즉 사견을 잘 알아서 스스로 사견에 빠지지 말고 바른 견해를 가져야 하며 또한 남이 사견을 가졌을 때는 잘 가르쳐서 바른 견해를 갖도록 도와주어야 한다.

가. 숙명론(運命論)

숙명론(宿命論) 또는 운명론(運命論)은 '사람의 미래가 정해져 있다'는 그릇된 견해이다. '과거 전생의 업에 의하여 미래가 결정되어 있다'는 그릇된 견해가 여기에 속한다. 또한 신점, 별자리점, 주역, 사주, 역학, 풍수지리 등이 여기에 해당한다.

만약 미래가 정해져 있다면 지금 아무리 선업을 짓고 수행을 하고 노력하더라도 미래는 바뀌지 않을 것이다. 그렇다면 아무도 선행을 하려고 하지 않을 것이다. 그러므로 운명론은 그릇된 견해인 것이다.

운명론에 빠지지 않으려면 부처님의 연기법(緣起法)을 잘 알아야 한다. 사람, 물질, 정신, 세상은 모두가 원인과 조건에 의하여 결과가 생긴다는 법이 곧 연기법이다. 예를 들어 초목의 씨앗은 원인이요, 흙, 물, 기온, 햇빛, 공기 등은 조건이며 이 원인과 조건이 화합하여 초목과 열매라는 결과가 생긴다. 또한 업은 원인이며 과보는 결과다. 업이라는 원인에 의해 과보라는 결과가 생긴다. 연기를 바르게 아는 사람은 남을 원망하지 않고 세상을 원망하지 않는다.

나. 창조론(創造論)

창조론은 이 세상의 모든 것은 신 즉 창조주, 조물주에 의해서 만들어졌다는 그릇된 견해이다. 이것을 창조론이라고 말한다. 부처님의 연기법이 바른 견해이니 이 세상의 모든 것은 원인과 조건에 의하여 결과가 생겨나는 법이다. "만든 자"는 없다.

부모가 잠자리를 함께 하여 태아가 생겨난다. 이 태아는 신이 만든 것이 아니다. 재생연결식이라는 원인과 아버지, 어머니, 부모의 신체가 건강함, 성교 등의 조건이 만나서 태아라는 결과가 생긴 것이다.

또한 이 창조론은 상견(常見)의 그릇된 견해이니 불멸의 자아(아트만) 또는 영혼(정신)이 몸 안에 존재한다고 본다. 이것은 유신견이다. 사람이 죽어서 몸이 썩어 없어지더라도 이 영혼은 계속 존재하여 새로운 몸을 받는다고 보는 그릇된 견해를 가진다. 이것은 정신을 '나'로 보는 그릇된 견해이다. 중생이 죽으면 물질, 정신(색수상행식)의 오온이 완전히 소멸함을 알지 못하기 때문이다.

다. 허무주의(虛無主義)

허무주의는 원인을 부정하거나 결과를 부정하거나 생사윤회와 후생을 부정하는 그릇된 견해다.

(1) 원인의 부정(否定)

① 우연론(偶然論)
우연론(偶然論)은 이 세상의 모든 것은 우연히 또는 저절로 생겼다는 그릇된 견해이다. 이것은 원인을 부정하는 것이다. 원인이 없이 저절로 생겼다고 보기 때문이다. 이 세상의 모든 것은 우연히 또는 저절로 생기는 것은 아무것도 없다. 왜냐하면 반드시 원인과 조건이 화합해야만 결과가 생겨나기 때문이다.

② 업(業)의 부정(否定)
 업의 부정은 선업도 없고 악업도 없다고 부정하거나 또는 선과 악을 판단하고 결정지을 수 없다고 부정하는 것이다. 이것은 도덕부정론(道德否定論)이다.

(2) 결과의 부정(否定)
 결과의 부정은 업의 효력 또는 결과를 부정하는 것이다. 어떤 행위를 하더라도 결과는 없다고 부정한다. 선업을 짓더라도 복을 받는 일은 없다고 부정한다. 또는 악업을 짓더라도 죗값을 받는 일은 없다고 부정한다. 이것도 역시 도덕부정론에 속한다.

(3) 윤회의 부정 (단견, 단멸견 = 허무주의)
 윤회의 부정은 이 세상도 없고 저 세상도 없다고 부정한다. 전생도 없고 후생도 없다고 부정한다. 죽으면 그것으로 끝이고 다시 태어나는 일은 없다고 주장한다. 이것은 단견, 단멸견(斷見, 斷滅見)이고 허무주의(虛無主義)이고 유물론(唯物論)의 그릇된 견해이다.

 몸을 '나'로 보기 때문에 죽으면 몸이 썩어 없어지는 것을 보고 '나'는 사라진다고 본다. 바른 견해는 중생이 죽으면 오온이 소멸하지만 업이라는 씨앗의 힘으로 다시 그 업의 과보인 새로운 색수상행식의 오온이 생겨남을 아는 것이다. 다만, 번뇌가 소멸하여 해탈한 아라한, 벽지불, 부처님들은 선과 악의 업을 짓지 않으므로 과보를 받지 않는다. 그래서 이 성인들은 죽음과 함께 오온이 소멸하고 나면 새로운 오온이 생겨나지 않는다. 이로써 생사의 윤회는 끝난다.

18. 정법과 사이비의 판단기준

정법과 유사한 법을 사이비라고 부른다. 지혜의 눈을 갖추지 못한 초학자들이 그럴듯한 사이비의 법을 듣고 그것을 부처님의 바른 가르침이라고 착각하여 삿된 길로 들어서는 경우가 많다. 그래서 정법(正法)과 사이비(似而非)를 구분할 수 있는 지혜의 눈을 갖추어야 한다. 스스로 경을 읽고 법을 공부하여 바른 견해를 갖추는 것이 가장 좋겠지만 이것은 시간이 많이 걸린다. 그러므로 이하 간략하게 정법과 사이비를 판단할 수 있는 요령을 해설한다.

가. 정법(正法)

경의 부처님 말씀에 의하면 정법은 다음과 같은 것이다.

(1) 잘 설해진 것이라야 정법이다
정법은 객관적이고 보편적이고 합리적이고 명백하고 올바르게 말한 것이라야 한다.

(2) 들으면 곧바로 알 수 있고 실천할 수 있어야 정법이다
정법은 들은 즉시 이해할 수 있는 것이라야 한다. 신의 보호, 기적, 신통, 은총을 받아서 아는 것도 아니고, 신을 만나서 또는 신의 세계에 태어나서 아는 것도 아니고 법을 들은 즉시 알 수 있어야 한다. 정법은 특정인만이 알 수 있는 것이 아니고 누구나 다 알 수 있어야 한다. 수행을 해서 어느 경지에 이르러야만 비로소 아는 것이 아니고 보통 사람이면 누구나 알 수 있고 실천할 수 있어야 한다.

(3) 법을 실천하면 즉각 이익을 얻을 수 있어야 정법이다
 누구나 정법대로 실천하면 즉각 법의 이익이 있어야 한다. '지금은 이익이 없지만 다음 생에 이익이 된다' 또는 '수행한 후 오랜 시간이 지나야 이익이 된다' 라는 식으로 말하는 것은 정법이 아니다.

(4) 항상 옳고 변함없는 이치라야 정법이다
 정법은 과거, 현재, 미래에 관계없이 늘 올바른 이치라야 하고 뒤바뀌지 않는 것이라야 한다. 어떤 때에는 맞고, 다른 때에는 맞지 않는 것이 아니고 항상 옳고 변함없는 이치라야 한다.

(5) 누구나 와서 보라고 공개할 수 있어야 정법이다
 정법은 바른 것이기 때문에, 누구나 실천하는 즉시에 이익이 되기 때문에, 비밀이 없는 법이기 때문에, 누구한테나 자유의사에 맡기고 강요나 세뇌를 하지 않기 때문에, "누구나 와서 보라. 누구나 와서 들으라."고 공개적으로 말할 수 있는 것이라야 정법이다. 비밀이라고 말하지 않고, 숨기지 않고, 공개를 회피하지 않는 것이라야 정법이다.

나. 삿된 법, 사이비(似而非)

 대표적인 삿된 법은 다음과 같다. 이런 경우에는 그 법을 의심하고 경과 대조하여 보아 일치하지 않으면 받아들이지 말아야 한다.

(1) 인과응보의 부정
 인과응보를 부정하는 것은 사견이다. 인과응보란 '선업을 지으면

즐거움(행복)이 뒤따르고, 악업을 지으면 괴로움(불행.재난)이 뒤따른다.'는 도리이다. 이것은 한치의 어김도 없는 자연법칙이다. '선과 악을 판단할 수 없다'라고 주장하거나 '선업을 짓는다고 해서 복을 받는다는 그런 것은 없다.'라고 주장하거나 '악업을 짓는다고 해서 죗값을 치른다는 그런 것은 없다.'라고 주장하는 견해는 삿된 법이다.

(2) 생사윤회의 부정
생사윤회를 부정하는 것은 사견이다. 담마빠다(법구경), 숫따니빠따 꼬깔리야의 경, 상윳따 니까야 S15:13 삼십 명 경 등 수백 곳의 경전에서 석가모니 부처님께서 분명히 윤회를 말씀하셨고, 삼악도의 고통을 말씀하셨으며, 자타카(본생경)에서도 부처님의 전생이야기 547가지를 말씀하셨다. 또한 다시 태어남(재생)이 없는 것을 해탈이라고 말씀하셨다. 또한 과거의 수많은 선지식들과 고승들과 현대의 고승들도 한결같이 생사윤회를 말하고 있다. 이것을 부정하는 것은 사견과 자만이고 삿된 법이다.

(3) 자아에 대한 집착
'영혼', '영원불변의 자아'를 말하는 것은 삿된 법이다. 힌두교, 요가, 아스트랄 프로젝션(유체이탈), 제3의 눈, 차크라, 쿤달리니, 심령과학, 신선도, 단전호흡 등의 명상을 수련하는 사람들이 불교와 유사한 이론을 펼치면서 자아, 참나를 말하는데 이것은 삿된 법이다.

(4) 공에 대한 집착
어떤 사람들은 무아, 공(空)에 집착하여 악취공, 단멸견에 빠지는 경우가 있다. 고요함만을 찾고 반야 지혜가 없으며 선업 공덕을 닦지 않고 무심(無心)을 최고경지로 여긴다. 이와 같이 업과 과보(인과법)를 말하지 않고 애써 외면하면서 오직 무아, 공만을 말하는 것은 삿된 법이다.

(5) 자기 혼자만의 주장과 궤변
 경전이나 논서에 근거가 없이 혼자만의 주장을 하는 사람들이 있다. 자기만 법을 바르게 안다는 자만심에 가득차서 남을 무시하고 폄하하며 남과의 논쟁을 즐긴다. 궤변이란 '상대방의 사고(思考)를 혼란시키거나 판단을 흐리게 하여 거짓을 참인 것처럼 꾸며 대는 논법'을 말한다. 논리가 없고 쓸데없는 말이 많고 앞의 말과 뒤의 말이 서로 모순되고 말에 조리가 없다. 이것은 삿된 법이다.

(6) 불법의 세속화
 부처님의 거룩한 가르침을 불교 용어를 써서 바르게 설명하지 않고, 세속적인 용어, 감성적 용어, 철학적 용어를 사용하여 설명하는 것은 삿된 법인 경우가 많다. 깨달음을 얻지 못한 범부들인 세속의 철학자들이나 사상가와 비교하여 부처님의 거룩한 가르침을 말함으로서 불법의 격을 낮추고 세속화시킨다. 이것은 삿된 법이다.

(7) 수행부정론(修行否定論)
 법을 알면 그뿐이고 수행이 필요하지 않다고 말하는 것은 삿된 견해이다. 자신이 탐욕, 성냄, 어리석음을 벗어나지 못했으면서도 자신이 번뇌를 끊은 성인의 지위에 있다고 자만하는 것이다. 마치 부산에서 서울을 가려는 사람이 발걸음을 떼지 않고서 자기는 서울에 도착했다고 거짓말하는 것과 같으며 또한 음식을 앞에 두고 먹지 않고서 배부르다고 거짓말하는 것과 같다. 이것은 삿된 법이다.

 불자들은 이상과 같은 견해들은 항상 조심하고 경의 부처님 말씀과 일치하는지 주의깊게 잘 점검해서 삿된 견해에 빠져들지 않도록 해야 한다.

제2편 교리, 이해(解)

제2편 교리, 이해(解)

1. 마음으로 모든 법들이 만들어진다

법구경(담마빠다)

마노마야 (담마) manomayā (dhammā)
"마음으로 모든 법들이 만들어진다."

 마음으로 모든 법들이 만들어진다. 이것은 연기(緣起)의 진리이다. 마음과 의도에 의해 업을 짓고 그 업의 과보로서 중생의 몸과 세간이 형성된다.

선한 마음과 의도는 행복이 뒤따른다.
악한 마음과 의도는 불행이 뒤따른다.
청정한 마음과 의도는 해탈이 뒤따른다.

이것이 곧 '마음으로 모든 법들이 만들어진다' 는 뜻이다.

잡아함경

"색, 수, 상, 행, 식(오온) 안, 이, 비, 설, 신, 의(내육입처) 색, 성, 향, 미, 촉, 법(외육입처) 6가지 감각접촉, 3가지 느낌, 6가지 갈애, 일체 행(行)은 모두 마음으로 연기하여 생겨나는 법(心緣生法)이고 마음으로 연기하여 일어나는 법(心緣起法)이다."

화엄경

무량제경계 실종심연기(無量諸境界 悉從心緣起)
"한량없는 모든 경계가 모두 마음으로부터 연기(緣起)한 것이다."
(잡아함경과 같음)

일체유심조(一切唯心造)
"일체법은 오직 마음으로 짓는다."
(법구경과 같음)

2. 삼법인(三法印)

가. 삼법인(三法印)

삼법인은 '세 가지의 결정된 법의 진리(印)' 라는 뜻이다. 마치 문서에 도장(印)을 찍으면 결정되어 바꿀 수 없는 것과 같다.

(1) 제행무상(諸行無常) : 모든 상카라는 무상하다.
 모든 상카라(行) 즉, 형성된 법들인 정신·물질(오온)은 한 찰나에 일어나고 사라진다. 조건이 일어나면 법이 일어나고, 조건이 소멸하면 법이 소멸한다. 이와 같이 형성된 것, 조건 지어진 것, 일어나고 사라지는 특징을 가진 것을 무상하다고 말한다.

(2) 일체개고(一切皆苦) : 모든 취착된 법은 괴로움이다.
 모든 취착된 법은 번뇌를 증가시키기 때문에 괴로움이다. 무상하기 때문에 마음을 압박하므로 괴로움이라고 말한다. 원하는 대상이 사라지는 것을 막을 수 없기 때문에 마음을 압박하고, 원하지 않는 대상이 나타나는 것을 피할 수 없기 때문에 마음을 압박한다. 그래서 괴로움이다. 여기서 취착된 법은 정신·물질(오온) 중에서 도성제(삼십칠보리분법, 팔정도)를 제외한 나머지 오온들이다. 도성제는 번뇌가 증가되지 않기 때문에 일체개고에서 제외된다.

(3) 제법무아(諸法無我) : 일체법 가운데 '나' 가 없다.
① 모든 법은 인연 따라 생겨나기 때문에 독립성(自性)이 없다. 즉, 스스로 생겨나지 못한다. 그러므로 '나' 가 아니고 '내 것' 도 아

니다.
② 모든 법은 변하지 않는 단단한 실체가 없어서 공(空)하다.
③ 모든 법은 지배력을 행사할 수 없다. 그러므로 '나'가 없다. 몸에 늙음과 병과 죽음이 있는 것은 지배력을 행사할 수 없다는 뜻이다. 느낌도, 생각도, 의도도, 알음알이도 지배력을 행사할 수 없다. 그래서 무아(無我)다.

나. 오온(五蘊)

사람들이 '나'라고 생각하는 것은 사실은 정신·물질(오온)이다. 온(蘊)은 "무더기"라는 뜻이다. 오온은 물질의 무더기와 정신의 무더기가 화합한 것이다. 물질은 색온 1가지이고, 정신은 수온, 상온, 행온, 식온의 4가지이다.

4가지 정신 가운데 식은 마음이고 수, 상, 행은 마음부수이다. 이 마음과 마음부수를 총칭하여 정신이라고 말한다.

(1) 색온(色蘊) : 물질 10가지
(오근, 오경 - 눈과 형색, 귀와 소리, 코와 냄새, 혀와 맛, 몸과 감촉)

(2) 수온(受蘊) : 느낌 3가지
(즐거운 느낌, 괴로운 느낌, 괴롭지도 즐겁지도 않은 느낌)

(3) 상온(想蘊) : 생각, 표상
(저절로 떠오르는 생각들(想, 相) = 기억, 상상, 분별)

(4) 행온(行蘊) : 정신적 행위들
(의도, 선법들, 불선법들)

(5) 식온(識蘊) : 6가지 알음알이
(안식, 이식, 비식, 설식, 신식, 의식)

다. 십이처(十二處)

십이처는 감각기관과 감각 대상에 따라 12가지로 법을 나눈 것이다. 여기서 처(處)는 "감각이 일어나는 장소"라는 뜻이다. 일체법은 이 십이처일 뿐이다. 십이처 외에는 아무것도 없다.

6가지 감각기관 = 육근(六根)
눈(안처), 귀(이처), 코(비처), 혀(설처), 몸(신처), 뜻(의처)

6가지 감각대상 = 육경(六境)
형색(색처), 소리(성처), 냄새(향처), 맛(미처), 감촉(촉처), 법(법처)

의처는 마음으로서 오온의 식온과 같은 것이다. 법처에는 마음부수들(수온,상온,행온)과 미세한 물질과 열반이 포함된다.

라. 십팔계(十八界)

십팔계는 십이처에서 마음 즉, 의처를 7가지(칠식계)로 나눈 것이다. 여기서 계(界)는 "영역", "지배력이 미치는 한계"라는 뜻이다.

6가지 감각기관 = 육근(六根)
눈(안계), 귀(이계), 코(비계), 혀(설계), 몸(신계), 뜻(의계)

6가지 감각대상 = 육경(六境)
형색(색계), 소리(성계), 냄새(향계), 맛(미계), 감촉(촉계), 법(법계)

6가지 알음알이 = 육식(六識)
안식계, 이식계, 비식계
설식계, 신식계, 의식계

법계는 십이처의 법처와 같은 것이다.
식온과 의처와 칠식계는 같은 것이다.
오온의 식온 = 12처의 의처 = 18계의 칠식계(의계 + 육식계)

3. 삼계육도와 31가지 존재계

가. 세상

세상은 삼계육도(三界六道)로서 생사윤회의 세계이다. 여기서 죽어서 저기에 태어나고 저기에서 죽어 여기에 태어나고 돌고 돈다.

(1) 삼계(三界)
① 욕계(欲界) : 감각적 욕망(음욕)과 덩어리 음식으로 살아가는 세상. 육도(六道)가 다 있다.
② 색계(色界) : 선정의 기쁨, 즐거움으로 살아가는 천상세계. 음욕도 없고 남녀도 없다.
③ 무색계(無色界) : 몸이 없고 정신만 있는 천상세계. 선정의 힘으로 살아간다.

(2) 육도(六道)
① 천상 세계
평생 선업을 순수하게 많이 지은 사람은 후생에 천상에 태어난다. 천상세계는 마음대로 날아다니고 몸에서 빛이 나고 대소변과 배고픔, 목마름, 추위, 더위도 없고 마음대로 감각적 쾌락을 누리고 행복을 누리지만 수명은 정해져 있어서 복을 다 누리고 목숨을 마치고 나면 다시 다른 곳에 태어난다. 복이 남아있으면 인간에 태어나고 복이 다하면 삼악도(지옥, 축생, 아귀)에 태어난다. 욕계의 천상세계는 6곳이 있고 색계의 천상세계는 16곳이 있으며 무색계의 천상세계는 4곳이 있다.

② 인간 세계
 주로 선업을 지었으나 일부 악업도 지은 사람은 후생에 인간에 다시 태어난다.

③ 아수라 세계
 보시 공덕을 지었으나 질투하고 싸우기를 좋아하면 아수라로 태어난다.

④ 아귀(귀신) 세계
 주로 탐욕이 많고 인색한 죄업을 지은 사람은 후생에 아귀로 태어난다.

⑤ 축생(동물.벌레) 세계
 주로 어리석고 빚을 갚지 않은 죄업으로 축생으로 태어난다.

⑥ 지옥 세계
 평생 십악업을 습관적으로 많이 지은 사람은 후생에 지옥에 태어난다.

 천상과 인간 두 곳을 좋은 곳, 선처(善處)라 말하고, 나머지 지옥, 축생, 아귀, 아수라 네 곳을 나쁜 곳, 사악처(四惡處)라고 말한다.

나. 31가지 존재계

(1) 욕계 악처(惡處) 세상 4존재계 = 사악처(四惡處)

① 지옥(地獄)
② 축생(畜生)
③ 아귀(餓鬼)
④ 아수라(阿修羅)

이 사악처에는 오직 범부들만 태어난다. 그런데 이 범부 가운데는 부처의 전생의 몸인 보살이 포함되어 있다. 즉, 보살은 인간 세상에서 최후의 몸을 받아 부처가 되기 전까지는 정거천을 제외한 삼계의 모든 곳에 태어나서 범부의 몸으로서 십바라밀을 닦아 수행하고 중생들을 교화한다.

(2) 욕계 선처(善處) 세상 7존재계
⑤ 인간(人間)
⑥ 사대왕천(四大王天)
⑦ 삼십삼천(三十三天) = 도리천(忉利天), 제석천왕(帝釋天王)이 사는 곳
⑧ 야마천(夜摩天)
⑨ 도솔천(兜率天)
⑩ 화락천(化樂天) = 화자재천(化自在天)
⑪ 타화자재천(他化自在天), 천마(天魔) 빠삐만이 사는 곳

이 7가지 존재계에는 성자와 범부가 함께 태어난다.

(가) 사대왕천의 수명은 천상의 시간으로 500년이고, 이 천상세계의 하루는 인간의 50년에 해당한다. (인간의 시간으로 500년 × 360일 ×

50년 = 900만년)
(나) 삼십삼천 : 1천년, 하루는 1백년 (3천6백만년)
(다) 야마천 : 2천년, 하루는 2백년 (1억4천4백만년)
(라) 도솔천 : 4천년, 하루는 4백년 (5억7천6백만년)
(마) 화락천 : 8천년, 하루는 8백년 (23억4백만년)
(바) 타화자재천 : 1만6천년, 하루는 1천6백년 (92억1천6백만년)

 (3) 색계(色界) 세상 16존재계
 초선천(初禪天)
① 범중천(梵衆天) ② 범보천(梵輔天) ③ 대범천(大梵天)
 이선천(二禪天)
④ 소광천(少光天) ⑤ 무량광천(無量光天) ⑥ 광음천(光音天)
 삼선천(三禪天)
⑦ 소정천(少淨天) ⑧ 무량정천(無量淨天) ⑨ 변정천(遍淨天)
 사선천(四禪天)
⑩ 광과천(廣果天) ⑪ 무상유정천(無想有情天)
 오정거천(五淨居天)
⑫ 무번천(無煩天) ⑬ 무열천(無熱天) ⑭ 선현천(善現天) ⑮ 선견천(善見天) ⑯ 색구경천(色究竟天)

 무상유정천에는 오직 외도의 범부만 산다. 오정거천에는 아나함의 성자만 산다. 나머지 세상에는 성자와 범부가 함께 산다.

 ① 범중천의 수명 : 3분의 1겁
 ② 범보천의 수명 : 2분의 1겁

③ 대범천의 수명 : 1겁, 대범천왕이 산다.
④ 소광천의 수명 : 2겁
⑤ 무량광천의 수명 : 4겁
⑥ 광음천의 수명 : 8겁
⑦ 소정천의 수명 : 16겁
⑧ 무량정천의 수명 : 32겁
⑨ 변정천의 수명 : 64겁
⑩ 광과천의 수명 : 500겁
⑪ 무상유정천의 수명 : 500겁
⑫ 무번천의 수명 : 1천겁
⑬ 무열천의 수명 : 2천겁
⑭ 선현천의 수명 : 4천겁
⑮ 선견천의 수명 : 8천겁
⑯ 색구경천의 수명 : 1만6천겁

(4) 무색계(無色界) 세상 4존재계
① 공무변처천(空無邊處天) 수명 2만겁
② 식무변처천(識無邊處天) 수명 4만겁
③ 무소유처천(無所有處天) 수명 6만겁
④ 비상비비상처천(非想非非想處天) 수명 8만4천겁

이 무색계 세상에는 성자와 범부가 함께 산다.

4. 윤회와 무아

가. 윤회와 무아는 이론이 아니고 실제다

일부 학자들은 불교의 생사윤회설과 무아설은 상호모순이라고 비판한다. 이 사람들은 연기(緣起)를 깊이 이해하지 못했기 때문에 이런 그릇된 주장을 한다. 범부들은 몸 자체를 '나' 또는 '내 것'이라고 생각하거나 또는 느끼는 자, 생각하는 자, 행위하는 자, 아는 자가 있다고 보고 이것을 '나' 또는 '내 것'이라고 생각한다. 그래서 윤회한다고 말하면 반드시 윤회하는 자가 있어야 한다고 생각한다. 그런데 부처님께서 무아라고 말씀하니 이해를 못하여 '윤회한다면서 윤회하는 자가 없다고 말하니 앞뒤가 모순된다'라고 생각하는 것이다.

생사윤회는 그저 하나의 이론도 아니고, 가설도 아니고, 철학도 아니다. 있는 그대로의 진실이다. 무아도 역시 하나의 사상이 아니고 있는 그대로의 진실이다. 부처님의 거룩한 가르침을 믿지 않고 세속적인 지혜로 헤아리기 때문에 설이니 사상이니 하고 말하며 의심한다.

일부 불교학자들은 생사윤회에 대하여 이런 견해를 가지고 있다. 『생사윤회설은 석가모니가 태어나기 전에 이미 브라만교의 경전인 베다(우파니샤드)에 나온다. 석가모니의 윤회설은 우파니샤드의 윤회설을 받아들여 발전시킨 사상이다.』이렇게 판단한다. 이것은 그릇된 견해이다.

진리에 눈을 뜬 부처님은 생사윤회를 있는 그대로 숙명통으로 기억하고 천안통으로 보셨다. 그래서 직접 기억하고 본 그대로 말씀하신 것이다. 우파니샤드의 학설을 받아들인 것이 아니다.

나. 윤회하는 주체는 없다

만약 "금생에 몸과 마음이 있으므로 '나'가 있고 만약 후생이 있다면 또한 후생의 '나'가 있다. 이와 같이 전생의 '나'도 있다. 윤회한다면 윤회하는 주체로서 '나'가 있을 것이다."하고 생각한다면 이것은 잘못 생각하는 것이다. 윤회하는 주체는 없다.

비유하자면 마치 일년생 식물과 같다. 식물은 가을에 씨앗을 떨어뜨린다. 그리고 말라죽는다. 이 씨앗은 겨울을 거쳐서 봄이 되면 싹이 트고 자라나 여름에는 다 큰 식물이 된다. 가을에 다시 씨앗을 떨어뜨리고 죽는다. 이듬해에 다시 싹이 트고 자라난다… 이와 같이 윤회한다. 이 가운데 불변의 자아가 없다.

중생의 윤회도 이와 같다. 평생 업을 짓고 죽으면 정신·물질이 소멸한다. 그러나 업이라는 씨앗(원인)의 힘으로 과보인 후생의 정신·물질(오온)이 생성된다(태아). 전생의 오온과 금생의 오온은 같은 것도 아니고 다른 것도 아니다. 전생의 오온이 소멸하기 때문에 양자는 같다고 말할 수 없다. 완전히 다르다면 전혀 별개여야 하지만, 전생에 심은 업의 씨앗으로 후생의 오온이 형성되기 때문에 다르다고 말할 수 없다. 이 정신·물질의 일어남(결합)과 사라짐(해체)라는 윤회의 과정 가운데 불변의 자아는 없다.

탐진치와 업이라는 조건이 있으면 윤회가 있고, 탐진치와 업이라는 조건이 없으면 윤회도 없다. 전생이건, 금생이건, 후생이건 괴로움일 뿐인 몸과 마음의 오온(五蘊)이 조건 따라 일어나고 조건 따라 사라질 뿐이고 거기에는 '나'도 없고, '내 것'도 없다. 전생의 나도 없고, 금생의 나도 없고, 후생의 나도 없다. 다만 정신과 물질이 조건에 따라 일어나고 사라질 뿐이다.

전생에 지은 업의 과보로서 금생의 오온과 육입처가 있을 뿐이다. 업을 짓는 자도 없고, 과보를 경험하는 자도 없다. 여기서 번뇌와 업과 과보의 순환 즉, 윤회는 세속적 진리(세제·속제)로 말한 것이다. 윤회하는 자가 없고 고정불변의 자아가 없다는 말씀은 공, 무아의 궁극적 진리(제일의제·진제)를 말한 것이니 이것은 상호모순되지 않는다. 언뜻 보면 모순처럼 보이는 이 양면성이 오직 하나의 연기이니 이것이 곧 중도실상이다. 마치 양극(+)과 음극(-)의 서로 반대되는 성질이 하나의 자석 안에 모두 있는 것과 같다.

5. 십이연기(十二緣起)

가. 연기(緣起)의 의미

 조건발생과 조건소멸이 연기다. 즉, 조건이 일어나면 법이 일어나고, 조건이 소멸하면 법이 소멸한다.

 조건(緣)이 있고, 조건 따라 생긴 법(緣生法)이 있다. "무명을 조건으로 행이 있다."라고 말할 때 무명은 조건이고, 행은 조건 따라 생긴 법이다. "행을 조건으로 식이 있다."라고 말할 때 행은 조건이고, 식은 조건 따라 생긴 법이다.

나. 유전문(流轉門)

 유전문은 괴로움이 발생하는 연기이다. 조건이 일어나면 법(괴로움)이 일어난다. 이것이 괴로움의 일어남(집성제)이다. 경에서는 '이것이 있을 때 저것이 있다. 이것이 일어나면 저것이 일어난다.' 고 정형구로 설하고 있다.

무명을 조건으로 행(行, 의도적 행위들, 업)이 있다.
행을 조건으로 식(識, 알음알이, 마음)이 있다.
식을 조건으로 명색(名色, 정신 · 물질)이 있다.
명색을 조건으로 육입(六入, 여섯 감각장소)이 있다.
육입을 조건으로 촉(觸, 감각접촉)이 있다.
촉을 조건으로 수(受, 느낌)가 있다.

수를 조건으로 애(愛, 갈애)가 있다.
애를 조건으로 취(取, 취착)가 있다.
취를 조건으로 유(有, 존재, 업의 존재, 재생의 존재)가 있다.
유를 조건으로 생(生, 태어남)이 있다.
생을 조건으로 노사(老死, 늙음, 죽음)가 있다.

이것이 괴로움이 발생하는 연기(유전문)이다.

다. 환멸문(還滅門)

환멸문은 괴로움이 소멸하는 연기이다. 조건이 소멸하면 법(괴로움)이 소멸한다. 이것이 괴로움의 소멸(멸성제)이다. 경에서는 '이것이 없을 때 저것이 없다. 이것이 소멸하면 저것이 소멸한다.' 라는 정형구로 설하고 있다.

무명이 없을 때 행(의도적 행위들, 업)이 없다.
행이 없을 때 식(알음알이, 마음)이 없다.
식이 없을 때 명색(정신·물질)이 없다.
명색이 없을 때 육입(여섯 감각장소)이 없다.
육입이 없을 때 촉(감각접촉)이 없다.
촉이 없을 때 수(느낌)가 없다.
수가 없을 때 애(갈애)가 없다.
애가 없을 때 취(취착)가 없다.
취가 없을 때 유(有, 존재, 업의 존재, 재생의 존재)가 없다.
유가 없을 때 생(태어남)이 없다.

생이 없을 때 노사(늙음, 죽음)가 없다.

이것이 괴로움이 소멸하는 연기(환멸문)이다.

라. 십이연기의 12가지 법들

(1) 무명(無明) 5가지
① 오온의 고, 집, 멸, 도, 맛, 위험, 벗어남에 대한 무지, 오온의 무상, 고, 무아에 대한 무지
② 십이처의 고, 집, 멸, 도, 맛, 위험, 벗어남에 대한 무지, 십이처의 무상, 고, 무아에 대한 무지
③ 십팔계의 고, 집, 멸, 도, 맛, 위험, 벗어남에 대한 무지, 십팔계의 무상, 고, 무아에 대한 무지
④ 사성제에 대한 무지
⑤ 십이연기에 대한 무지

(2) 행(行, 의도적 행위들) 3가지
① 공덕이 되는 행위 (선업)
② 공덕이 되지 않는 행위 (불선업)
③ 선업도 아니고 불선업도 아닌 행위 (무기업)

(3) 식(識, 알음알이) 1가지 또는 6가지
모태에 입태시 1가지 식 ① 재생연결식
삶의 과정에서 6가지 식 ① 눈의 알음알이 (안식) ② 귀의 알음알이 (이식) ③ 코의 알음알이 (비식) ④ 혀의 알음알이 (설식) ⑤ 몸의

알음알이 (신식) ⑥ 마노(뜻)의 알음알이 (의식)

(4) 명색(名色, 정신·물질) 4가지
① 물질의 무더기 (색온) ② 느낌의 무더기 (수온) ③ 생각의 무더기 (상온) ④ 행(상카라들)의 무더기 (행온)

(5) 육입(六入, 여섯 감각장소) 6가지
① 눈의 감각장소 ② 귀의 감각장소 ③ 코의 감각장소 ④ 혀의 감각장소 ⑤ 몸의 감각장소 ⑥ 마노(뜻)의 감각장소

(6) 촉(觸, 감각접촉) 6가지
① 눈의 감각접촉 ② 귀의 감각접촉 ③ 코의 감각접촉 ④ 혀의 감각접촉 ⑤ 몸의 감각접촉 ⑥ 마노(뜻)의 감각접촉

(7) 수(受, 느낌) 3가지
① 즐거운 느낌 ② 괴로운 느낌 ③ 괴롭지도 즐겁지도 않은 느낌

(8) 애(愛, 갈애) 3가지
① 감각적 쾌락에 대한 갈애 ② 존재에 대한 갈애 ③ 비존재에 대한 갈애

(9) 취(取, 취착) 4가지
① 감각적 쾌락 대한 취착 ② 견해에 대한 취착 ③ 계율과 의식에 대한 취착(계금취) ④ 자아의 교리에 대한 취착

(10) 유(有, 존재, 업의 존재, 재생의 존재) 3가지
① 욕계의 존재 ② 색계의 존재 ③ 무색계의 존재

(11) 생(生, 태어남) 4가지
① 난생 : 알로 태어남 ② 태생 : 태로 태어남 ③ 습생 : 습기로 태어남 ④ 화생 : 변화로 태어남

(12) 노사(老死, 늙음.죽음) 여러 가지
슬픔, 탄식, 육체적 고통, 정신적 고통, 절망 등 무수한 괴로움

마. 삼세양중인과(三世兩重因果)

삼세(三世)는 과거, 현재, 미래 또는 전생, 금생, 후생을 뜻한다. 양중인과란 인과(원인과 결과)가 두 번 중첩하여 일어난다는 뜻이다.

인(因) : 원인 = 번뇌와 업
과(果) : 결과 = 과보(괴로움)

(1) 전생의 인(因) : 전생의 번뇌와 업 2가지 = 무명(번뇌), 행(업)
(2) 금생의 과(果) : 금생의 과보 5가지 = 식, 명색, 육입, 촉, 수
(3) 금생의 인(因) : 금생의 번뇌와 업 3가지 = 애(번뇌), 취(번뇌), 유(업)
(4) 후생의 과(果) : 후생의 과보 2가지 = 생, 노사

① 번뇌(무명, 갈애, 취착)가 일어난다.

② 번뇌를 조건으로 업(의도적 행위들, 존재)을 짓는다.
③ 업이 사라지고 나면 업의 잠재력(業力)이 남는다.
④ 나중에 조건을 만나면 업의 잠재력에 의해 과보가 일어난다.
⑤ 다시 새로운 번뇌가 일어난다.
⑥ 새로운 번뇌를 조건으로 새로운 업을 짓는다.
⑦ 업이 사라지고 나면 업의 잠재력이 남는다.
⑧ 나중에 조건을 만나면 업의 잠재력에 의해 과보가 일어난다.

이 과정이 끝없이 반복된다. 이것을 혹업고(惑業苦)의 회전이라고 말한다. 이것이 괴로움의 일어남(집성제)이고 생사윤회, 육도윤회이다.

바. 사성제와 십이연기의 관계

사성제와 십이연기는 하나의 이치이다. 사성제는 십이연기를 유전문과 환멸문의 인과로서 정리한 것이다.

(1) 고성제는 유전문의 결과인 괴로움 즉, 생사이다.
(2) 집성제는 유전문의 원인인 괴로움의 일어남 즉, 무명 ~ 존재(有)이다.
(3) 멸성제는 환멸문의 결과인 괴로움의 소멸 즉, 생사의 소멸이다.
(4) 도성제는 환멸문의 원인인 괴로움의 소멸로 인도하는 도닦음 즉, 무명의 소멸 ~ 존재의 소멸이다.

다시 말해서

고성제 = 유전문의 결과(果) = 괴로움 = 생사(생, 노사) = 오온
집성제 = 유전문의 원인(因) = 괴로움의 일어남 = 무명 ~ 유
멸성제 = 환멸문의 결과(果) = 괴로움의 소멸 = 열반
도성제 = 환멸문의 원인(因) = 괴로움의 소멸로 인도하는 도 = 무명멸 ~ 유멸

사성제와 십이연기의 다른 점은 무엇인가? 십이연기는 괴로움의 발생인 유전문의 원인과 괴로움의 소멸인 환멸문의 원인에 대하여 10가지(무명 ~ 존재, 무명의 소멸 ~ 존재의 소멸)로 상세하게 드러내고 있으나 사성제는 그렇지 않다. 반면 사성제는 도성제인 팔정도의 수행체계를 구체적으로 드러내고 있지만 십이연기에서는 괴로움을 소멸시키는 방편(방법)이 구체적으로 나타나 있지 않다.

즉, 십이연기는 연기법의 이치(理) 즉, 깨달음의 내용을 설명하고 있으며, 사성제는 현실의 괴로움을 벗어나기 위한 실천수행과 방편(道)을 설명하고 있다. 따라서 깨달음의 내용인 이치(理)로서는 십이연기가 중요하고, 현실의 괴로움을 벗어나는 수행의 방편(道)으로서는 사성제가 중요하다.

그러므로 깨달음을 얻고 싶으면 십이연기를 깊이 깊이 파고 들어 탐구해야 하고, 현실의 괴로움을 벗어나고 싶으면 사성제를 꿰뚫어 알고 도성제의 수행방편을 열심히 닦아야 한다.

6. 사성제(四聖諦)

사성제(四聖諦)는 '네 가지 거룩한 진리'라는 뜻으로 부처님께서 보리수 아래에서 깨달으신 진리이다. 고성제, 집성제, 멸성제, 도성제 간단히 말하면 고집멸도가 곧 사성제이다.

가. 고성제(苦聖諦) : 괴로움의 진리

오온(정신과 물질)은 괴로움이다. 괴로움에는 무상, 압박, 무거운 짐이라는 세 가지 의미가 있다.

(1) 무상(無常)의 의미
정신과 물질은 시시각각 변하고 결국은 사라지고 만다. 정신과 물질은 오래 가는 것이 없다. 이것을 무상하다고 말한다.

(2) 압박의 의미
원하는 대상(사랑하는 사람, 환경, 정신과 물질)이 사라지는 것을 막을 수 없고 피할 수 없기 때문에 마음을 압박하여 괴롭다. 원하지 않는 대상(싫은 사람, 환경, 정신과 물질)이 나타나는 것을 막을 수 없고 피할 수 없기 때문에 마음을 압박하여 괴롭다.

(3) 무거운 짐의 의미
원하는 대상이 사라지지 않도록, 새로 생겨나도록 애써 노력하고 힘써야 하기 때문에 무거운 짐을 진 것과 같이 힘들고 괴롭다. 원하지 않는 대상이 사라지도록, 새로 생겨나지 않도록 애써 노력하고 힘써야 하기 때문에 무거운 짐을 진 것과 같이 힘들고 괴롭다.

좀 더 구체적으로 말하면 인생에는 8가지 괴로움이 있다.

팔고(八苦)
① 태어나는 괴로움
② 늙는 괴로움
③ 병드는 괴로움
④ 죽는 괴로움
⑤ 사랑하는 사람과 헤어지는 괴로움
⑥ 싫은 사람과 만나는 괴로움
⑦ 구해도 얻지 못하는 괴로움
⑧ 총체적으로 정신과 물질이 괴로움이다.

나. 집성제(集聖諦) : 괴로움의 일어남의 진리

괴로움이 일어나는 원인은 갈애다. 갈증난 사람이 물을 찾듯이 형색, 소리, 냄새, 맛, 감촉에 대한 감각적 쾌락을 추구하고 좋아하고, 기뻐하고, 즐기고, 집착하는 것을 갈애라고 한다. 이 갈애로 인하여 모든 괴로움이 생겨난다.

십이연기를 보면 무명, 갈애, 취착이 바로 괴로움의 원인이라는 것을 알 수 있다. 이 무명과 갈애와 취착으로 선악의 의도를 일으켜 업을 짓고 그 업의 과보로 후생의 정신·물질(오온)이 일어나고 온갖 괴로움의 무더기가 일어난다.

다. 멸성제(滅聖諦) : 괴로움의 사라짐의 진리

괴로움의 원인인 번뇌들(무명, 갈애, 취착)이 끊어지면 괴로움이 사라진다. 이렇게 괴로움이 영원히 사라진 경지를 열반이라고 말한다. 즉 열반이 곧 멸성제다.

이 열반은 괴로움이 전혀 없으며 거기에는 더 이상 태어남과 죽음이 없다. 완전한 고요함, 다툼이 없는 완전한 평화, 번뇌의 더러움이 없는 완전한 청정함, 완전한 행복이다. 조건 지어지지 않았고, 형성되지 않았다고 해서 무위법이라고 말한다.

라. 도성제(道聖諦) : 괴로움의 소멸로 인도하는 도닦음의 진리

부처님께서는 방편(도)을 닦지 않는다면 결코 열반을 얻을 수 없다고 말씀하셨다. 그리고 괴로움의 소멸에 이르는 방편(도)을 37가지로 설명하셨으니 이것을 삼십칠보리분법이라고 말한다. 이 중 가장 대표적인 수행법은 팔정도다.

(1) 사념처(四念處) - 사띠(Sati)
마음 챙김의 대상을 네 가지로 분류한다. 몸(身), 느낌(受), 마음(心), 법(法)이 그것이다. 이 네 가지 중 하나를 결정하여 그 마음 챙김의 대상을 ① 전념하여 기억하고 잊지 않으며 ② 관심과 주의를 기울이고 ③ 그 대상을 계속하여 주시하며 ④ 그 대상을 결코 놓치지 않는 것이 사띠(마음챙김)이다. 사띠로 인하여 삼빠잔냐(알아차림)가 뒤따른다.

 사띠와 삼빠잔냐로 인하여 법(실재)를 보는 빤냐(통찰지)가 개발된다.『통찰지의 개발이 곧 위빳사나 수행이다.』그리하여 법의 개별적인 특징을 파악하는 지혜(빠자나띠)와 법의 공통적인 특징인 무상, 고, 무아, 공을 파악하는 지혜(빤냐)의 통찰지로써 번뇌의 뿌리를 끊고 열반을 증득한다.

 (2) 사정근(四正勤)
사정근이란 '악을 끊고 선을 닦는 네 가지의 바른 노력'이다.

① 이미 생긴 악한 법을 제거하고자 노력한다.
② 아직 생기지 않은 악한 법을 생기지 않도록 노력한다.
③ 아직 생기지 않은 착한 법을 생기도록 노력한다.
④ 이미 생긴 착한 법을 키워나가도록 노력한다.

 (3) 사신족(四神足), 사여의족(四如意足)
① 욕여의족(欲神足) : 의욕(열의)
② 정진여의족(精進神足) : 정진, 불방일
③ 심여의족(心神足) : 결의, 결정
④ 사유여의족(思惟神足) : 관찰, 검증

 (4) 오근(五根)
오근은 다섯 가지 선(善)의 뿌리이다.

① 믿음의 뿌리(信根)
② 정진의 뿌리(精進根)
③ 마음 챙김의 뿌리(念根)
④ 삼매의 뿌리(定根)
⑤ 지혜의 뿌리(慧根)

(5) 오력(五力)
오력은 다섯 가지 선(善)의 힘이다. 오근이 확립되고 나서 확고한 힘이 생겨 흔들림이 없게 되면 이것이 오력이다.

① 믿음의 힘(信力)
② 정진의 힘(精進力)
③ 마음 챙김의 힘(念力)
④ 삼매의 힘(定力)
⑤ 지혜의 힘(慧力)

(6) 칠각지(七覺支)
① 염각지(念覺支)　　　: 마음 챙김의 깨달음의 요소
② 택법각지(擇法覺支) : 법을 간택하는 깨달음의 요소
③ 정진각지(精進覺支) : 정진의 깨달음의 요소
④ 희각지(喜覺支)　　　: 기쁨의 깨달음의 요소
⑤ 경안각지(輕安覺支) : 편안함의 깨달음의 요소
⑥ 정각지(定覺支)　　　: 삼매의 깨달음의 요소
⑦ 사각지(捨覺支)　　　: 평온의 깨달음의 요소

여기서 택법각지란 곧 지혜로서 진리와 진리 아닌 것, 선법과 악법, 닦아야 할 법과 닦지 말아야 할 법을 판단하고 결정하는 것이다.

(7) 팔정도(八正道)
팔정도는 괴로움의 소멸에 이르는 가장 중요하고 완전한 수행체계다. 팔정도에서 혜학(慧學)은 정견과 정사유이고, 계학(戒學)은 정어, 정업, 정명이며, 정학(定學)은 정정진, 정념, 정정이다.

① 바른 견해, 정견(正見) 3가지
(가) 개념과 실재(법)를 구분하여 앎.
(나) 오온, 십이처, 십팔계, 십이연기, 사성제의 개별적인 특징들을 파악함.
(다) 오온, 십이처, 십팔계, 십이연기의 공통적인 특징(무상, 고, 무아, 공)을 봄.
② 바른 사유, 정사유(正思惟) 3가지
  탐욕 없음(욕심이 적고 만족함), 성냄 없음(자애), 해침 없음(연민)
③ 바른 말, 정어(正語) 4가지
  거짓말하지 않음, 이간질하지 않음, 욕하지 않음, 잡담하지 않음
④ 바른 행위, 정업(正業) 3가지
  살생하지 않음, 도둑질하지 않음, 삿된 음행하지 않음
⑤ 바른 생계, 정명(正命) 1가지
  바른 말과 바른 행동에 어긋나지 않는 생계의 유지
⑥ 바른 정진, 정정진(正精進) 4가지 = 사정근
⑦ 바른 마음챙김, 정념(正念) 4가지 = 사념처
⑧ 바른 삼매, 정정(正定) 4가지

초선, 제2선, 제3선, 제4선

마. 일상에서 고집멸도(苦集滅道)를 통찰하는 예

가까운 예로서 비만이라는 주제를 가지고 고집멸도를 설명한다.

(1) 비만의 고(苦)
비만의 괴로움이 있다. 몸이 무거워서 거동하기가 불편하고, 맞는 옷이 없어서 불만이며, 각종 성인병으로 병원에 다니고 약을 먹어야 하고, 길거리에서 사람들의 시선에 눈치를 보고, 남들에게 뚱뚱하다고 놀림을 당하거나 웃음거리가 되면 창피하고 분하다. 이와 같이 괴로움을 느낄 때마다 "이것은 비만의 괴로움이다."라고 스스로 아는 것, 이것이 고성제를 아는 것이다.

(2) 비만의 집(集)
"음식에 대한 지나친 갈애와 집착"이 곧 비만의 집성제다. 비만의 괴로운 느낌이 발생할 때마다 그 괴로움의 원인이 음식에 대한 갈애임을 깨닫는 것, 이것이 곧 집성제를 아는 것이다.

① 괴로움이라는 결과(果)를 보고 갈애의 원인(因)을 통찰하는 지혜
병원에 가서 진찰받고 약을 타오면서 생각하기를 "아! 병원에 다니고 약을 먹는 것은 괴로운 일이다. 이것은 비만의 괴로움이다. 이 괴로움의 원인은 음식에 대한 지나친 갈애다. 이 지나친 갈애를 꼭 다스려서 괴로움을 없애야지."하고 생각하고 결심한다.

② 갈애의 원인(因)을 보고 괴로움의 결과(果)를 통찰하는 지혜
 TV를 보다가 음식을 먹는 장면을 보았다. 그러자 그 음식을 먹고자 하는 욕망과 의도가 일어났다. 이때 마음 챙기고 바르게 사유한다. "내 마음속에 음식을 먹고자 하는 욕망과 의도가 일어났다. 이 욕망과 의도는 괴로움을 불러오는 원인이다. 괴롭지 않으려면 먹고자 하는 욕망을 참자." 이렇게 생각하고 참는다.

 (3) 비만의 멸(滅)
 비만의 괴로움이 소멸하여 더 이상 없는 것이 곧 비만의 멸성제다. 즉, 실제로 비만이라는 괴로움이 사라졌음을 몸으로 체험하는 것 이것이 멸성제다. 또한 더 이상 "음식에 대한 지나친 갈애"가 없음을 몸으로 체험하는 것 이것이 멸성제다.

 (4) 비만을 소멸시키는 도(道)
 비만의 원인인 "음식에 대한 지나친 갈애"를 소멸시키려는 노력과 방편이 도성제다. 이것은 곧 팔정도다.

7. 세 가지 지혜(三慧)와 위빳사나의 삼요소

세 가지 지혜가 있다. 수행자는 이 3가지 지혜를 잘 알아야 하고 통달해야 한다.

가. 듣는 지혜

듣는 지혜, 문혜(聞慧)는 스승이나 선지식으로부터 법을 자주 듣고 배우며 또한 스스로 경과 논서를 자주 읽는 것이다. 다시 말해서 부처님의 가르침인 교학을 배우고 외워 익히는 것이다. 다문(多聞)이라고도 말한다. 또한 의문나는 점을 스승이나 선지식에게 묻고 답변을 들어 의문을 해결하는 것이다.

나. 생각하는 지혜

생각하는 지혜, 사혜(思慧)는 들은 법을 조용한 곳에서 홀로 깊이 사유하고 숙고하는 것이다. 들은 법의 진정한 뜻을 파악하려고 애쓰고 법을 음미하고 탐구하고 연구하는 것이다. 법을 듣기만 하고 스스로 사유하지 않으면 지혜가 자라나지 않기 때문이다.

다. 닦는 지혜

닦는 지혜, 수혜(修慧)는 위빳사나의 지혜이다. 몸과 마음에서 일어나고 사라지는 법을 관찰하여 법을 보고 체험하고 확인하고 검증하는 것이다. 법을 사유하여 그 뜻을 이해했더라도 실제로 몸과 마음에서 일어나고 사라지는 법을 관찰하지 않으면 통찰지가 개발되지 않기 때문이다.

위빳사나에는 세 가지 요소가 있다. 첫째는 사띠(마음챙김, 정념)이다. 둘째는 삼빠잔냐(알아차림, 정지)이다. 셋째는 빤냐(통찰지)이다. 빤냐(빵냐)는 빠린냐의 줄임말이며 대승불교에서는 보통 반야(般若)라고 불린다.

라. 위빳사나의 삼요소

(1) 사띠
사띠는 ① '기억하여 잊지 않음' ② '관심과 주의를 기울임' ③ '계속하여 주시함' ④ '대상을 놓치지 않음'의 뜻이다. 이 사띠의 네 가지 의미를 완전히 이해하여야 한다. 사띠는 '마음챙김' 또는 '새김', '정념(正念)'이라고도 번역된다. 마치 양치기가 멀리 떨어진 양떼를 계속해서 주시하는 것과 같다. 결코 시선을 다른 데 돌리지 않고 계속해서 주시하며 양떼를 놓치지 않는다. 이것이 사띠이다.

예를 들어 몸에 대한 마음챙김에 속하는 호흡명상을 할 때 호흡에 관심과 주의를 기울이고 호흡을 주시하는 것이 사띠이다. 몸의 자세와 동작을 관찰할 때는 몸의 자세와 동작에 관심과 주의를 기울이고 몸을 주시하는 것이 사띠이다.

(2) 삼빠잔냐
삼빠잔냐는 ① '분명한 앎' ② '알아차림'의 뜻이다. '정지(正知)'

라고도 번역된다. 보통 삼빠자나라고도 말하는데 이것은 형용사형이다. 정확하게 명사형으로 말할 때는 삼빠잔냐라고 말해야 한다. 경에서는 부처님께서 정념정지(正念正知)라고 하여 사띠와 삼빠잔냐를 항상 함께 언급하고 있다. 항상 함께 하기 때문이다. 사띠가 있으면 삼빠잔냐가 있고, 삼빠잔냐가 있으면 사띠가 있다. 대상에 관심과 주의를 기울이고 대상을 주시하기 때문에 분명히 알 수 있다. 또한 대상을 분명히 안다는 것은 이미 대상을 주시하고 있다는 증거이다. 그러나 사띠와 삼빠잔냐를 같은 것이라고 두리뭉실하게 알아서는 안 되고 명확히 의미를 구분하여 알아야 한다.

예를 들어 몸에 대한 마음챙김에 속하는 호흡명상을 할 때 호흡이 길면 길다고 알고 짧으면 짧다고 아는 것이 삼빠잔냐이다. 몸의 자세와 동작을 관찰할 때는 앉아있으면 앉아있다고 알아차리고, 서 있으면 서 있다고 알아차리고, 말하면 말하는 줄 알아차리고, 음식을 먹을 때는 먹는다고 알아차리는 것이 삼빠잔냐이다.

사띠와 삼빠잔냐는 있는데 빤냐가 없다면 그것은 위빳사나가 아니다. 대상을 주시하고 알아차렸지만 법의 개별적인 특징을 보지 못하고 법의 공통적인 특징(무상, 고, 무아, 공)을 통찰하지 못한다면 그것은 위빳사나가 아니다.

(3) 빤냐(빵냐)
빤냐는 빠린냐의 준말로서 ① '통찰지' ② '꿰뚫어 앎' ③ '완전한 앎' ④ '철저한 앎'의 뜻이다. 앞에서 삼빠잔냐도 역시 분명한 앎이라고 했는데 그렇다면 삼빠잔냐와 빤냐는 어떻게 다른가? 삼빠잔냐는 개념으로서 아는 것이다. 빤냐는 법(실재)으로서 꿰뚫어 아는 것이다.

예를 들어 몸에 대한 마음챙김에 속하는 호흡명상을 할 때 호흡이 길면 길다고 알고 짧으면 짧다고 아는 것이 삼빠잔냐이다. 이것은 호흡을 개념으로서 아는 것이다. 호흡을 물질에 속하는 바람의 요소(風界)라고 법(실재)으로 꿰뚫어 알고(빠자나띠) 또한 이 바람의 요소가 일어나고 사라지는 무상한 것이라고, 무상하기 때문에 괴로움이라고, 괴로움이기 때문에 무아라고 꿰뚫어 아는 것이 빤냐이다.

삼빠잔냐 : 대상을 개념으로서 분명히 아는 것
빤냐 : 대상을 법으로서 꿰뚫어 아는 것

몸의 자세와 동작을 관찰할 때는 앉아있으면 앉아있다고 알아차리고, 서있으면 서있다고 알아차리고, 말하면 말하는 줄 알아차리고, 음식을 먹을 때는 먹는다고 알아차리는 것이 삼빠잔냐이다. 이것은 몸의 자세와 동작을 개념으로서 아는 것이다. 몸의 동작을 물질에 속하는 바람의 요소(風界)라고 법(실재)으로 꿰뚫어 알고 또한 이 바람의 요소가 일어나고 사라지는 무상한 것이라고, 무상하기 때문에 괴로움이라고, 괴로움이기 때문에 무아라고 꿰뚫어 아는 것이 빤냐이다.

이 빤냐(빠린냐, 통찰지)에는 3가지의 통찰지가 있다. (청정도론 제3권 p218)

① 안 것의 통찰지 (냐나 빤냐)   : 법의 개별적인 특징을 아는 것
② 조사의 통찰지 (띠라나 빤냐) : 법의 공통적인 특징을 아는 것
③ 버림의 통찰지 (빠하나 빤냐) : 그릇된 인식을 버림으로써 생긴 특징을 아는 것

① 안 것의 통찰지 - 냐나 빤냐
 안 것의 통찰지는 냐나 빤냐 또는 빠자나띠(빠리자나띠의 준말)라고 불리며 법의 개별적인 특징(自相)을 아는 지혜이다.

 빠자나띠는 세 번째 견청정(1. 정신·물질을 분석하는 지혜)과 네 번째 의심을 극복함에 의한 청정(2. 원인과 조건을 식별하는 지혜)에 해당한다. 견청정은 고성제를 통찰하는 것이고 의심을 극복함에 의한 청정은 집성제를 통찰하는 것이다.

 즉, 정신·물질을 분석하여 '나', '사람', '중생'이라는 개념을 극복하고 중생은 오직 정신·물질일 뿐이라고 바르게 아는 것이 견청정이다.

 원인과 조건(연기)을 식별하여 과거, 현재, 미래의 자아라는 개념을 극복하고 '조건이 일어남에 따라 과거, 현재, 미래의 정신·물질이라는 괴로움이 일어나고, 조건이 소멸함에 따라 과거, 현재, 미래의 정신·물질이라는 괴로움이 소멸한다. 업과 과보 이외에는 달리 행위자가 없다.'라고 바르게 알고 삼세(三世)에 대한 의심을 극복하는 것이 의심을 극복함에 의한 청정이다.

이것들이 안 것의 통찰지, 빠자나띠이다. 이 빠자나띠는 법의 눈, 법안(法眼)이라고도 불리며 또한 법주지(法住智), 여실지견(如實知見), 팔정도의 바른 견해(正見)라고도 불린다. 이 지혜를 얻은 사람을 '작은 수다원'이라고 부르며 영원히 삼악도를 벗어난다.

 예를 들어 오온에 대해서 색(물질)은 변하는 특징을 가지고, 수(느낌)는 경험되는 특징을 가지고, 상(생각)은 떠오르는 특징을 가지고, 행(행위)은 짓는 특징을 가지고, 식(알음알이)는 판단하는 특징을 가진다고 그 개별적인 특징을 아는 것이 빠자나띠이다.

 구체적으로 말해서 빠자나띠는 오온, 십이처, 십팔계에 대하여 고, 집, 멸, 도, 달콤함(맛), 위험, 벗어남이라는 일곱 가지를 분명히 아는 것이다.

상윳따 니까야 S22:57 일곱가지 경우 경 (제3권 p226)

"비구들이여, 여기 비구는 물질을 꿰뚫어 알고, 물질의 일어남을 꿰뚫어 알고, 물질의 소멸을 꿰뚫어 알고, 물질의 소멸로 인도하는 도닦음을 꿰뚫어 알고, 물질의 달콤함(맛)을 꿰뚫어 알고, 물질의 위험함을 꿰뚫어 알고, 물질로부터 벗어남을 꿰뚫어 안다."

(a) 물질을 꿰뚫어 알고 : 사대와 사대로부터 파생된 것이 곧 물질임을 꿰뚫어 아는 것
(b) 물질의 일어남을 꿰뚫어 알고 : 음식이 일어나기 때문에 물질이 일어난다고 꿰뚫어 아는 것

(c) 물질의 소멸을 꿰뚫어 알고 : 음식이 소멸하기 때문에 물질이 소멸한다고 꿰뚫어 아는 것
(d) 물질의 소멸로 인도하는 도닦음을 꿰뚫어 알고 : 팔정도가 물질의 소멸로 인도한다고 꿰뚫어 아는 것
(e) 물질의 달콤함(맛)을 꿰뚫어 알고 : 물질에서 생기는 육체적, 정신적인 즐거움을 꿰뚫어 아는 것
(f) 물질의 위험함을 꿰뚫어 알고 : 물질의 무상함, 괴로움, 변함이라는 3가지 위험을 꿰뚫어 아는 것
(g) 물질로부터 벗어남을 꿰뚫어 안다 : 물질에 대한 탐욕을 길들이고 제거함을 꿰뚫어 아는 것

무명, 갈애, 업, 음식이 일어남을 원인으로 물질이 일어난다. 무명, 갈애, 업, 음식이 소멸함을 원인으로 물질이 소멸한다. (청정도론 제3권p200) 업, 마음, 온도, 음식을 조건으로 물질이 일어난다. (p202) 이 경에서는 이것을 요약해서 음식을 대표로 하여 물질의 일어남과 소멸함을 설하신 것이다.

수(느낌), 상(생각), 행(행위), 식(알음알이)에 대해서도 역시 이와 같이 7가지로 꿰뚫어 알고, 십이처의 각각에 대해서도, 십팔계의 각각에 대해서도 역시 이와 같이 7가지로 꿰뚫어 아는 것이 안 것의 통찰지, 빠자나띠이다.

② 조사의 통찰지 - 뜨라나 빤냐
조사의 통찰지는 법의 공통적인 특징(보편적인 특징, 共相)을 아는 지혜이다. 공통적인 특징이란 무상, 고, 무아, 공이다.

조사의 통찰지는 다섯 번째 도와 도아님에 대한 지견청정(3. 명상의 지혜와 4. 생멸의 지혜 전반부)이다. 도와 도 아님에 대한 지견청정은 도성제를 통찰하는 것이다. 이 빤냐는 지혜의 눈, 혜안(慧眼)이라고도 불린다.

예를 들어 오온에 대해서 색(물질), 수(느낌), 상(생각), 행(행위), 식(알음알이)의 5가지 무더기는 모두 일어나고 사라지는 무상한 것이라고 알고, 또한 5가지 무더기는 모두 괴로움이라고 알고, 또한 5가지 무더기는 모두 무아라고 알고, 또한 5가지 무더기는 모두 공하다고 아는 것이 빤냐의 지혜이다.

즉, 정신·물질은 형성된 것이고, 일어나고 사라진다는 뜻으로 무상한 것이고, 무상하기 때문에 마음을 압박한다는 뜻으로 괴로움이며, 괴로움이기 때문에 지배력을 행사할 수 없다는 뜻으로 무아이고, 단단한 것이 없고 변하지 않는 것이 없으며 영원한 것이 없다는 뜻으로 공(空)하다고 본다. 이렇게 보기 때문에 영원하다는 인식, 즐거움이라는 인식, 자아라는 인식, 실체가 있다는 인식 등의 그릇되고 뒤바뀐 인식이 버려진다.

무상의 관찰은 자만을 끊고, 고의 관찰은 갈애(탐욕)와 집착을 끊고, 무아의 관찰은 사견(유신견)을 끊고, 연기의 관찰은 삼세의 의심을 끊는다.

이렇게 볼 때 위빳사나의 10가지의 경계가 나타난다. 이것은 위빳사나로 인해 생긴 것이다.

(a) 광명 (사마타와 위빳사나를 둘 다 수행한 자에게 나타나는 광명, 먼 곳과 감춰진 곳이 환하게 보이는 광명)
(b) 지혜 (예리하고 활기차고 빛나고 맑은 지혜)
(c) 희열 (넘치는 희열, 격앙된 희열, 충만한 희열)
(d) 경안 (輕安, 몸과 마음의 편안함, 가벼움, 유연함, 능숙함, 안정됨)
(e) 행복 (온몸에 넘쳐흐르는 수승한 즐거움)
(f) 결심 (깊은 믿음, 확신)
(g) 분발 (과도하지도 않고 약하지도 않은 적절하고 지칠 줄 모르는 정진)
(h) 확립 (마음챙김의 확립, 안정되고 튼튼하고 저절로 일어나는 사띠)
(i) 평온 (경계에 탐욕과 성냄이 일어나지 않는 동요 없는 평정심)
(j) 욕구 (위빳사나에 대한 욕구, 미세하면서도 고요한 형태의 집착이 있는 욕구)

이와 같은 10가지 경계가 나타날 때 숙련되지 않은 수행자는 스스로 '나는 도에 이르렀고, 과에 이르렀다'는 착각이 일어난다. 이것은 사견 또는 자만 또는 갈애로 인하여 경계를 움켜쥐는 것(집착)이다. 숙련된 수행자는 이 10가지 경계에 대하여 이렇게 생각한다. '이 경계는 무상하고 형성된 것이고, 조건에 따라 일어났고, 사라지기 마련인 법이다. 이 경계들은 생겨나고 없어진다는 뜻에서 무상한 것이고 압박받는다는 뜻에서 괴로움이고, 지배력을 행사할 수 없다는 뜻에서 무아이다.' 라고. 이렇게 본 그는 경계에 대하여 흔들리지 않고 동요하지 않는다. 이와 같이 도와 도 아님을 구분하여 지견이 청정해진다.

③ 버림의 통찰지 - 빠하나 빤냐

 버림의 통찰지는 영원하다는 인식, 즐거움이라는 인식, 자아라는 인식, 단단한 실체가 있다는 인식 등의 전도된 인식을 버림으로서 생기는 특징을 대상으로 생기는 통찰지이다. 정신·물질에 대하여 무관심해지고 이것들을 버리고 물러서서 마음을 돌려 고요한 평온의 경지, 열반을 향한다. 공(空)해탈, 무상(無相)해탈, 무원(無願)해탈, 이 열반의 세 가지 특징들을 마음에 잡도리하여 열반으로 들어간다.

 버림의 통찰지는 여섯 번째 도닦음에 대한 지견청정과 일곱 번째 지견청정이다.

 도닦음에 대한 지견청정(4. 생멸의 지혜 후반부 ~ 12. 수순의 지혜)은 정신·물질의 5. 무너짐과 6. 위험과 7. 공포를 보고 8. 정신·물질을 염오하고 9. 해탈하기를 염원하고 10. 깊이 숙고하여 11. 상카라에 대한 평온을 얻고 12. 앞의 위빳사나의 지혜에 수순하고 뒤의 삼십칠보리분법에 수순한다.

 지견청정(13. 종성의 지혜 ~ 16. 반조의 지혜)은 13. 범부의 종성에서 성자의 종성으로 바뀌어 14. 네 가지의 거룩한 도를 얻고 15. 네 가지의 거룩한 과를 얻고 16. 얻은 법과 얻지 못한 법을 반조한다. 이로써 버림의 통찰지가 완성되어 구경의 지혜를 성취한다.

8. 장님과 코끼리 비유 경

가. 십사무기(十四無記)

쿳다까 니까야 우다나(Udana 자설경 自說經)의 제6품인 『선천적으로 눈먼 사람 품』의 4번째 경 Ud6:4 『여러 외도 경1 ~ 3』 (p354)에 장님과 코끼리의 비유에 대한 법문이 나온다.

부처님께서 사왓티의 제따와나 원림에 머무셨을 때 사왓티에 외도의 사문.바라문들이 머물고 있었는데 이들은 서로 다른 견해를 가지고 있었다.

여러 외도경 1
① 어떤 사문 · 바라문들은 '세상은 영원하다. 이것만이 진리이고 다른 것은 진리가 아니다.'
② 어떤 사문 · 바라문들은 '세상은 영원하지 않다. 이것만이 진리이고~'
③ 어떤 사문 · 바라문들은 '세상은 유한하다. 이것만이 진리이고~'
④ 어떤 사문 · 바라문들은 '세상은 무한하다. 이것만이 진리이고~'
⑤ 어떤 사문 · 바라문들은 '생명이 바로 몸이다. 이것만이 진리이고~'
⑥ 어떤 사문 · 바라문들은 '생명과 몸은 다르다. 이것만이 진리이고~'
⑦ 어떤 사문 · 바라문들은 '여래는 사후에도 존재한다. 이것만이 진리이고~'
⑧ 어떤 사문 · 바라문들은 '여래는 사후에 존재하지 않는다. 이것만이 진리이고~'

⑨ 어떤 사문·바라문들은 '여래는 사후에 존재하기도 하고 존재하지 않기도 한다. ~'
⑩ 어떤 사문·바라문들은 '여래는 사후에 존재하는 것도 아니고 존재하지 않는 것도 아니다.~'

여러 외도경 2, 3
① 어떤 사문·바라문들은 '자아와 세상은 영원하다. 이것만이 진리이고~'
② 어떤 사문·바라문들은 '자아와 세상은 영원하지 않다. 이것만이 진리이고~'
③ 어떤 사문·바라문들은 '자아와 세상은 영원하기도 하고 영원하지 않기도 하다~'
④ 어떤 사문·바라문들은 '자아와 세상은 영원한 것도 아니고 영원하지 않은 것도 아니다~'
⑤ 어떤 사문·바라문들은 '자아와 세상은 스스로가 만든 것이다.~'
⑥ 어떤 사문·바라문들은 '자아와 세상은 남이 만든 것이다.~'
⑦ 어떤 사문·바라문들은 '자아와 세상은 스스로가 만든 것이기도 하고 남이 만든 것이기도 하다~'
⑧ 어떤 사문·바라문들은 '자아와 세상은 스스로가 만든 것도 남이 만든 것도 아닌 우연히 생긴 것이다~'
⑨ 어떤 사문·바라문들은 '자아와 세상처럼 즐거움과 괴로움은 영원하다~'
⑩ 어떤 사문·바라문들은 '자아와 세상처럼 즐거움과 괴로움은 영원하지 않다~'
⑪ 어떤 사문·바라문들은 '자아와 세상처럼 즐거움과 괴로움은 영

원하기도 하고 영원하지 않기도 하다~'
⑫ 어떤 사문·바라문들은 '자아와 세상처럼 즐거움과 괴로움은 영원한 것도 아니고 영원하지 않은 것도 아니다~'
⑬ 어떤 사문·바라문들은 '자아와 세상처럼 즐거움과 괴로움은 스스로가 만든 것이다~'
⑭ 어떤 사문·바라문들은 '자아와 세상처럼 즐거움과 괴로움은 남이 만든 것이다~'
⑮ 어떤 사문·바라문들은 '자아와 세상처럼 즐거움과 괴로움은 스스로가 만든 것이기도 하고 남이 만든 것이기도 하다~'
⑯ 어떤 사문·바라문들은 '자아와 세상처럼 즐거움과 괴로움은 스스로가 만든 것도 남이 만든 것도 아닌 우연히 생긴 것이다~'

그들은 저마다 '이런 것이 법이다. 저런 것은 법이 아니다.'라고 주장하며 서로 논쟁하고 다투고 상대를 비방하였다.

이에 부처님은 장님과 코끼리의 비유를 말씀하셨다.
옛날에 사왓티에 어떤 왕이 있었는데 그 왕은 사람을 불러서 말했다. "선천적으로 눈먼 사람들을 모이게 하라."

눈먼 사람들이 모이자 왕은 신하에게 명했다. "눈먼 사람들에게 코끼리를 보여주어라."
어떤 장님에게는 코끼리의 머리를 만지게 하고, 어떤 장님에게는 코끼리의 귀를 만지게 하고, 어떤 장님에게는 코끼리의 상아를 … 코를 … 몸을 … 다리를 … 넓적다리를 … 꼬리를 … 꼬리 끝의 털뭉치를 만지게 하여 "이것이 코끼리라네."라고 말해주었다.

왕은 장님들에게 가서 말했다. "말해 보라. 코끼리는 무엇과 같은가?"

머리를 만져본 장님은 "코끼리는 항아리와 같습니다."라고 대답했다. 귀를 만져본 장님은 "코끼리는 곡식을 까부르는 키와 같습니다."라고 대답했다. 상아를 만져본 장님은 "코끼리는 쟁기 보습의 날과 같습니다."라고 대답했다. 코를 만져본 장님은 "코끼리는 쟁기의 기둥과 같습니다."라고 대답했다. 몸을 만져본 장님은 "코끼리는 창고와 같습니다."라고 대답했다. 다리를 만져본 장님은 "코끼리는 말뚝과 같습니다."라고 대답했다. 넓적다리를 만져본 장님은 "코끼리는 절구와 같습니다."라고 대답했다. 꼬리를 만져본 장님은 "코끼리는 절구에 곡식을 찧는 공이와 같습니다."라고 대답했다. 꼬리 끝의 털뭉치를 만져본 장님은 "코끼리는 빗자루와 같습니다."라고 대답했다.

장님들은 서로 다투기 시작했다. "아니다, 이런 것이 코끼리다. 그런 것은 코끼리가 아니다." 그들은 서로 논쟁하다가 나중에는 주먹으로 치기까지 했다. 이것을 본 왕은 웃었다.

"비구들이여, 그와 같이 외도 유행승들은 눈먼 사람들이고 눈이 없는 사람들이다. 그들은 유익한 것을 모른다. 그들은 해로운 것을 모른다. 그들은 법을 모른다. 그들은 법이 아닌 것을 모른다. 그렇기 때문에 그들은 '이런 것이 법이고 저런 것은 법이 아니다.'라고 말하면서 논쟁을 하고 말다툼을 하고 혀를 무기 삼아 서로를 찌른다."

"어떤 사문들이나 바라문들은

참으로 이런 것들에 집착한다.
한 부분만을 보는 사람들은
그것을 두고 논쟁하고 다툰다."

위 견해들은 모두가 불변의 자아가 있다는 유신견(有身見)에 기반한 견해이고 또한 세상이라는 개념에 집착하여 그 세상이 실체가 있다고 보는 그릇된 견해이다. 부처님은 외도들이 이런 문제에 대하여 물었을 때 대답하지 않으셨다. 이것을 보통 십사무기(十四無記)라고 부른다. 무기(無記)라는 것은 답변하지 않고 침묵한다는 말이다. 이런 문제들은 유신견을 전제로 한 희론(戲論 쓸데없는 말장난)이라서 어떤 답변을 하더라도 질문자의 사견을 더 증가시킬 뿐 아무런 이익이 없기 때문에 답변하지 않으신 것이다.

십사무기는 잡아함 408. 사유경(思惟經), 잡아함 962. 견경(見經)에서 아래와 같이 14가지로 설한 것이다.

○ 자아와 세상이 시간적으로 1) 영원함 2) 영원하지 않음 3) 영원하기도 하고 영원하지 않기도 함 4) 영원한 것도 아니고 영원하지 않은 것도 아님
○ 자아와 세상이 공간적으로 5) 유한함 6) 무한함 7) 유한하기도 하고 무한하기도 함 8) 유한한 것도 아니고 무한한 것도 아님
○ 자아와 육체가 9) 자아(命, 정신)와 육체(身)가 동일함 10) 자아와 육체가 다름
○ 여래가 사후에 11) 존재함 12) 존재하지 않음 13) 존재하기도 하고 존재하지 않기도 함 14) 존재하는 것도 아니고 존재하지 않는

것도 아님

나. 독화살의 비유(전유경)

세존께서는 맛지마 니까야 M63 말룽꺄 짧은 경(중아함경 221 전유경)에서 독화살의 비유를 말씀하셨다. "독이 묻은 화살을 맞은 사람이 있을 때에 그 사람을 치료하기 위해 의사를 데려왔는데 그 사람은 이렇게 말한다. '나에게 화살을 쏜 사람이 누구인지 알기 전에는 이 화살을 뽑지 않을 것이다.'
또는 이렇게 말한다. '내게 화살을 쏜 사람의 성이 무엇인지, 이름이 무엇인지 알기 전에는 이 화살을 뽑지 않을 것이다.'
또는 이렇게 말한다. '내게 화살을 쏜 그 활이 어떤 활인지, 활줄은 어떤 것으로 만들어졌는지, 화살대는 무엇으로 만들어졌는지 알기 전에는 이 화살을 뽑지 않을 것이다.'
...
이와 같이 '세상은 영원하다'는 견해를 고집하는 한 그는 청정범행을 닦을 수 없다. 그는 늙음, 죽음, 근심, 탄식, 육체적 고통, 정신적 고통, 절망 등 괴로움을 벗어나지 못한다. ~ '여래는 사후에 존재하는 것도 아니고 존재하지 않는 것도 아니다'라는 견해가 있으면 그는 청정범행을 닦을 수 없다. 그는 괴로움을 벗어나지 못한다.
나는 왜 이것을 설명하지 않았는가? 이것은 참으로 이익을 주지 못하고, 청정범행과 관련이 없고, 탐욕의 소멸로 인도하지 못하고, 고요함으로 인도하지 못하고, 최상의 지혜로 인도하지 못하고, 깨달음으로 열반으로 인도하지 못하기 때문이다."

다. 장님과 코끼리 비유의 교훈

사람들은 하나의 법문을 들으면 곧 그것에 달라붙는다. 선(善)을 행하고 복을 지으라고 가르치면 선업 공덕에 달라붙어 집착한다. 또는 성인들과 호법선신들의 도움을 설하면 거기에 달라붙어 집착하여 오직 기도하고 가피만 받으려고 한다. 이들은 심오한 법을 배우려고 하지 않고 지혜를 개발하지 않는다.

무아, 공의 법문을 들으면 무아, 공이라는 법에 달라붙고 집착한다. 그는 선(善)을 닦지 않고 수행도 하려고 하지 않는다. 인과법, 업과 과보를 무시한다. 일체를 무아.공이라고 보고 집착하기 때문이다.

보시를 중시하는 사람은 오직 보시하고 공덕 짓는 것만 행하고 수행은 게을리한다. 계율을 중시하는 사람은 오직 계율을 지키는 데에만 열중하고 다른 수행은 소홀히 한다. 사마타 수행과 선정을 중시하는 사람은 오직 명상만 치우쳐 닦으며 일상생활의 위빳사나 수행과 번뇌를 제거하는 수행을 소홀히 한다. 위빳사나를 중시하는 사람은 오직 위빳사나만 닦으며 계율과 선정 수행과 복덕 짓는 것을 소홀히 한다.

이런 견해들은 모두 장님이 코끼리의 한 부분만을 만져보고 코끼리라고 섣불리 판단하는 것과 같다. 법은 두루두루 배워야 한다. 어느 한 가지 법문만을 집착해서는 안된다.

수행은 두루두루 원만하게 다 닦아야 한다. 한쪽만 치우쳐서 닦으면 안된다. 만약 깨달음을 얻고 해탈하는데 있어서 오직 하나의 수행법만 필요하다면 왜 부처님께서 팔정도와 삼십칠보리분법을 말씀하셨겠는가? 만약 무상, 고, 무아의 위빳사나 통찰지만 필요하다면 오직 바른 견해(정견)만 닦으면 그만인데 왜 부처님께서는 번거롭게 8가지를 닦으라고 말씀하셨겠는가? 8가지의 수행이 모두 다 필요하기 때문에 팔정도를 닦으라고 말씀하신 것이다. 오직 팔정도만 닦아서 완전한 해탈에 이른다면 왜 번거롭게 37가지나 되는 삼십칠보리분법을 닦으라고 말씀하셨겠는가? 37보리분법이 다 필요하기 때문에 설하신 것이다.

다면적으로 관찰하고 입체적으로 사고해야 한다. 코끼리의 앞모습, 옆모습, 뒷모습, 윗모습, 아랫모습 등을 보는 것처럼 입체적으로 사고해야 한다. 법의 일부분만 보고 곧바로 그것을 안다고 단정해서는 안 되며, 충분한 시간을 가지고 여러 가지 방법으로 관찰하고 시험해보아야 비로소 제대로 알 수 있다. 성급하고 가벼운 사람은 쉽게 단정을 내린다. 사물을 잘못 판단하는 습관을 가지면 중도의 바른 길에서 멀어지고 결국 삿된 견해에 빠진다.

법을 배울 때는 겉으로 드러난 단순한 말만 알아서는 안 되며 드러나지 않은 감춰진 깊은 의미까지 알아야 제대로 파악할 수 있다. 드러나지 않은 이면을 파악하기 위해서는 어떻게 해야 하는가? 선지식과 먼저 배운 구참 선배의 도움을 받아야 한다. 경의 주석서와 논서를 보거나, 깨달음을 얻은 선지식이나 삼장에 박식한 학자나 수행을 오래 한 구참수행자의 조언을 들어야 한다. 또한 한 사람의 의견만 듣지 말고 여러 사람의 의견을 듣는 것이 좋다. 또한 아무리 유명한 스님이나 학자의 말씀이라도 무조건 받아들이지 말고 반드시 경의 부처님 말씀과 비교하여 일치하는지 검증하고 나서 일치하면 그때 받아들여야 한다.

제3편 수행,실천(行)

제3편 수행, 실천(行)

1. 더없이 행복한 하룻밤의 게송

맞지마 니까야 M133 『마하깟짜나 존자와 지복한 하룻밤 경』(제4권 p389)은 중아함경 165 온천림천경(溫泉林天經)과 같은 경이며 여기서 중요한 게송이 나온다. 이 게송은 '지복한 하룻밤의 게송'이라고 불리며 온천림천경에서는 발지라제(跋地羅帝, 바데카랏타) 게송으로 번역했다.

이 경에서 사밋디 존자가 새벽에 온천에서 목욕하고 나서 몸을 말리며 서 있었을 때 어떤 천신이 온천을 환하게 밝히면서 사밋디 존자에게 다가와 말했다. "비구여, 그대는 지복한 하룻밤의 게송을 기억하십니까?" 사밋디 존자는 모른다고 답했다. 그러자 그 천신은 "그 게송을 배워 외우고 기억하면 큰 이익을 얻을 것이고 그 게송은 청정범행의 기본입니다."라고 말했다. 사밋디 존자는 세존께 가서 이 사실을 말씀드리니 세존께서는 그 게송을 설하셨다. (온천림천경에서는 세존께서 그 천신의 이름은 정전(正殿)이며 33천 군대의 장수라고 말씀하셨다.)

지복한 하룻밤의 게송

과거를 돌아보지 말고 미래를 바라지 말라.
과거는 떠나갔고 미래는 오지 않았다.

현재 일어나는 법들은 바로 거기서 통찰하라.
정복당할 수 없고 흔들림이 없는
그것을 지혜 있는 자 증장시켜라.

오늘 정진하라. 내일 죽을지 누가 알겠는가?
죽음의 무리와 더불어 타협하지 말라.

이렇게 노력하여 밤낮으로 깨어있어 머물면
「지복한 하룻밤을 보내는 고요한 성자」라고 말하리.

　세존께서는 게송을 읊으신 후 자세한 설명을 하지 않고 거처로 돌아가셨다. 이 게송을 들은 비구들은 누가 이 게송의 뜻을 자세하게 설명할 수 있을까 생각하다가 마하깟짜나 존자(논의제일)가 그 뜻을 상세하게 설명해줄 수 있을 것이라고 보고 마하깟짜나 존자를 찾아갔다. 그러자 마하깟짜나 존자는 게송의 뜻을 해설했다. 그 해설을 들은 비구들은 다시 세존을 찾아가서 이 사실을 말씀드렸다. 그러자 세존께서는 "마하깟짜나 존자는 현자이고 큰 통찰지를 가졌다."고 칭찬하셨다. 또한 "내가 설명하더라도 그와 같이 설명할 것이다."라고 말씀하셨다.

숫따니빠따의 아래 게송은 위 게송과 같은 뜻이다.

숫따니빠따 제5장 피안가는 길의 장 12 자뚜깐니의 질문

"과거의 것은 무엇이건 그것을 말려 버려라. 미래는 아무것도 존재하지 않게 하라. 또한 현재의 것들에 대해서도 아무것도 집착하지 않는다면, 그대는 완전한 고요함, 평온으로 갈 것이다."

이하 마하깟짜나 존자의 해설을 좀 더 알기 쉽게 풀어서 설명한다.

과거를 돌아보지 말라. 과거는 떠나갔다.
[과거의 것은 무엇이건 그것을 말려 버려라.]

 과거를 돌아본다는 것은 마음 챙기지 않는 자가, 과거의 눈과 형색, 귀와 소리, 코와 냄새, 혀와 맛, 몸과 감촉, 뜻과 법에 대해 알음알이(識)가 탐욕에 물들어 마음을 기울이고 과거를 더듬고 찾아 기억하여 즐기는 것이다. '과거에 나의 눈은 이러했고, 나의 형색은 이러했다. 과거에 나의 귀는 이러했고 나의 소리는 이러했다. … 과거에 나의 몸은 이러했고 나의 감촉은 이러했다. 과거에 나의 뜻(마노)은 이러했고 나의 법은 이러했다.' 라고 돌아보고 즐긴다.

 바르게 마음 챙기는 수행자는 과거의 탐욕에 물든 알음알이에 집착하지 않고 즐기지 않기 때문에 과거에 마음을 기울이지 않고 과거를 돌아보지 않는다. 과거를 떠올리고 되새기는 것은 대부분 무익하고 해롭다. 과거를 떠올리면서 좋았던 기억, 기쁘고 즐거웠던 기억을

떠올린다면 마음에 탐욕이나 자만의 번뇌가 일어난다. 과거를 기억하면서 상처받은 기억, 부끄러운 기억, 슬프고 고통스러웠던 기억을 떠올린다면 성냄과 원한의 번뇌가 일어난다. 평범했던 기억을 떠올린다면 어리석음과 사견의 번뇌가 일어난다. 이와 같이 과거를 기억하는 것은 해로울 뿐이라는 것을 각성해야 한다.

미래를 바라지 말라. 미래는 오지 않았다.
[미래는 아무것도 존재하지 않게 하라.]

미래를 바란다는 것은 마음 챙기지 않는 자가, 미래의 눈과 형색, 귀와 소리, 코와 냄새, 혀와 맛, 몸과 감촉, 뜻과 법에 대해 알음알이(識)가 탐욕에 물들어 마음을 기울이고 미래를 더듬고 찾아 얻지 못한 것은 얻고자 하고 즐긴다. '미래에 나의 눈은 이러할 것이다. 나의 형색은 이러할 것이다. 미래에 나의 귀는 이러할 것이고 나의 소리는 이러할 것이다. … 미래에 나의 몸은 이러할 것이고 나의 감촉은 이러할 것이다. 미래에 나의 뜻(마노)은 이러할 것이고 나의 법은 이러할 것이다.' 라고 바라고 즐긴다.

바르게 마음 챙기는 수행자는 미래의 얻지 못한 것을 얻고자 하지 않고 즐기지 않기 때문에 미래에 마음을 기울이지 않고 미래를 바라지 않는다. 미래의 장밋빛 꿈을 꾸는 것은 탐욕이나 자만의 번뇌가 일어나는 것이다. 미래에 얻고자 하는 것을 얻지 못할 것을 근심하고 염려하고 두려워하는 것은 불만족과 함께 한 성냄의 번뇌가 일어나는 것이다. 이와 같이 미래를 상상하는 것은 해로울 뿐이라는 것을 각성해야 한다.

현재 일어나는 법들은 바로 거기서 통찰하라.

 마음 챙기지 않는 자는 현재 일어나는 12가지 법들 즉, 눈과 형색, 귀와 소리, 코와 냄새, 혀와 맛, 몸과 감촉, 뜻과 법에 대해 통찰하지 못하여 항상하다고 보고, 즐겁다고 보고, '나다', '내 것이다' 라고 보고, 실체가 있다고 네 가지의 뒤바뀐 전도망상으로 본다. 이와 같이 현재의 법들을 통찰하지 못하기 때문에 알음알이(識)가 현재 일어나는 대상의 모양을 취하여(取相), 분별하고, 욕망에 묶이고, 대상에 달라붙어 집착하고, 즐긴다. 그는 현재 일어나는 법들에 의해 정복당한다.

 바르게 마음 챙기는 수행자는 현재 일어나는 12가지 법들 즉, 눈과 형색, 귀와 소리, 코와 냄새, 혀와 맛, 몸과 감촉, 뜻과 법에 대하여 통찰하여 '이것들은 마치 번갯불이 번쩍 하고 나타났다가 곧바로 다음 순간에 사라지는 것처럼 한 순간에 일어나고 사라져서 무상하다. 이것들은 무상하기 때문에 괴로움이다. 이것들은 괴롭기 때문에 지배력을 행사할 수 없어 무아이다. 이것들은 단단한 실체가 없고 고정된 모양이 없어 공(空)하다.' 라고 바르게 사유하고 통찰한다.

정복당할 수 없고 흔들림이 없는
그것을 지혜 있는 자 증장시켜라.
[현재의 것들에 대해서도 아무것도 집착하지 않는다.]

 이와 같이 현재의 법들을 통찰하기 때문에 알음알이(識)가 현재 일어나는 대상의 모양을 취하지 않고, 분별하지 않고, 욕망에 묶이지 않고, 대상에 달라붙어 집착하지 않으며, 즐기지 않는다. 그는 현재 일어나는 법들에 의해 정복당하지 않고 흔들리지 않는 평정심을 증장시킨다.

오늘 정진하라. 내일 죽을지 누가 알겠는가?
죽음의 무리와 더불어 타협하지 말라.

 현명한 수행자는 항상 죽음에 대하여 마음 챙기고 분발하고 정진한다. '죽음은 한 들숨 날숨 사이에 있다.' 라고 세존께서 말씀하셨기 때문이다. 죽음의 무리란 '방일함'과 '게으름'이고, '네 가지 마라(四魔)'이고, '형성된 법들(상카라, 行)'이고, '조건 지어진 법들(緣生法)'이고, '갈애'이고, '네 가지 재생의 근거'이다.

 여기서 네 가지 마라(四魔)는 번뇌마(煩惱魔), 오온마(五蘊魔), 사마(死魔), 천마(天魔)이다. 여기에 업의 형성력(業力)을 추가하여 다섯 가지 마라(五魔)로도 말한다. 네 가지 재생의 근거란 ① 감각적 욕망(음욕) ② 오온(무더기) ③ 번뇌(오염원) ④ 업의 형성력(業力)이다. 이것은 사실상 네 가지 마라와 같은 것이다.

 타협하지 않는다는 말은 방일함, 게으름, 현재 일어나는 법들, 형성된 법들, 네 가지 마라, 네 가지 재생의 근거 등에 굴복하지 않고 그것들에 의해 정복당하지 않는다는 말이다. 현재 일어나는 12가지 법들에 달라붙지 않고 집착하지 않고 즐기지 않을 때 그것들에 의해 정복당하지 않는다. 이것이 곧 타협하지 않는 것이다.

이렇게 노력하여 밤낮으로 깨어있어 머물면
「지복한 하룻밤을 보내는 고요한 성자」라고 말하리.

 밤낮으로 깨어있어 머문다는 것은 일심(一心)이 되는 것, 빈틈없이 평등하고 여여한 마음 = 무간등(無間等)이 되는 것, 항상 지혜가 활발발하게 살아있는 것을 말한다. 단 한순간도 무명에 빠지지 않고, 사견에 떨어지지 않고, 의심을 일으키지 않는 것이다. 이렇게 될 때까지 정진해야 한다.

2. 쉬는 것이 수행이다.

가. 갈애를 쉬어라.

좋아하는 것도 집착이고,
싫어하는 것도 집착이라,
좋은 것도 버리고 싫은 것도 버리면,
그대는 비로소 자유를 얻으리라.

악은 끊고 버리되,
끊는다는 생각조차 없이 무심히 끊으라.
선은 받들어 행하되,
행한다는 생각조차 없이 무심히 행하라.

쾌락을 쫓아 끊임없이 헐떡이고,
요동치는 마음을 가라앉혀라.
밖의 경계를 향해 달려나가는 마음을 쉬고,
내면에 고요히 머무는 것이 진정한 행복이로다.

나. 생각을 쉬어라.

수행자는 과거를 돌아보지 않아,
기뻐하지도 않고 후회도 하지 않는다.
또한 미래를 바라지 않아,
즐거워하지도 않고 근심하지도 않는다.

그는 현재 일어나고 사라지는 법들도,
좋다 나쁘다 옳다 그르다 분별하지 않는다.
분별이 있으면 시비와 다툼이 일어나고,
분별을 떠나면 근심도 두려움도 더 이상 없다.

다. 의도를 쉬어라.

일체 일을 포기하고 단념하면,
고통은 더 이상 없으리라.
미래를 염려하지도 않고,
미리 계획을 세우지도 않는다.

오면 오는 대로,
가면 가는 대로,
물 흐르듯 인연 따라,
순리대로 무심히 행하리라.

(해설)

 흔히 불교에서 "마음을 비우라"고 말을 한다. 마음을 비운다는 것은 순수한 마음은 본래 텅 빈 것인데 이 마음이 번뇌와 망상으로 가득 차 있으니 이 번뇌와 망상을 비워서 순수한 마음을 회복하라는 뜻이다. 어떻게 번뇌와 망상을 버려서 텅 빈 본래 마음으로 돌아갈 것인가? 여기에 3가지 중요한 방법이 있으니 갈애, 생각, 의도를 쉬는 것이다.

(1) 갈애를 쉬어라
 끊임없이 요동치고 헐떡이는 마음이 곧 갈애(渴愛)다. 마치 사막에서 목마른 사람이 물을 찾아 헤매듯이 마음은 끊임없이 쾌락을 찾아 헤맨다. 마음은 내면에 편안히 안주하지 못하고 항상 밖의 대상을 향하여 달려나가서 즐길 거리를 찾아 돌아다닌다. 마치 경주마가 밖으로 달려나가는 것과 같다. 즐길 거리가 없으면 따분해하고 실망하고 괴로워한다. "낙이 없다"고 푸념하고 심지어는 절망하여 목숨을 버리려고까지 한다. 이 갈애를 쉬는 공부를 해야 한다.

 밖의 대상이란 형색, 소리, 냄새, 맛, 감촉이다. 이 5가지 물질적 대상에 대한 욕망을 "오욕(五欲)"이라고 부르며 "감각적 욕망"이라고도 부른다. 이것은 달리 재물욕, 성욕, 명예욕, 식욕, 수면욕의 오욕으로도 말한다.

 평소에 "탐욕 없음"을 생각하고 추구하는 것이 팔정도의 정사유이다. 이것은 오욕이 괴로움을 불러온다는 집성제를 통찰하는 정견(正見)을 뿌리로 한다. 범부들은 괴로움의 원인인 오욕의 대상을 즐거움이고 행복이라는 착각 속에 빠져있기 때문에 괴로움을 벗어나지 못한다.

 평소에 밖의 5가지 물질(형색, 소리, 냄새, 맛, 감촉)을 추구하는 오욕은 반드시 괴로움을 불러온다는 도리를 자주 생각하고 꿰뚫어 보아야 한다. 또한 "탐욕 없음"이 훌륭한 공덕이고 괴로움을 벗어나는 길이라는 것을 많이 생각해서 갈애를 쉬고 마음이 밖의 대상에 달려 나가지 않고 내면에 편안히 안주하도록 실천한다.

 재가불자들은 출가스님들처럼 철저한 이욕행(離欲行)을 닦기는 어렵다. 그러나 적어도 오욕이 무상한 것이라는 것과, 오욕은 반드시 괴로움을 불러온다는 집성제의 도리는 잘 알아야 한다. 성실하게 일을 하여 정당하게 모은 재물을 기쁜 마음으로 남에게 보시한다.

 돈을 벌더라도 오욕의 무상함을 알고 오욕이 괴로움을 불러온다는 것을 알고 돈을 버는 사람에게 있어서 돈은 그저 스스로 공덕을 쌓고 남을 돕기 위한 수단일 뿐이다. 돈은 목적이 아니다. 이런 사람은 돈을 벌어도 그 돈에 집착하지 않는다. 그러나 돈과 명예가 행복이라고 착각하고 돈을 버는 사람은 그것을 목적으로 삼게 되고, 그러면 거기에 집착하고 얽매여 자유가 없으며 돈의 노예가 된다. 오직 돈을 버는 데에만 집착하여 가족을 제대로 돌보지도 않고 자신의 건강조차 챙기지 못한다. 남에게 베풀 줄 모르고 자기의 감각적 쾌락만을 추구하여 날이 갈수록 죄업이 늘어난다. 돈과 명예는 자신과 남들의 행복을 돕기 위해 필요한 수단으로 여겨서 너무 집착하지 말아야 한다.

(2) 생각을 쉬어라
 마음은 한시도 안정하지 못하고 이리저리 날뛰고 있다. 마치 원숭이가 이 나뭇가지에서 저 나뭇가지로 옮겨 다니며 한시도 한 자리에 있지 못하는 것과 같다. 그래서 경에서 마음을 원숭이에 비유했다. 마음은 쉴 틈 없이 과거를 기억하고 미래를 상상하고 현재를 분별한다.

분별(分別)이란 대상을 나누어 생각하는 것이다. 두 가지의 분별이 있다. 첫째는 개념을 분별하는 것이고 둘째는 법을 분별하는 것이다. 개념을 분별하는 것은 망상이다. 법을 분별하는 것은 지혜이다.

① 분별하는 지혜
법은 분별해야 한다. 선법과 악법, 행하여야 할 법과 행하지 말아야 할 법을 분별하여 분명하게 판단하고 결정해야 한다(택법각지). 그래야만 악을 끊고 선을 닦는 정진을 할 수 있다(정진각지).

두 가지 사유 경, 맛지마 니까야 M19 (제1권p497)

이 경에서 세존께서는 팔정도의 부정사유와 정사유의 2가지 사유를 말씀하셨다.
부정사유는 3가지가 있다. 그것은 ① 탐욕의 생각과 의도 ② 성냄의 생각과 의도 ③ 해코지의 생각과 의도이다. 이 부정사유는 나 자신도 고통에 빠뜨리고, 남도 고통에 빠뜨리고, 나와 남 모두 고통에 빠뜨린다. 그러므로 부정사유는 끊어야 한다.

정사유도 3가지가 있다. 그것은 ① 탐욕 없음의 생각과 의도 ② 성냄 없음(자애)의 생각과 의도 ③ 해코지 없음(연민)의 생각과 의도이다. 이 정사유는 나 자신도 고통에 빠뜨리지 않고, 남도 고통에 빠뜨리지 않고, 나와 남 모두 고통에 빠뜨리지 않는다. 그러므로 정사유는 닦아야 한다.

② 분별하지 않는 지혜

 개념은 분별하지 말아야 한다. 분별하면 둘로 나누어진다. 그러면 이 양극단(양변) 중의 한쪽은 집착하고 다른 한쪽은 싫어하여 다툼이 벌어진다. 분별하지 않는 지혜로서 한쪽의 극단에 대한 고정관념과 집착을 버려서 다툼과 갈등을 해결해야 한다.

 예를 들어 사람이라는 대상(개념)을 남자와 여자로 나누어 생각할 때 이것은 분별이다. 나누어 생각하기 때문에 '남자는 남자다워야 한다.', '여자는 여자다워야 한다.' 이런 고정관념으로 인하여 남녀 사이에 서로 다투고 갈등한다. 그러나 남녀를 분별하지 않고 평등하게 오직 '사람'이라만고 생각할 때 이런 분별하지 않는 지혜로서 다툼과 갈등은 사라지고 만다.

 이와 같이 나와 남의 분별, 내편과 남의 편의 분별, 부유함과 가난함의 분별, 지위가 높고 낮음의 분별도 마찬가지이다. 지위가 높은 사람은 지위가 낮은 사람을 깔보고, 지위가 낮은 사람은 지위가 높은 사람을 질투한다. 그래서 갈등과 다툼이 벌어진다. 그러나 지위를 분별하지 않고 평등하게 오직 '사람'이라고만 생각할 때 이런 분별하지 않는 지혜로서 다툼과 갈등은 사라지고 만다.

 뱀의 비유 경(뗏목 비유 경) 맛지마 니까야 M22 (제1권p545)

 이 경에서 부처님은 "법에도 집착하지 말아야 한다. 하물며 법이 아닌 것들이야 말해서 무엇하겠는가?"라고 말씀하셨다. 집착과 분별은 동전의 양면과 같아서 한 몸이다. 따라서 집착을 버리고자 하면 분별하지 않아야 한다.

(3) 의도를 쉬어라
 사람은 항상 분주하게 일을 한다. 조금도 편안히 쉬지 못하고 일의 노예가 된다. 때로는 일을 멈추고 쉬는 그런 생활을 꿈꾸지만 막상 쉬게 되면 견디지 못한다. 절에 들어가 조용히 지내는 생활을 일주일만 해도 안절부절 어쩔 줄 모른다. 일없이 지내는 생활, 고요한 생활을 견디지 못한다.

 사람은 자신이 하는 일이 의미 있고 가치 있는 일이라고 생각하지만 사실은 갈애로 인하여 일을 하는 것이다. 갈애가 없으면 일도 없다. 자신의 부와 명예를 얻기 위하여 또는 자식들이 부와 명예를 얻도록 돕기 위하여 일을 하기 때문이다. 부와 명예는 무상하기 때문에 결국은 괴로움으로 귀결된다는 것을 모른다. 자신이 괴로움 속에 빠져있으면서도 그 괴로움을 볼 줄 모르고 '나는 행복하다'라고 착각한다.

 의도를 쉬고 일을 쉬어야 한다. 일에 대하여 집착하지 말아야 한다. 일 자체가 목적이 되어서는 안된다. 일은 자기 자신의 미래의 행복과 남의 행복을 돕기 위한 수단이 되어야 한다.

 쉴 때는 모든 의도를 내려놓고, 일 생각도 하지 말고, 사람 생각도 하지 말고, 미래에 대한 근심도 하지 말고, 오직 고요히 내면에 머문다. 그 시간에는 아무 일도 없고, 무엇인가 일을 하려는 의도도 전혀 없고, 오직 고요함에 머물고 고요함을 즐기는 것이다. 아무 일도 없이 고요히 머무는 시간에 스트레스가 가라앉고 활력을 되찾는다.

재가불자들은 일을 하더라도 중간 중간 쉴 줄 알아야 한다. "쉴 줄 모르는 사람은 일할 줄 모르는 사람이다."라는 말이 있다. 돈 벌 욕심에 눈이 어두워 자기 몸이 망가지는 것도 모르고 일을 한다. 일에 파묻혀 자기 가족에게도 소홀하니 처자식을 제대로 돌보지 못하고, 몸은 점점 망가져서 나중에 큰 병이 생기고 나면 벌어놓은 돈을 병원비로 소모해버리게 된다. 또는 사기꾼의 감언이설에 현혹되어 평생 벌어놓은 돈을 한번에 날려버리기도 한다. 늙어서는 처자식에게 소홀했던 과거를 후회하고 남은 돈은 없어서 노년을 힘들고 외롭게 살게 된다.

가족들과 대화하고 소통하며 가족들을 돌보아야 한다. 일을 우선하여 가족을 소홀히 하면 안된다. 하루 중 1시간이라도 홀로 고요히 머무는 시간을 가져야 한다. 낮에는 일을 하고, 저녁에는 가족들을 보살피고 돌보며, 자기 전에는 홀로 고요히 머물고 사색하거나 명상하는 시간을 가져야 한다. 집에 자기 혼자만 쓰는 방이나 공간이 하나 있으면 좋다. 가족과도 떨어져서 혼자서 고요하게 머무는 시간이 필요하기 때문이다. 주말에도 토요일에는 가족들과 함께 지내고 일요일에는 혼자만의 고요한 시간을 갖는 것이 좋다. 아니면 반대로 토요일에 혼자 지내고 일요일에 가족과 함께 지내도 좋다.

모든 행위에 있어서 무심하게 생각 없이 집착 없이 행하라. 인연 따라 행하되 행한다는 의식도 없고 경계의 상(相)을 마음속에 취하지 않아 아무 흔적(기억)도 남지 않게 하라.

하루 종일 보아도 한 물건도 본 적이 없다. (기억이 없다)
모든 형색이 공(空)하기 때문이다.
하루 종일 들어도 한 소리도 들은 적이 없다.
모든 소리가 공(空)하기 때문이다.
하루 종일 말해도 한 마디도 말한 적이 없다.
모든 음성이 공(空)하기 때문이다.
하루 종일 알아도 하나도 안 것이 없다.
모든 법이 공(空)하기 때문이다.
하루 종일 행해도 아무것도 지은 것이 없다.
모든 행위가 공(空)하기 때문이다.

 오직 '지금 이 순간 바로 여기에서'만 수행할 수 있다. 지금 이 순간 마음을 보라. 이 순간 마음이 고요하고 밝게 깨어있고 청정하면 그것이 해탈이고 열반이고 부처다. 해탈과 열반과 부처를 멀리서 찾지 말라. 당신은 열반 가운데서 스스로 꿈을 꾸며 망상으로 고통을 받고 있다.

3. 선근(善根)을 보호하라

가. 여덟 가지 선근(善根)

경에서 말하는 선근은 무엇인가? 삼선근(三善根)이 있다. 탐욕 없음(無貪)이라는 선근, 성냄 없음(無瞋)이라는 선근, 어리석음 없음(無癡)이라는 선근이 그것이다. 또한 오근(五根)이 있다. 믿음의 기능, 정진의 기능, 마음챙김의 기능, 삼매의 기능, 지혜의 기능이 그것이다.

근(根)은 빠알리어로 인드리야(indriya)인데 이 명칭은 원래 인드라신(제석천왕)의 '지배력', '통제력', '능력'을 뜻하는 단어이다. '기능', '감각기능', '감관' 등으로 번역되기도 한다.

(1) 탐욕없음(무탐, 無貪)의 지배력, 기능, 능력이란 무엇인가? 그것은 '속박에서 풀려남'이다. 탐욕은 6가지 대상(육경)을 움켜쥐고 달라붙어 떨어지지 않으려고 하기 때문에 대상에 묶이고 얽매이는 특성을 가지고 있다. 그러므로 탐욕 없음의 능력.기능이란 이러한 속박과 얽힘으로부터 풀려나고 벗어나는 것이다.

(2) 성냄없음(무진, 無瞋)의 지배력, 기능, 능력이란 무엇인가? 그것은 '장애를 벗어남'이다. 6가지 대상(형색, 소리, 냄새, 맛, 감촉, 법)을 혐오하거나 적의를 품거나 악의를 품는 것이 성냄이다. 그로 인하여 대상이 마음에 거슬려 근심하고 두려워하는 것이 곧 장애가 된다. 성냄 없음(자애)의 능력.기능이란 이러한 장애

로부터 벗어남이다.

(3) 어리석음없음(무치, 無癡)의 지배력, 기능, 능력이란 무엇인가? 그것은 '미혹을 떠남'이다. 미혹이란 6가지 대상(형색, 소리, 냄새, 맛, 감촉, 법)을 분명히 알지 못하여 선과 악, 옳고 그름, 이익과 손해 등에 대한 판단을 내리지 못하여 주저하고 망설이거나, 긴가민가 의심하고, 이럴까 저럴까 갈팡질팡 길을 잃고 헤매는 것이다. 어리석음 없음(지혜)의 능력·기능이란 이러한 미혹으로부터 벗어남이다.

(4) 믿음(信)의 지배력.기능.능력이란 무엇인가? 그것은 '청정하게 함'이다. 불법승과 계(戒)에 대한 4가지의 흔들림 없는 확고한 믿음을 『네 가지 무너지지 않는 청정함(四不壞淨)』이라고 부른다. 불신하거나 반신반의하는 것은 마음의 더러움이고 때(垢)이다. 믿음은 이러한 마음의 더러움과 때를 청정하게 하는 능력.기능이 있다.

(5) 정진(精進)의 지배력, 기능, 능력이란 무엇인가? 그것은 '앞으로 나아가고 위로 향상함'이다. 게으름은 마음이 선(善)에서 뒤로 물러나고 밑으로 떨어지는 것이다. 마음이 선(善)을 향해 앞으로 나아가서 결코 뒤로 물러나지 않으며, 위로 향상하여 결코 아래로 떨어지지 않는 것이 정진의 능력.기능이다.

(6) 마음챙김(念)의 지배력, 기능, 능력이란 무엇인가? 그것은 '대상을 놓치지 않음'이다. 마음챙기지 않는다는 것은 기억해야 할

대상을 기억하지 않고, 잊어버리고, 놓쳐버리는 것이다. 마음챙김의 대상을 기억하여 놓치지 않고 잊지 않는 것이 마음챙김의 능력.기능이다.

(7) 삼매(定)의 지배력, 기능, 능력이란 무엇인가? 그것은 '지혜의 개발'이다. 산란하고 들뜬 마음은 지혜를 덮어 나타나지 못하게 한다. 하나된 마음, 고요하고 평온한 마음으로 청정한 지혜가 나타나도록 만드는 것, 이것이 삼매의 능력.기능이다.

(8) 지혜(慧)의 지배력, 기능, 능력이란 무엇인가? 그것은 '바른 결정과 선택'이다. 지혜 없이 주의를 기울이고 의도를 일으키면 그릇된 판단을 하게 되고, 그릇된 판단은 그릇된 결정과 선택을 하게 만들며, 그릇된 선택은 결국 원하지 않은 결과를 초래하고 후회를 가져온다. 지혜롭게 주의를 기울이고 의도를 일으키면 바른 판단을 하고, 바른 판단은 바른 결정과 선택을 하게 만들며, 바른 선택은 원하는 결과를 초래하고, 후회없음과 기쁨을 가져온다.

나. 선근(善根)의 보호

불교를 처음으로 믿고 삼보에 귀의하게 된 불자나 또는 처음으로 발심하여 수행하겠다고 결심한 불자들은 마치 씨앗에서 싹이 튼 것과 같고, 갓 태어난 아이와 같다. 이들은 전생에 믿음의 씨앗이 심어진 선근이 있었기 때문에 금생에도 불교를 만나게 된 것이지만, 금생으로만 보면 처음으로 선근의 싹이 튼 것이다. 그렇다면 이 선근을 잘 보호해야 한다. 이때 스승의 지도가 중요하고 계율을 잘 지키는 것이 중요하다. 선근을 보호하지 않으면 그 선근의 싹이 말라죽거나, 잎과 줄기가 꺾이거나, 남에게 따먹히거나, 발에 밟혀서 죽을 것이다.

 작물이 자라는 조건은 5가지가 있다. ① 흙(영양소) ② 물(수분) ③ 기온 ④ 햇빛 ⑤ 공기(소통)이다. 작물은 낮에는 햇빛을 받아 광합성으로 영양소를 생산하여 밤에 이 영양소를 뿌리와 줄기와 잎에 전달하여 자라게 된다. 식물이 자라나는 시간은 밤이다. 작물이 본격적으로 자라는 것은 밤에 기온이 영상 15도 이상 되었을 경우이다. 이때가 되기 전에 작물을 심으면 작물이 자라지 않는다.

 모종을 구입하여 노지에 심을 경우 이 모종은 연약하다. 왜냐하면 종묘상에서 온상의 최적의 조건으로 키웠기 때문에 이 모종은 비바람과 한기를 겪지 않았으므로 연약한 것이다. 모종을 구입하여 노지에 심으면 이 모종은 몸살을 앓는다. 고개를 숙이고 시들시들하고 힘이 없다. 매일 물을 주고 일주일 이상 지나 땅에 뿌리를 내려 활착하고 나면 그때 꼿꼿이 고개를 들고 성성하게 자라난다. 이 기간 동안에 모종을 잘 보호해야 한다.

 모종을 보호하지 않았을 경우의 위험은 첫째 냉해를 입는 것이고 둘째 초봄에 바람이 세게 불면 잎이나 줄기가 부러지는 것이고 셋째 고라니 등 산짐승이 연한 싹을 뜯어먹는 것이고 넷째 멧돼지 등 산짐승이 밟는 것이다.

상추, 시금치, 십자화과 작물(배추, 무, 케일, 브로콜리 등)은 추위에 강하다. 그러나 열매를 맺는 작물(오이, 가지, 호박, 파프리카, 참외, 수박 등)은 추위에 약하다. 너무 일찍 모종을 심으면 새벽에 냉해를 입어 잎이 물러졌다가 낮에 햇빛을 받으면 말라버린다. 냉해를 입지 않으려면 아침 최저기온이 영상 5도 이상 되어야 하기 때문에 일기예보를 미리 보고 이런 조건이 되었을 때 모종을 심어야 한다. 보통 4월 중하순에 이런 조건이 된다. 만약 3월이나 4월초에 일찍 열매를 맺는 작물을 심는다면 보호를 해주어야 한다. 나뭇가지나 굵은 철사 2개로 모종 위에 X자로 꽂고 그 위에 비닐을 덮어 준다. 이렇게 2주 정도 보호를 받으면 그 동안에 모종은 노지에 적응하고 뿌리를 내린다. 뿌리가 활착되고 또 아침기온이 영상 5도이상 되면 비닐을 벗겨 주어도 냉해를 입지 않는다.

냉해를 입는다는 것은 무엇을 비유한 것인가? 가족이나 친구나 동료 등 주위 사람들의 강압이나 만류에 의해 또는 비웃음이나 비방으로 인해 믿음과 수행의 열의가 식어버리는 것이다.

세찬 바람이 불어 잎과 줄기가 꺾인다는 것은 무엇을 비유한 것인가? 세찬 경계의 바람이 불면 감각적 욕망이 발동하거나 또는 성냄이 크게 일어나 수행할 마음이 물러나고 의지가 꺾이는 것이다. 경계의 바람이란 이성의 유혹에 빠지거나, 이유 없이 남으로부터 폭행과 괴롭힘을 당하거나, 남의 일에 휘말려 망신을 당하거나 소송을 당하거나 명예가 실추하는 등의 일이다.

산짐승이 싹을 뜯어먹는다는 것은 무엇을 비유한 것인가? 타종교인이나 사견을 가진 사람들이 그럴듯하지만 그릇된 견해의 말로 초심자를 유혹하면 거기에 홀려서 그 말들이 바른 법이라고 착각하고 삿된 길로 들어서는 것이다.

 멧돼지에게 밟힌다는 것은 무엇을 비유한 것인가? 업장으로 인하여 교통사고 등 예기치 않은 사고가 생기거나, 갑자기 다급한 일이 생겨서 그 일에 얽매이거나, 집안에 우환이 생기거나 하여 수행을 못하게 되는 것이다.

 어찌하여 초심자의 선한 마음의 싹을 키우지 못하고 죽인단 말인가? 참으로 슬프고 통탄할 일이다. 초심자의 선근을 보호하려면 스승과 좋은 도반의 보호를 받아야 한다. 스승과 좋은 도반은 초심자를 칭찬하고 격려하고 위로하여 처음 먹은 마음을 포기하지 않도록 잘 보호해 주어야 한다. 또한 초심자 스스로도 마음을 잘 챙기고 육근을 보호하여 삿된 사람을 만나지 않고 계율을 잘 지키며 독경, 사경, 염불로 정진하여 업장을 소멸해야 할 것이다.

4. 번뇌를 끊는 7가지 방편

부처님께서는 맛지마 니까야 M2 모든 번뇌 경(제1권 p170)에서 번뇌를 끊는 7가지 방편을 말씀하셨다. 보통 위빳사나를 배우는 수행자는 오직 알아차림과 바른 견해로만 모든 문제를 해결하려는 경향이 있다. 그런데 이 부처님 말씀을 보면 수행자가 위빳사나로 모든 번뇌를 다 해결할 수는 없다는 것을 알 수 있다. 왜냐하면 번뇌에는 2가지 종류가 있어서 깨달으면 곧바로 없어지는 번뇌와 깨달은 후에도 없어지지 않고 더욱 닦아야만 없어지는 번뇌가 있기 때문이다.

깨달으면 즉시 없어지는 번뇌 : 사견, 의심
닦아야만 없어지는 번뇌 : 탐욕, 성냄, 어리석음, 자만

지혜롭지 않게 관심을 갖고 주의를 기울이고 사유하는 것(아요니소 마나시까라)에 의하여 아직 일어나지 않은 번뇌는 일어나고, 이미 일어난 번뇌는 증가한다.

지혜롭게 관심을 갖고 주의를 기울이고 사유하는 것(요니소 마나시까라)에 의하여 아직 일어나지 않은 번뇌는 일어나지 않게 되고, 이미 일어난 번뇌는 없어진다.

가. 봄(見)으로서 없애야 할 번뇌들

(1) 지혜롭지 않은 정신활동

어떤 법들에 관심을 가지거나 주의를 기울이거나 사유할 때 아직 일어나지 않은 번뇌는 일어나게 되고, 이미 일어난 번뇌는 증가한다면 그 법들은 관심을 갖지 말고 주의를 기울이지 말고 사유하지 말아야 한다.

예를 들어 아래와 같은 생각은 현명하지 않게 사유하고 주의를 기울이는 것이다.

① '나는 과거에 존재했을까? 아니면 나는 과거에 존재하지 않았을까? 나는 과거에 무엇이었을까?' 이렇게 과거의 자아에 대하여 사유하고 관심을 갖고 주의를 기울이는 것이다.

② 또는 '나는 미래에 존재할까? 나는 미래에 존재하지 않을까? 나는 미래에 무엇이 될까?' 이렇게 미래의 자아에 대하여 사유하고 관심을 갖고 주의를 기울이는 것이다.

③ 또는 '나는 현재 존재하는가? 나는 존재하지 않는가? 나는 무엇인가? 이 중생은 어디서 왔다가 어디로 갈 것인가?' 이렇게 현재의 자아에 대하여 사유하고 관심을 갖고 주의를 기울이는 것이다.

이와 같이 과거 세상의 자아, 미래 세상의 자아, 현재의 자아에 대하여 관심을 갖고 주의를 기울이고 사유하는 것은 지혜롭지 않은 정신 활동이다. 그는 유신견이라는 그릇된 견해를 일으켜서 이 견해의 족쇄에 얽매이고 구속되어 생로병사 등 큰 괴로움의 무더기를 벗어나지 못한다.

(2) 지혜로운 정신활동

어떤 법들에 관심을 가지거나 주의를 기울이거나 사유할 때 아직 일어나지 않은 번뇌는 일어나지 않고, 이미 일어난 번뇌는 없어진다면 그 법들은 관심을 가지고 주의를 기울이고 사유해야 한다.

그는 '이것은 괴로움이다'라고 현명하게 사유하고 관심을 갖고 주의를 기울인다. '이것은 괴로움의 일어남이다.', '이것은 괴로움의 소멸이다.', '이것은 괴로움의 소멸로 인도하는 도닦음이다.' 라고 현명하게 관심을 가지고 주의를 기울이고 사유한다. 그가 이와 같이 현명하게 정신활동을 할 때 세 가지 족쇄가 제거되나니 유신견과 의심과 계금취이다.

이를 일러 봄(見)으로써 없애야 할 번뇌들이라 한다.

나. 단속함으로써 없애야 할 번뇌들

지혜롭게 주의를 기울이고 사유함으로써 육근을 보호하고 단속하여 번뇌를 없애는 방편이다.

눈을 단속하면서 머문다. 눈을 단속하지 못하면서 머무는 자는 번뇌들이 일어난다. 그러나 눈을 단속하면서 머무는 자에게는 번뇌들이 없다. 그와 같이 귀, 코, 혀, 몸, 뜻을 단속하면서 머문다.

법답지 않은 형색은 탐욕이나 성냄이나 기타 번뇌를 일으키는 모든 것들이다. 예를 들어 맛난 음식, 화려하게 치장한 예쁜 여자, 건장하고 잘생긴 남자, 값비싼 자동차, 좋은 집, 노래, 춤, 공연, 마술, 장난치는 모습과 각종 놀이, 스포츠, 유흥가, 술집, 사창가, 도박장, 나이트클럽, 살생하는 모습, 도둑질, 음행, 싸우고 다투는 모습, 폭력, 약탈, 방화 등 온갖 나쁜 번뇌를 일으키는 형색을 보고 듣는 것이다. 이런 것들은 아예 보지 말아야 하고, 어쩔 수 없이 보았다 해도 눈을 단속하여 모양을 취해서는 안 된다. 수행자는 걸음을 걸을 때 전방의 땅을 보고 천천히 차분히 걸어야 하고 두리번거리거나 멈춰 서서 구경을 하거나 하면 안 된다. 좋은 경치를 보아도 감탄하지 않고, 흉측한 광경을 보아도 싫어하지 않아 마음이 요동치지 않도록 노력한다.

텔레비전과 동영상, 영화를 오랫동안 보지 않는다. 또한 인터넷에서 남을 비방하는 글 또는 동영상, 성냄과 불만족을 일으키는 뉴스와 동영상, 폭력성과 성욕을 부추기는 글과 동영상을 읽지도 말고 보지도 않도록 주의하고 눈을 단속한다.

법다운 형색은 계를 지키는 모습, 경을 공부하는 모습, 보시하는 모습, 자비로 중생의 생명을 살리고 고통을 덜어주는 모습, 법담을 하는 모습, 좌선하는 모습, 경행하는 모습 등이다.

이와 같이 법답지 않은 형색을 보지 않고 법다운 형색만 보는 것이 눈을 단속하는 것이다.

귀를 피곤하게 하지 않는다. 귀를 단속하여 남녀의 아름다운 목소리, 웃음소리, 환호하고 외치는 소리를 듣고자 하지 않는다. 노래와 악기 연주의 음악에 집착하지 않는다.

 남이 나에게 듣기 좋은 말이나 칭찬을 해주기를 바라지 않는다. 남이 나의 말을 인정해주거나 동조해주기를 바라지 않는다. 남이 나의 말에 굴복하기를 바라지 않고 승부를 가려 이기려는 승부욕을 버리고 쓸데없는 논쟁을 피한다.

 남이 나를 비방하거나 꾸짖거나 욕하더라도 성내지 않고 괴로워하지 않는다. 그런 말을 능히 참아넘기고 그 사람을 불쌍하게 생각한다. 나의 잘못이 전혀 없는데도 남에게 비방과 꾸짖음을 듣는다면 이것은 내가 과거에 지은 악업의 과보라고 생각해야 한다. 좋은 소리를 들어도 너무 좋아하지 않고 나쁜 소리를 들어도 너무 싫어하지 않아 평정심을 갖도록 노력한다.

 이와 같이 법답지 않은 소리를 듣지 않고 법다운 소리만 듣는 것이 귀를 보호하고 단속하는 것이다. 코, 혀, 몸, 뜻도 이와 같이 보호하고 단속한다.

다. 수용함으로써 없애야 할 번뇌들

 지혜롭게 주의를 기울이고 사유하여 옷, 음식, 거처, 의약품 등의 필수품을 사용함으로써 번뇌를 끊는 방편이다. 필수품을 쓰지 않으면 번뇌가 증가하기 때문이다.

지혜롭게 주의를 기울이고 사유하여 옷을 수용한다. '옷을 입는 것은 모기와 등에와 비바람과 추위와 더위를 피하기 위해서이고, 부끄러운 곳을 가리기 위해서'이다.

지혜롭게 주의를 기울이고 사유하여 음식을 수용한다. '음식을 먹는 것은 몸을 길이 머물게 하여, 번뇌와 근심을 없애기 위해서이고, 청정범행을 닦기 위해서이고, 오랜 병을 끊고 새 병이 생기지 않아서 오래도록 편안히 무병하게 살기 위해서'이다.

지혜롭게 주의를 기울이고 사유하여 거처를 수용한다. '거처를 수용하는 것은 추위를 물리치고, 더위를 물리치고, 날파리, 모기, 바람, 뙤약볕, 파충류에 닿음을 물리치고, 오직 기후의 변화에서 생기는 위험을 없애고, 조용히 편안하게 머물기 위해서다.'

지혜롭게 주의를 기울이고 사유하여 의약품을 수용한다. '의약품을 수용하는 것은 이미 일어난 고통을 없애고 병 없음으로 수행을 잘 하기 위해서이다.'

라. 참고 견딤으로써 없애야 할 번뇌들

지혜롭게 주의를 기울이고 사유하여 참고 견딤으로써 번뇌를 끊는 방편이다.

무엇을 참는가? 몸의 괴로운 느낌을 참는 것이다. 몸을 몸으로써 보고 몸과 떨어져서 제삼자의 입장에서 보고, 몸이 '나 아님'을 통찰하여 몸의 괴로운 느낌을 참고 견딘다. 또한 남의 비방과 괴롭힘을 참고 견딘다.

(1) 몸의 괴로운 느낌
 굶주림, 갈증, 추위, 더위, 모기, 등에, 파리, 벼룩, 이, 바람, 뙤약볕, 몸에서 생긴 온갖 병과 목숨이 끊어질 듯한 극심한 고통과 즐겁지 않음.

(2) 남의 괴롭힘
 남이 나에게 가하는 욕설, 비방, 꾸짖음, 채찍질, 몽둥이질, 칼부림.

 참고 견딤으로써 번뇌를 끊는 것과 수용함으로써 번뇌를 끊는 것은 어떻게 다른가? 예를 들어 추위를 생각해 보면 적당한 추위는 참아야 한다. 일반적으로 따뜻한 것보다는 서늘한 것이 수행에는 좋은 조건이기 때문이다. 더우면 게을러지고 잡념 망상이 많이 일어난다. 추워야 머리가 맑고 잡념이 적고 부지런해진다.

 그러나 심한 추위를 참는 것은 오히려 번뇌가 크게 일어날 수 있다. 그러므로 심한 추위에는 두터운 옷과 난방용품 등의 필수품을 사용해야 한다. 어느 정도의 추위를 참아야 하고, 어느 정도의 추위에 필수품을 사용해야 하는가는 수행자의 인욕의 힘에 달려있다. 자기 능력에 맞지 않게 과거 큰 스님들을 흉내 내다가는 몸에 병을 얻고 오히려 수행이 물러날 수 있다. 자기 능력과 힘에 맞추어서 수행해야 한다.

마. 피함으로써 없애야 할 번뇌들

지혜롭게 주의를 기울이고 사유하여 사나운 짐승, 위험한 곳, 악지식 등을 떠나 번뇌를 끊는 방편이다. 이런 것들을 가까이 하면 번뇌가 생기기 때문이다.

피해야 하는 것들

포악한 개, 소, 말, 코끼리, 독사, 호랑이, 사자, 험한 산길, 낭떠러지, 도랑, 구덩이, 강, 깊은 샘, 험한 바위, 가려진 은밀한 곳.

험악한 마을, 험악한 거주지, 악지식(惡知識), 저열한 도반, 악한 친구, 악한 외도, 남의 의심을 살만한 곳.

바. 버림으로써 없애야 할 번뇌들

지혜롭게 주의를 기울이고 사유하여 세 가지 부정사유(不正思惟)를 버림으로써 번뇌를 없애는 방편이다.

지혜롭게 숙고하여 이미 일어난 감각적 욕망의 생각을 품지 않고 버리고 제거하고 끝낸다.

지혜롭게 숙고하여 이미 일어난 악의, 성냄의 생각을 품지 않고 버리고 제거하고 끝낸다.

지혜롭게 숙고하여 이미 일어난 해코지하려는 생각을 품지 않고 버리고 제거하고 끝낸다.

지혜롭게 숙고하여 계속적으로 일어나는 삿되고 해로운 법들을 버리고 제거하고 끝낸다.

성냄의 생각과 해침의 생각은 어떻게 다른가? 성냄은 기쁨과 함께 할 수 없다. 그러나 해코지, 폭력, 잔인함, 복수는 기쁨과 함께 할 수 있다. 예컨대 습관적으로 살생을 하는 사람은 기뻐하면서 살생을 한다. 그러나 기뻐하면서 성낼 수는 없다. 양자는 이와 같이 다르다.

사. 닦음으로써 없애야 할 번뇌들

지혜롭게 주의를 기울이고 사유하여 칠각지를 닦음으로써 번뇌들을 없애는 방편이다.

지혜롭게 관심을 갖고 주의를 기울이고 사유하여 마음챙김의 깨달음의 구성요소, 염각지를 닦는다. 그와 같이 택법각지, 정진각지, 희각지, 경안각지, 정각지, 사각지를 닦는다.

택법각지란 일상생활에서 마음을 관찰할 때 '이것은 어떤 법에 해당한다.'라고 법을 적용, 응용하고 판단을 내리는 것이다. 예를 들어

① '이것은 14가지 해로운 마음부수(번뇌) 중 어느 마음부수에 해당한다'고 판단을 내린다.

② '이것은 25가지 유익한 마음부수(선법) 중 어느 마음부수에 해당한다'고 판단을 내린다.

③ '이것은 괴로움(고성제)에 해당한다. 이것은 갈애(집성제)에 해당한다. 이것은 괴로움의 소멸(멸성제)에 해당한다. 이것은 도닦음(도성제)에 해당한다.' 고 사성제를 꿰뚫어 안다.

④ '이 번뇌는 어떤 조건으로 일어났다. 이 번뇌는 어떤 조건으로 사라졌다. 이 선법은 어떤 조건으로 일어났다. 이 선법은 어떤 조건으로 사라졌다.' 라고 연기의 조건을 꿰뚫어 안다.

마음이 혼침하면 택법각지, 정진각지, 희각지를 닦아야 한다. 마음이 혼침할 때 경안각지, 정각지, 사각지를 닦으면 마음이 더욱더 가라앉기 때문이다.

마음이 들뜨면 경안각지, 정각지, 사각지를 닦아야 한다. 마음이 들뜰 때 택법각지, 정진각지, 희각지를 닦으면 마음이 더욱더 들뜨기 때문이다.

부처님께서는 다음과 같이 설하셨다. "비구가 봄으로서 없애야 할 번뇌는 보아서 없애고, 단속함으로써 없애야 할 번뇌는 단속함으로써 없애며, 수용함으로써 없애야 할 번뇌는 수용함으로써 없애고, 참고 견딤으로써 없애야 할 번뇌는 참고 견딤으로써 없애며, 피함으로써 없애야 할 번뇌는 피함으로써 없애고, 버림으로써 없애야 할 번뇌는 버림으로써 없애고, 닦아서 없애야 할 번뇌는 닦아서 없앤다면, 이것을 일러 '비구가 번뇌를 단속하여 머물고, 갈애를 끊어버렸고, 족쇄를 풀어버렸고, 자만을 바르게 꿰뚫었고, 마침내 괴로움을 끝내버렸다.'라고 말하느니라."

5. 번뇌에 대한 바른 이해

가. 열네 가지 번뇌의 종류

번뇌에는 총 열네 가지가 있다. 수행자는 이 번뇌들을 철저히 알아야 한다. 보지 못한 허물은 버릴 수 없기 때문이다.

(1) 무명의 부류에 속하는 4가지 번뇌
① 무명(無明) : 어리석음, 무지, 법을 꿰뚫어 알지 못하는 것.
② 들뜸(掉擧) : 마음의 불안정, 동요, 산란함, 생각이 많음.
③ 양심없음(無慚) : 스스로 부끄러움을 모름, 현자를 존중하지 않음.
④ 수치심없음(無愧) : 남부끄러움을 모름, 자신의 죄를 부끄러워하지 않음.

(2) 탐욕의 부류에 속하는 3가지 번뇌
⑤ 탐욕(貪欲) : 물질 또는 정신에 대한 갈애와 집착.
⑥ 사견(邪見) : 그릇된 견해. 법을 그릇되게 잘못 아는 것.
⑦ 자만(自慢) : 자신을 높이고 남을 낮추어 보는 것.

(3) 성냄의 부류에 속하는 4가지 번뇌
⑧ 성냄(瞋恚) : 불만족과 함께 하는 적의, 분노, 근심, 공포
⑨ 질투(嫉妬) : 남의 잘되는 것을 못 견디는 것.
⑩ 인색(吝嗇) : 자기 소유물을 아끼고 베풀지 않는 것.
⑪ 후회(後悔) : 과거에 해야 할 일을 하지 않은 것에 대한 후회
   과거에 하지 말아야 할 행동을 저지른 것에 대한 후회

(4) 기타 3가지 번뇌
⑫ 게으름(懈怠) : 마음이 나태하고 무기력한 것. 드러눕기를 좋아함.
⑬ 혼침(昏沈) : 정신이 맑지 않고 흐리멍텅한 것. 몸이 무거움. 졸음.
⑭ 의심(疑) : 아예 불신하거나 또는 긴가민가 반신반의하는 것.

나. 번뇌를 꿰뚫어 보고 제거하라

이 14가지 번뇌가 마음속에서 일어날 때 꿰뚫어 알아야 하고 번뇌가 사라질 때도 꿰뚫어 알아야 한다. "이것은 ○○(이)라는 번뇌다."라고 분명하게 알아야 한다. 이것을 분명하게 모르는 것이 무명이다. 예를 들어 과거의 기억이 떠오르고 후회가 일어났을 때 "내 마음속에 후회가 일어났구나. 이것은 번뇌다. 후회하지 말고 마음을 고요하게 하자." 이렇게 생각해야 한다. 또한 후회가 사라지면 "후회라는 번뇌가 사라졌구나. 이제 마음속에 후회가 더 이상 없구나." 하고 분명히 알아야 한다. 이것을 모르는 것이 무명이다.

또한 생기지 않았던 번뇌가 어떤 조건에 의하여 발생하는지 그 조건을 꿰뚫어 알아야 하며, 또한 이미 생긴 번뇌를 어떤 조건에 의하여 소멸시킬 수 있는지 그 조건을 알아야 한다. 이것을 모르는 것이 무명이다.

또한 나에게 다스려진 번뇌는 무엇이고, 다스려지지 않은 번뇌는 무엇인지 정확히 알아야 한다. 또한 다스려진 번뇌에 대하여 그 번뇌가 어느 정도까지 줄어들었는지 정확히 알아야 한다.

마치 병을 앓는 사람과 같다. 그는 자신에게 어떤 병이 있고 그 병의 원인은 무엇인지, 어떤 병이 없는지를 잘 안다. 또한 자신이 앓고 있는 병을 다스리는 약과 치료법도 잘 안다. 또한 실제로 약과 치료법으로 병을 다스려 치료하는 과정에서 내가 어느 정도까지 병이 나았는지를 잘 안다.

예를 들어 지방간, 고혈압, 당뇨병을 함께 앓는 사람이 있다고 하자. 이 사람은 정확한 건강검진을 통해 자신에게 어떤 병이 있고, 어떤 병은 없는지를 알았다. 또한 지방간은 어느 정도까지 심각한지 고혈압과 당뇨병은 어느 정도까지 심각한지 병의 정도를 잘 알고 그 병의 원인은 무엇인지를 잘 알았다. 또한 이 각각의 병을 치료하는 약과 치료법도 알았다. 그리고 실제로 약과 치료법을 써서 치료해가면서 자신의 건강상태를 늘 점검한다. 나에게 지방간은 어느 정도까지 호전되었는가? 고혈압과 당뇨병은 어느 정도까지 호전되었는가? 이렇게 수시로 점검하여 자신의 상태를 잘 아는 것이다.

이와 같이 ① 자신에게 있는 강한 번뇌를 잘 알고 ② 그 번뇌의 원인을 잘 알고 ③ 그 번뇌를 제거하는 방편을 잘 알고 ④ 실제로 번뇌를 제거해 가면서 늘 점검하여 얼마만큼 번뇌가 약화되고 제거되었는지를 잘 알아야 한다.

다. 번뇌의 네 가지 층

번뇌는 여러 층이 있어서 마치 양파껍질과 같다. 한 꺼풀 벗겨내고 나면 또 껍질이 있다. 껍질을 계속해서 벗겨내서 껍질을 더 이상 발견할 수 없는 상태가 될 때까지 포기하지 않고 계속해서 제거해야 한다.

대략 말해서 번뇌에는 4가지 층이 있다. 이것을 구름과 하늘로 비유한다.

① 무거운 번뇌 : 검은 먹구름이 낀 하늘과 같다.
② 중간 번뇌 : 검은 먹구름은 제거되었으나 아직 회색 먹구름이 있다.
③ 작은 번뇌 : 회색 먹구름은 제거되었으나 짙은 흰색 구름이 있다.
④ 미세한 번뇌 : 짙은 흰색 구름은 제거되었으나 엷은 흰색 구름이 있다.

청정한 마음은 엷은 흰색 구름까지 제거되어 구름 한 점 없는 맑은 하늘에 태양(지혜광명)이 빛나는 것과 같다.

라. 번뇌를 제거하는 과정

불순물 제거하는 자 경, 앙굿따라 니까야 A3:100 (제1권p576)은 잡아함경 1246. 주금자경(鑄金者經)과 같은 경이다. 이 경에서 부처님께서는 번뇌를 제거하는 과정을 금을 주조하는 비유로 말씀하셨다.

① 금이 섞인 모래와 흙을 모아서 통에 넣고 물을 부으면, 거친 윗번뇌(麤上煩惱)와 같은 단단한 돌과 단단한 흙덩이가 물을 따라 흘러나간다. 그러나 아직 거친 모래가 붙어 있다.

(무거운 번뇌 제거)

② 다시 물을 부으면 거친 모래가 물을 따라 흘러나간다. 그런 후에 생금(生金)이 남지만 아직도 미세한 모래와 검은 흙의 번뇌가 있다.
(중간 번뇌 제거)

③ 다시 물을 부으면 미세한 모래와 검은 흙이 물을 따라 흘러나간다. 그런 후에 진금(眞金)이 순수하고 청정하며 잡된 것이 없다. 그러나 아직도 금과 비슷한 미세한 때가 남아있다.
(작은 번뇌 제거)

④ 이때 금을 다루는 사람은 이것을 용광로에 넣고 불을 때고 풀무질을 하여 녹이면, 남은 미세한 때가 모두 없어진다.
(미세한 번뇌 제거)

⑤ 그러나 그 생금(生金)은 아직 가볍지 않고, 유연하지 않고, 빛나지 않고, 구부리고 펴면 끊어진다. 저 금을 단련하는 사람이나 그 제자는 다시 용광로에 생금을 넣고 불을 때고 풀무질을 하고, 이리저리 굴리면서 골고루 단련한다. 그런 후에 생금은 가볍고 유연하고 광택이 나고 굽히고 펴도 끊어지지 않아, 뜻대로 비녀, 목걸이, 귀고리, 팔찌 등 모든 장신구를 만든다."

(해설)

① 단단한 돌과 흙덩이는 무거운 번뇌를 비유한 것이니 즉, 십악업과 악한 사견이다. 악한 사견이란 생사윤회와 인과응보를 부정하는 사견이다.

② 거친 모래는 중간 번뇌를 비유한 것이니 즉, 부정사유인 탐욕의 생각, 성냄의 생각, 해침의 생각이다. 마음을 거칠게 요동치게 만드는 생각들이다.

③ 미세한 모래와 검은 흙은 작은 번뇌를 비유한 것이니 즉, 세 가지 미세한 사유인 친족에 대한 생각, 대중에 대한 생각, 하늘에 대한 생각이다. 이 생각들은 마음을 미세하게 요동치게 만들고 들뜸을 일으키는 조건이 된다.

④ 미세한 때란 미세한 번뇌를 비유한 것이니 즉, 선법을 사유하는 것이다. 예를 들어 팔정도나 삼십칠보리분법 등의 선법을 사유하는 것이다. 이것들은 마음의 청정과 유사하여 수행자로 하여금 마음의 청정을 얻은 것으로 착각을 일으킨다. 이러한 선법(善法)에 대해서까지도 집착하지 말아야 마음의 청정을 얻는다.

⑤ 가볍지 않고, 유연하지 않고, 빛나지 않고, 구부리고 펴면 끊어진다는 것은 삼매의 기쁨과 즐거움에 대한 집착과 무명을 벗어나지 못한 유루선(有漏禪)이다. 가볍고, 유연하고, 광택이 나고, 굽히고 펴도 끊어지지 않는다는 것은 삼매의 기쁨과 즐거움에 대

한 집착과 무명을 벗어난 무루선(無漏禪)이다. 이 무루선에 의하여 마음의 청정(心淸淨)을 얻는다.

자신을 안다는 것은 예를 들어 "나는 탐욕의 무거운 번뇌는 제거되었고, 탐욕의 중간 번뇌도 제거되었으며 탐욕의 작은 번뇌와 미세한 번뇌는 남아있다." 이와 같이 자신에게 어느 층까지 번뇌가 제거되었고 어떤 층이 남아있는지 꿰뚫어 아는 것이 자신을 아는 것이다.

어느 정도 얻은 것이 있더라도 거기에 만족하지 말고 완전히 청정한 마음이 될 때까지 계속 정진하여 번뇌를 다스려 없애야 한다. 번뇌의 종류와 번뇌의 층을 모르고 자신의 위치를 모르면 어느 정도 번뇌가 적어졌을 때 "나는 더 이상 번뇌가 없다."고 자만하고 안주하여 노력하지 않는다. 마치 먼 길을 가는데 중간에 멈추어서 "목적지에 도착했다"고 착각하고 자만하는 것과 같다. 이와 같이 적은 것을 얻고 자만하지 않도록 항상 겸손하게 법을 배우는 자세를 가지고 노력해야 한다.

6. 14가지 번뇌를 다스리는 법

 번뇌의 종류가 많지만 요약하면 오직 14가지뿐이다. 이 번뇌를 다스리는 법을 잘 알아야 한다.

가. 무명의 부류에 속하는 4가지 번뇌와 다스리는 법

① 무명 : 어리석음과 무지, 법을 꿰뚫어 알지 못하는 것.
② 들뜸 : 마음의 불안정과 동요와 산만함과 생각이 많음.
③ 양심 없음 : 스스로 부끄러움을 모름. 선(善)에 대한 공경심이 없음.
④ 수치심 없음 : 남부끄러움을 모름. 죄와 잘못을 부끄러워하지 않음.

무명, 어리석음은 3가지 지혜로 다스리고 3가지 명지(三明)로 끊는다.
들뜸과 산만함과 일으킨 생각은 아나빠나사띠(호흡명상)로 다스린다.
양심 없음은 부끄러움을 아는 마음으로 다스린다.
수치심 없음은 죄를 두려워하는 마음으로 다스린다.

나. 탐욕의 부류에 속하는 3가지 번뇌와 다스리는 법

⑤ 탐욕(貪欲) : 물질 또는 정신에 대한 갈애와 집착.
⑥ 사견(邪見) : 그릇된 견해. 법을 그릇되게 잘못 아는 것. 오견(五見).
⑦ 자만(自慢) : 자신을 높이고 남을 낮추어 보는 것. 칠만(七慢).

탐욕은 부정관으로 다스리고, 고(苦)의 통찰지로 끊는다.
사견은 정법을 배움으로 다스리고, 무아(無我)의 통찰지로 끊는다.

자만은 자신을 낮추고 겸손함으로 다스리고, 무상(無常)의 통찰지로 끊는다.

다. 성냄의 부류에 속하는 4가지 번뇌와 다스리는 법

⑧ 성냄(瞋恚) : 불만족과 함께 하는 적의, 분노, 근심, 공포
⑨ 질투(嫉妬) : 남의 잘되는 것을 못 견디는 것.
⑩ 인색(吝嗇) : 자기 소유물을 아끼고 베풀지 않는 것.
⑪ 후회(後悔) : 과거에 해야 할 일을 하지 않은 것에 대한 후회
　　　　　　과거에 하지 말아야 할 행동을 저지른 것에 대한 후회

성냄은 자애로 다스리고, 해침은 연민(불쌍히 여김), 보호함으로 다스린다.
질투는 남의 행복을 따라 기뻐함으로 다스린다.
인색은 보시로 다스린다.
후회는 고요한 마음챙김, 마음을 쉼으로 다스린다.

라. 기타 3가지 번뇌와 다스리는 법

⑫ 게으름(懈怠) : 마음이 나태하고 무기력한 것. 드러눕기를 좋아함.
⑬ 혼침(昏沈) : 정신이 맑지 않고 흐리멍텅한 것. 몸이 무거움. 졸음.
⑭ 의심(疑) : 아예 불신하고 부정하거나 또는 긴가민가 반신반의하거나 또는 판단을 내리지 못하고 망설이는 것.

게으름은 열의를 일으킴, 정진, 분발로 다스린다.

혼침은 마음을 밝게 함, 몸을 편안하고 가볍게 함으로 다스린다.
의심은 지혜롭게 마음을 일으킴, 삼보에 대한 믿음으로 다스린다.
십이연기의 통찰지로 삼세의 자아에 대한 의심을 끊는다.

7. 여섯 가지 기질과 명상주제

가. 탐욕의 기질

탐욕의 기질을 가진 자의 특징은 속임수, 삿된 욕심, 자만, 만족하지 않음, 치장, 멋내기 등이다.

이들은 열 가지 부정관과 몸의 32부분들 이 11가지 명상주제가 적합하다. 수행처는 더럽고 위험하고 열악하고 혐오스러운 장소가 적합하다.

나. 성냄의 기질

성냄의 기질을 가진 자의 특징은 성냄, 적의, 경계심, 깔봄, 비교함, 질투, 인색함 등이다.

이들은 사무량심과 아주 깨끗한 색깔의 까시나(청황적백) 이 8가지 명상주제가 적합하다. 수행처는 반듯하고 평탄하고 깨끗하고 향기 있는 곳, 보기만 해도 기쁨을 느낄 수 있는 곳이 적합하다.

다. 어리석음의 기질

어리석은 기질을 가진 자의 특징은 게으름, 혼침, 들뜸, 근심, 의심, 천박하게 거머쥠, 버리기 싫어함 등이다.

이들은 들숨 날숨에 대한 마음 챙김 1가지 명상주제가 적합하다. 막히지 않고 사방으로 트여있는 곳이 수행처로서 적합하다.

라. 믿는 기질

믿는 기질을 가진 자의 특징은 관대함, 성인을 뵙기 원함, 법을 듣기 좋아함, 아주 기뻐함, 솔직함, 정직함, 신뢰함이다. 이들은 6가지 계속해서 생각함(六念 부처님, 법, 승가, 계, 보시, 천신)의 명상주제가 적합하다.

반듯하고 평탄하고 깨끗하고 향기 있는 곳, 보기만 해도 기쁨을 느낄 수 있는 곳이 수행처로서 적합하다. 믿는 기질은 탐욕의 기질과 비슷하지만 차이점은 믿음은 보시.계 등의 덕을 찾고, 탐욕은 감각적 욕망을 찾는 것이다.

마. 지적인 기질

지적인 기질을 가진 자의 특징은 부드럽고 상냥한 말씨, 좋은 벗의 성품, 음식의 양을 앎, 마음 챙김과 알아차림, 깨어있음에 노력함, 지혜로운 노력이다.

이들은 죽음, 고요함, 사대, 음식 부정관 4가지 명상주제가 적합하다. 수행처는 어느 곳이나 다 적합하다. 지적인 기질은 성냄의 기질과 비슷하지만 차이점은 통찰지는 사실인 허물만 찾고, 성냄은 사실이 아닌 허물만 찾는 것이다. 또한 통찰지는 옳지 않은 행위들을 비방하고, 성냄은 중생들을 비방한다.

바. 사색하는 기질

사색하는 기질을 가진 자의 특징은 말이 많음, 대중을 좋아함, 유익한 법에 쉽게 싫증을 냄, 일을 끝마치지 못함, 밤에 생각이 많음, 밤에 생각한 것을 낮에 실천함이다.

이들은 들숨 날숨에 대한 마음 챙김 1가지 명상주제가 적합하다. 수행처는 사방이 보이지 않는 동굴이나 숲에 가려진 곳, 좁은 곳 등이 좋다. 확 트여 사방으로 향해 있고, 정원과 숲과 연못과 아름다운 전망이 보이는 곳은 적합하지 않다. 사색하는 기질은 어리석은 기질과 비슷하지만 차이점은 사색은 생각으로 들떠있고, 어리석음은 산만함으로 들떠있다.

부처님께서는 "탐욕을 버리기 위해 부정관을 닦고, 성냄을 버리기 위해 자애를 닦고, 일으킨 생각을 버리기 위해 들숨날숨에 대한 마음 챙김을 닦고, '나'라는 자만을 버리기 위해 무상을 닦으라"고 말씀하셨다.

8. 바른 말의 수행

 수행자는 바른 말을 해야 한다. 사람이 짓는 악업(불선업) 가운데 말로 짓는 악업이 매우 많기 때문이다.

경에서 말씀하신 바른 말(正語)

 "무엇이 바른 말인가? 거짓말을 삼가고, 이간하는 말(중상)을 삼가고, 경박한 말(욕설)을 삼가고, 쓸데없는 말(잡담)을 삼가는 것, 이를 일러 바른 말이라 하느니라."

가. 거짓말을 삼가는 것

 거짓말을 하지 않는다는 것은 사실이 아닌 것을 사실이라고 말하지 않고, 사실을 사실이 아니라고 말하지 않고, 말이나 침묵으로써 남을 속이지 않는 것이다.

(1) 사실대로 말한다
 본 것을 보지 않았다고 말하지 않는다. 보지 않은 것을 보았다고 말하지 않는다. 그와 같이 들은 것, 느낀 것, 안 것에 대해서도 마찬가지이다.

(2) 남을 속이지 않는다
 사실이 아닌 것을 허위로 조작하여 말하여 남을 속이지 않는다. 말을 두리뭉실하게 또는 애매하게 하여 남에게 사실이 아닌 것을 사실로 믿도록 속이지 않는다. 일부의 사실과 일부의 거짓을 섞어서 말함으로서 상대방이 거짓을 진실로 믿도록 속이지 않는다.

나. 이간질을 삼가는 것

(1) 이간질하지 않는다
 갑의 말을 을에게 전하거나 또는 을의 말을 갑에게 전함으로서 갑과 을의 사이를 멀어지게 하고 나빠지게 하는 것이 이간질이다. 이러한 이간질을 하지 않는다.

(2) 누명을 씌우지 않는다
 죄가 없는 사람과 힘이 없는 약자에게 자신의 죄 또는 남의 죄를 뒤집어씌우지 않는다.

(3) 험담하지 않는다
 뒤에서 남을 험담하지 않고, 근거 없는 말로 남을 헐뜯고 비방하여 중상하지 않으며, 남을 중상하려고 계략을 꾸미지 않는다.

다. 추악한 말을 삼가는 것

(1) 욕을 하지 않는다
 남에게 천박하고 상스러운 욕설을 하지 않는다.

(2) 조롱하지 않는다
 남을 고의로 조롱하거나 비하하거나 비꼬면서 웃지 않는다.

(3) 불쾌하게 말하지 않는다
 생각 없이 말하여 남에게 상처나 불쾌감을 주지 않는다. 또한 퉁명스럽고 거칠게 말하거나, 언성을 높여 말하거나, 차갑고 냉정하고 불친절하게 말하거나 무시하는 태도로 말하여 남의 기분을 상하게 하지 않는다.

라. 쓸데없는 말(잡담)을 삼가는 것

(1) 농담을 하지 않는다
 실없이 자주 농담을 하지 않는다.

(2) 꾸미고 부풀리는 말을 하지 않는다
 부풀리고 과장하는 말을 하지 않는다. 있는 사실이라도 작은 것을 크게 확대하여 말하지 않는다.

(3) 아첨하지 않는다
 남의 비위를 맞추고 아첨하는 말, 겉만 번지르르한 실속 없는 말을 하지 않는다.

(4) 무익한 잡담을 하지 않는다
 무익하고 의미 없고 쓸데없는 잡담을 하지 않는다. 무익한 논쟁과 토론을 하지 않는다.

9. 한거(閑居)

가. 홀로 머묾

경에 말씀하기를 "선(禪)은 소리가 가시가 된다."하였다. 그러므로 사마타, 위빳사나 집중수행을 하는 사람은 일없는 곳 = 산속 숲, 큰 나무 밑, 바위 동굴, 무덤가에 거처하거나 또는 조용한 수행도량에 머물면서, 도시와 마을을 멀리 떠나 사람이 없는 곳에서 명상한다. 또는 도시나 마을에 머물더라도 조용히 홀로 거주할 수 있는 곳이라면 이곳도 역시 수행처로 적당할 수 있다.

경에는 다음과 같은 정형구가 매우 많이 나온다. "홀로 조용한 곳에서 오로지 전념하여 정진하고 일심으로 사유하여 방일하지 않음에 머문다. ~ 내지 아라한과를 얻고 다시는 후생의 몸을 받지 않는 해탈지견을 깨달았다."

재가 불자들의 경우에는 매월 육재일에 아라한 스님들처럼 팔재계를 지키고 그날은 하루 종일 명상수행하거나 또는 스승으로부터 법문을 듣고 수행처에서 머물러야 한다. 또한 하안거나 또는 동안거나 또는 여름 휴가기간 중에 보름, 한달, 3개월 일정 기간 동안 생업을 쉬고 수행처나 또는 산골의 토굴에서 홀로 머물며 집중수행하는 기간을 가져야 한다. 불자는 먹고 살기 위해 돈을 벌고 일을 하는 것은 최소한으로 꼭 필요한 정도로만 해야 하고 돈과 일에 너무 집착하지 말아야 한다. 적게 먹고 적게 쓰고 검소하게 살면 생활비가 적게 드니 돈을 많이 벌기 위해 애쓰지 않아도 된다. 이것이 부처님의 가르침이고 세존 당시에도 불자들은 그렇게 실천했었고 또한 현재 미얀마 등지에서도 재가 불자들은 이렇게 실천하고 있다.

사마타, 위빳사나를 닦기 위해서는 대중을 떠나고 사람들과의 교제를 끊어야 한다. 사람들과의 연락도 가급적 절제해야 한다. 과거에 위빳시 부처님(비바시불)께서 많은 따르는 사람들과 함께 수행할 때에는 도를 얻지 못하다가 대중을 버리고 홀로 보리수 아래에서 수행하여 도를 얻었다.

초심자는 대중 가운데서 수행할 때 대중의 힘을 받는다. 그래서 '수행은 대중의 힘이 절반이다'라는 말이 있다. 초심자가 처음부터 토굴수행을 하는 것은 좋지 않다. 처음에는 대중 가운데서 수행하고 스승과 구참 수행자들로부터 지도를 받아야 한다. 대중 가운데서 수행하더라도 홀로 수행하는 것처럼 생각하고 수행하는 것이 좋다. 상당기간 수행한 구참 수행자는 대중을 떠나 홀로 토굴수행을 한다. 그래야 깨달음에 이르기가 쉽기 때문이다.

안거 등 집중수행 기간 동안에는 여행하지 말아야 하며 수행처를 떠나지 말아야 한다. 조용하고 일없는 곳에서 홀로 수행해야 한다. 만약 도반들과 같이 수행한다면 아누룻다, 낌빌라, 난디야 세 존자들처럼 해야 한다. 부처님 당시에 아누룻다, 낌빌라, 난디야 세 존자가 숲속에서 같이 수행하였는데 서로 필요한 일을 하면서도 손짓과 몸짓으로 하고 말을 하지 않았다. 서로가 서로를 존중하고 이기심을 버리며 다른 사람의 뜻을 따르고자 노력하여 다툼 없이 한 마음으로 물과 우유가 섞이듯 했다. 도반에게 자애심으로 몸의 업을 행하고 자애심으로 말의 업과 뜻의 업을 행하였다. 오일(五日)에 한 번씩 서로 만나 설법을 하거나 아니면 침묵하였다. 도반들이 함께 수행함에 있어서 이분들이 가장 모범적인 사례이다.

나. 일없음(無事)

집중수행 기간에는 세속적인 모든 일을 쉬어라. 집을 짓거나 수리하는 등 공사하지 말라. 수행 중에는 일을 생각하지 말라. 수행 기간에는 수행처 밖에 나가지 말라. 부처님께서는 일을 즐기면 수행에 장애가 된다고 말씀하셨다. 일을 많이 하면 몸에 열이 나서 흥분상태가 되고 들뜸이 생기기 때문이다. 수행자는 단순한 일, 생활에 꼭 필요한 일만 해야 한다. 예를 들면 밥 짓고, 청소하고, 난방하고, 빨래하고, 목욕하는 것 등이다. 집중수행 기간에는 경전도 잠깐씩만 보아야 하고 오래 보아서는 안된다.

집중수행기간에는 육재일이 아니더라도 아침, 점심만 먹는 것이 좋다. 오후에 배가 고프면 맑은 차를 마시고 만족하라. 많이 먹는 만큼 음식재료를 많이 사와야 하니 자주 마트나 시장에 다녀야 하며, 음식을 조리해야 하고, 설거지해야 하고, 먹은 만큼 화장실에 자주 다녀야 하는 많은 번거로운 일이 생기기 때문이다. 적게 먹으면 일이 적고 시간이 많이 남으니 수행에 좋다.

수행도 너무 지나치게 하면 힘들고 지치게 된다. 경행을 너무 오래 하거나, 좌선을 너무 오래 하거나, 경전을 너무 오래 보는 등이다. 그러므로 어느 정도 좌선했으면 경행을 하거나 활동을 해야 하고, 경행과 활동을 어느 정도 했으면 앉아서 좌선을 하거나 경전을 보거나 해야 한다. 몸을 움직이는 수행과 움직이지 않고 가만 있는 수행의 균형을 맞추어야 한다.

다. 명상

 단 10분이라도 여유시간이 생기면 자주 앉는 습관을 들여라. 허리를 펴고 바르게 앉아 마음을 가라앉히고 생각을 끊어 고요하게 하라. 매일 밥 먹듯이 매 순간 숨 쉬듯이 자연스럽게 매일 매일 좌선하라. 앉아서 혼침이 생기면 바로 일어나서 걸어라. 집중수행 기간에는 적어도 저녁, 새벽, 한낮에 세 번은 명상해야 한다. 수행승은 평일에는 저녁과 새벽에 명상한다. 재가 불자는 평소에 저녁 또는 아침 중 한 번만 해도 좋고 매일 하는 습관을 들여야 한다.

 사마타 집중수행에서는 명상으로 마음이 고요해지면 일상생활에서 그 고요함이 깨지지 않도록 잘 보호해야 한다. 몸을 천천히 조심스럽게 움직인다. 갑작스럽게 몸을 움직이거나 빨리 움직이지 말라. 특히 말을 많이 하지 말아야 한다. 말을 많이 하면 들뜸이 일어나 고요함이 깨진다. 좌선하고 나서 다음 좌선까지 간격이 2시간 이상 너무 길지 않게 한다. 간격이 길면 고요함이 깨진다.

 위빳사나 집중수행을 하더라도 너무 간격을 길게 하지 않는 것이 좋다. 최소한 하루에 4번 이상 앉아야 한다. 위빳사나는 사마타와 달리 행주좌와에서 모두 수행할 수 있지만 앉아서 수행할 때 강한 힘을 얻는다.

10. 묵언수행(默言修行)

가. 말의 문제점

 말을 많이 하는 사람은 실언을 하기 쉽고, 무익한 말을 하기가 쉽다. 쉽게 약속을 해놓고 그 약속을 잊어버려서 남에게 신용을 잃는 경우도 많다. 또는 지켜야 할 비밀을 무심코 발설해 버려서 불이익을 초래하기도 한다.

 이렇게 말을 많이 하는 것은 과실을 많이 범하기 때문에 때로는 묵언수행을 한다. 묵언수행을 하기는 쉬운 것은 아니지만 단기간이라도 묵언수행을 실천한다면 많은 이익이 있기 때문이다.

나. 묵언(默言)

 수행 중에는 가급적 말을 하지 말아야 한다. 말을 하는 것은 들뜸을 일으키는 직접적인 조건이다. 남에게 일부러 말을 걸지도 말고, 묻는 말에만 짧게 대답하라. 침묵을 지켜라. 묻지도 않는 말을 자진해서 남에게 하지 말라. 전화통화를 하지 말라. 중요한 일이 있어 통화를 하게 되더라도 간단히 3분이내로 끝내라. 꼭 필요한 경우가 아니면 남에게 설법도 하지 말라. 꼭 해야 하는 말이라도 참고 또 참아라.

 말하고자 하는 것은 들뜸이요 자만이요 마음의 헐떡임이다. 이 헐떡임을 멈추고 쉬어라. 자신을 내세우고자 하는 마음, 남에게 보여주고자 하는 마음, 남에게 인정받고자 하는 마음, 칭찬받고자 하는 마음 이것은 자만이며 갈애이다.

 마음속으로 하는 말도 조심해야 한다. 입으로 하는 말을 멈추면 마음속으로 말하는 버릇이 생긴다. 마음속 말조차 하지 말라. 말하는 사람은 허깨비와 같고 듣는 사람은 꼭두각시와 같으니, 허깨비가 꼭두각시를 상대로 꿈속에서 말한다고 생각하라.

다. 말 알아차리기

 묵언수행을 평생 계속할 수는 없다. 그것보다 더 좋은 방법은 사띠(마음챙김)와 삼빠잔냐(알아차림)로서 말을 알아차리는 것이다.

 말을 많이 하는 사람들은 말을 하면서도 자기가 말을 하고 있다는 것을 알아차리지 못한다. 그래서 이런 사람들이 말을 알아차리는 수행을 하면 말이 저절로 줄어들게 된다. 말할 때는 현재 말하고 있다는 것을 알아차린다.

 말하고 싶은 욕망이 일어날 때 말하고 싶어한다는 것을 알아차리고, 이 말이 꼭 필요한 말인지 스스로 점검하는 훈련을 해야 한다. 꼭 필요한 말이라고 생각하더라도 참고, 또 참고, 최소한 세번은 참고 나서 말하는 습관을 들이는 것이 좋다.

 왜냐하면 필요한 말이라고 생각해서 말했더라도 나중에 다시 생각해 보면 꼭 필요하지 않은 말이라는 것을 자각하게 되기 때문이다. 해도 되고 안 해도 되는 말은 필요없는 말이니 하지 말라.

11. 원숭이 경의 교훈

원숭이 경 상윳따 니까야 S47:7 (제5권p456)

히말라야 산에서 사냥꾼이 원숭이를 잡으려고 덫을 놓았다. 그 덫에다 원숭이가 좋아하는 먹이를 놓고 송진을 잔뜩 발라서 원숭이가 잘 다니는 길에 놓았다. 그때 어리석지 않고 욕심이 적은 원숭이는 이 덫을 보고 위험을 느끼고 가까이 다가가지 않았다. 그러나 어리석고 욕심이 많은 원숭이는 이 음식의 유혹을 이기지 못하고 다가가서 오른손으로 잡았다. 이때 오른손이 송진에 달라붙었다. 오른손을 떼어내려고 왼손으로 덫을 잡으니 왼손도 달라붙었다. 다시 오른발로 덫을 떼어내려고 하자 오른발도 달라붙었다. 다시 왼발로 덫을 떼어내려고 하자 왼발도 달라붙었다. 손발이 모두 달라붙자 입으로 떼어내려고 하다가 입도 달라붙었다.

이렇게 몸의 다섯 부분이 달라붙어 묶여서 꼼짝 못하고 있으면 사냥꾼이 긴 막대기를 가져다가 원숭이가 덫에 묶인 사이로 꿰어서 메고 간다. 이때 원숭이는 비명을 지르지만 그는 이미 위험에 처했고 재난에 처한 것이다.

부처님께서 말씀하신 이 비유에서 원숭이는 찟따(마음)를 비유한 것이고, 다섯 곳이 달라붙어 묶인 것은 다섯 가지의 까마(감각적 욕망)를 비유한 것이다.

이 감각적 욕망은

① 형색에 대한 욕망
② 소리에 대한 욕망
③ 냄새에 대한 욕망
④ 맛에 대한 욕망
⑤ 감촉에 대한 욕망이다.

① 눈은 좋아하는 형색에 달라붙고 집착한다.
② 귀는 좋아하는 소리에 달라붙고 집착한다.
③ 코는 좋아하는 냄새에 달라붙고 집착한다.
④ 혀는 좋아하는 맛에 달라붙고 집착한다.
⑤ 몸은 좋아하는 감촉에 달라붙고 집착한다.

 부처님께서는 이 감각적 욕망의 대상은 '마라(魔)가 내려앉는 곳'이며 '남의 집'이고 '바깥 경계'라고 말씀하시고 이 남의 집에서 놀면 위 원숭이처럼 위험에 처하고 재난에 처할 것이니 '내 집', '내 고향'에서 머물러야 한다고 말씀하셨다.

 부처님께서 말씀하신 내 집, 내 고향이란 사념처이다. 사념처는 몸에 대한 마음챙김, 느낌에 대한 마음챙김, 마음에 대한 마음챙김, 법에 대한 마음챙김이다. 대념처경(大念處經), 디가 니까야 D22 (제2권p489)에서는 사념처를 아래와 같이 분류하여 설하고 있다.

(1) 몸에 대한 마음챙김의 확립(신념처) 6가지
① 들숨날숨에 대한 마음챙김의 확립
② 몸의 자세에 대한 마음챙김의 확립

③ 몸의 동작에 대한 마음챙김의 확립
④ 몸의 32부분들에 대한 마음챙김의 확립
⑤ 사대에 대한 마음챙김의 확립(4가지)
⑥ 시체에 대한 마음챙김의 확립(9가지)

(2) 느낌에 대한 마음챙김의 확립(수념처) 9가지
① 즐거운 느낌의 일어나고 사라짐을 꿰뚫어 안다.
② 괴로운 느낌의 일어나고 사라짐을 꿰뚫어 안다.
③ 괴롭지도 않고 즐겁지도 않은 느낌의 일어나고 사라짐을 꿰뚫어 안다.
④ 세속적인 즐거운 느낌의 일어나고 사라짐을 꿰뚫어 안다.
⑤ 비세속적인 즐거운 느낌의 일어나고 사라짐을 꿰뚫어 안다..
⑥ 세속적인 괴로운 느낌의 일어나고 사라짐을 꿰뚫어 안다.
⑦ 비세속적인 괴로운 느낌의 일어나고 사라짐을 꿰뚫어 안다.
⑧ 세속적인 괴롭지도 않고 즐겁지도 않은 느낌의 일어나고 사라짐을 꿰뚫어 안다.
⑨ 비세속적인 괴롭지도 않고 즐겁지도 않은 느낌의 일어나고 사라짐을 꿰뚫어 안다.

(3) 마음에 대한 마음챙김의 확립(심념처) 16가지
① 탐욕이 있는 마음을 꿰뚫어 안다.
② 탐욕이 없는 마음을 꿰뚫어 안다.
③ 성냄이 있는 마음을 꿰뚫어 안다.
④ 성냄이 없는 마음을 꿰뚫어 안다.
⑤ 미혹이 있는 마음을 꿰뚫어 안다.

⑥ 미혹이 없는 마음을 꿰뚫어 안다.
⑦ 위축된 마음을 꿰뚫어 안다.
⑧ 산란한 마음을 꿰뚫어 안다.
⑨ 고귀한 마음을 꿰뚫어 안다.
⑩ 고귀하지 않은 마음을 꿰뚫어 안다.
⑪ 위가 있는 마음을 꿰뚫어 안다.
⑫ 위가 없는 마음을 꿰뚫어 안다.
⑬ 삼매에 든 마음을 꿰뚫어 안다.
⑭ 삼매에 들지 않은 마음을 꿰뚫어 안다.
⑮ 해탈한 마음을 꿰뚫어 안다.
⑯ 해탈하지 않은 마음을 꿰뚫어 안다.

(4) 법에 대한 마음챙김의 확립(법념처) 5가지
① 오장애의 일어남과 사라짐을 꿰뚫어 안다. 오장애 = 감각적 욕망, 성냄, 해태, 혼침, 들뜸, 후회, 의심

② 오취온의 일어남과 사라짐을 꿰뚫어 안다. 물질(색), 느낌(수), 생각(상), 행위(행), 알음알이(식)

③ 십이처와 족쇄를 꿰뚫어 안다. 눈과 형색, 귀와 소리, 코와 냄새, 혀와 맛, 몸과 감촉, 뜻과 법, 유신견, 계금취견, 의심, 욕계탐욕, 성냄, 색계탐욕, 무색계탐욕, 자만, 들뜸, 무명

④ 칠각지를 꿰뚫어 안다. 염각지, 택법각지, 정진각지, 희각지, 경안각지, 정각지, 사각지

⑤ 사성제를 꿰뚫어 안다. 고성제, 집성제, 멸성제, 도성제

부처님은 사념처라는 '내 집' '내 고향'에 머물 때 위험에 처하지 않고 재난에 처하지 않을 것이며 이것이야말로 괴로움에서 벗어날 수 있는 유일한 길이라고 말씀하셨다.

12. 여섯 동물 비유경의 교훈

여섯 동물 비유 경, 상윳따 니까야 S35:247 (제4권 p415)

　세존께서는 여섯 동물 비유경에서 개, 새, 뱀, 자칼, 악어, 원숭이의 여섯 동물을 비유하여 말씀하셨다.

　이 여섯 동물들은 활동하는 영역과 먹이의 영역이 각각 다르다. 이 여섯 동물을 끈으로 단단한 기둥에 묶어놓았을 때, 기둥에 묶인 여섯 동물들은 자기의 활동영역과 먹이의 영역으로 가려고 날뛴다.

① 개는 마을로 가려고 발버둥치고
② 새는 허공으로 날아가려고 발버둥치고
③ 뱀은 개미굴로 들어가려고 발버둥치고
④ 자칼은 공동묘지에 가려고 발버둥치고
⑤ 악어는 물속에 들어가려고 발버둥치고
⑥ 원숭이는 숲속으로 가려고 발버둥친다.

이렇게 발버둥치다가 나중에는 지쳐서 기둥 옆에서 조용히 쉰다.

이 비유는
① 기둥은 몸이라는 마음챙김의 대상이고
② 여섯 동물은 육근이고
③ 끈은 사띠이다.
　육근을 사띠라는 끈으로 몸에 묶는다는 뜻이다.

이 육근의 활동영역과 먹이의 영역은 다 다르다.

① 눈은 좋아하는 형색에 달라붙고 집착한다.
② 귀는 좋아하는 소리에 달라붙고 집착한다.
③ 코는 좋아하는 냄새에 달라붙고 집착한다.
④ 혀는 좋아하는 맛에 달라붙고 집착한다.
⑤ 몸은 좋아하는 감촉에 달라붙고 집착한다.
⑥ 마음은 좋아하는 법에 달라붙고 집착한다.

여기에서의 법은 웨다나(느낌), 상냐(생각), 상카라(행위)라는 마음부수들이다. 이렇게 육근을 사띠라는 끈으로 몸에 묶으면 육근은 좋아하는 육경을 향해서 발버둥치다 지쳐서 몸에서 조용히 쉰다. 이때 마음은 고요하고 집중된다. 집중이 되면 법을 관찰하게 된다. 법을 관찰하면 빠자나띠(철저한 앎), 빵냐(통찰지)의 지혜가 개발된다. 빠자나띠, 빵냐의 지혜가 성숙되면 오취온에 대한 염오의 지혜가 생긴다. 오취온에 대한 염오의 지혜가 성숙되면 탐진치가 소멸된다. 탐진치의 소멸이 곧 해탈이다. 해탈하여 더 이상 후생의 삶이 다했다는 자각이 해탈지견이다.

이와 같이 수행과정은 계, 정, 혜, 해탈, 해탈지견이라는 5가지의 순서로 진행된다. 계는 육근을 단속함이고, 정은 마음의 고요함과 마음의 집중이고, 혜는 통찰지이고, 해탈은 오취온에 대한 염오와 탐진치의 소멸이고, 해탈지견은 해탈했다는 자각이다. 이것은 성스러운 팔정도에 해당된다.

13. 때를 알고 행동하라

가. 조건의 성숙

옛 스님의 말에 깨달음을 얻는 것을 비유하여 '세수하다 코 만지는 것과 같다'는 말이 있다. 깨달음의 조건이 성숙하여 시절 인연이 오면 깨닫기가 그처럼 쉽다는 말이다. 문제는 깨달음의 조건을 성숙시키는 일이다. 이 조건을 성숙시키기 위해서는 상당한 세월을 투자하여 사마타, 위빳사나 = 지관(止觀) 수행에 용맹정진해야 한다. 마치 닭이 21일 동안 알을 품어 먹이를 먹지도 않고 물을 마시지도 않고 잠을 자지도 않고 털이 빠지더라도 참고 견디며 움직이지 않고 한마음으로 정진하여 기어코 알을 부화시키는 것과 같다.

삼매를 얻는 것도 마찬가지이다. 처음에는 오장애(五蓋, 감각적 욕망, 성냄, 해태, 혼침, 들뜸, 후회, 의심)로 인하여 삼매를 얻는 것이 매우 힘들다. 물론 직전의 전생에 삼매를 얻었던 사람이라면 쉽게 개발할 수 있다.

오장애의 일어남과 사라짐을 빨리 알아차리는 것은 사념처 중 법념처의 수행이다. 오장애를 빨리 알아차리고 그 장애를 끊고 버리기 위하여 마음을 다잡고 애쓰고 노력하다 보면 어느 날 마음이 감각적 욕망에 끌려가지 않고, 성냄이 일어나지 않고, 잠과 졸음이 거의 없고, 들뜸과 산란함이 없어 마음이 평온하고, 의심을 극복하여 장애가 거의 사라졌음을 알게 된다. 이때 사마타 수행을 하면 삼매를 쉽게 얻을 수 있다.

나. 농사의 비유

비유하자면 농사와 같다. 농사는 때가 가장 중요하다. 퇴비와 비료 줄 때, 파종할 때, 모종 심을 때, 물 줄 때, 방제(병충해 예방)할 때, 잡초 제거할 때, 수확할 때를 맞추어서 행하여야 한다. 때를 맞추지 못하면 풍성한 수확을 기대할 수 없다.

파종하거나 모종을 심기 10일 ~ 1달 전에 토양을 갈아엎고 충분한 양의 퇴비와 비료 등 밑거름을 흙에 섞고 두둑을 만들어서 준비해야 한다. 영양소가 충분해야 작물이 열매를 많이 맺기 때문이다.

일기예보를 보고 기온을 파악하여 파종할 때, 모종을 심을 때를 맞추어서 파종을 해야 한다. 너무 일찍 파종하거나 모종을 심으면 싹이 냉해를 입어 물러졌다가 말라버린다. 그렇다고 시기를 놓쳐 늦게 파종하거나 모종을 심으면 성장 기간이 짧아서 수확할 때 열매의 크기가 작고 덜 익는다.

파종하거나 모종을 심었을 때는 매일 물을 주어야 한다. 뿌리가 활착하고 나면 며칠에 한 번씩 물을 주어도 된다. 모종을 심고 2 ~ 3주가 지나 본격적으로 성장할 때는 1차로 추비(추가 거름, 비료)를 준다. 꽃을 피울 때 2차로 추비를 주고, 열매를 맺고 성장할 때 3차로 추비를 준다. 병충해를 예방하기 위하여 주기적으로 님오일 등 천연 해충퇴치제 등을 작물에 살포하여 방제를 한다.

주기적으로 잡초를 제거해야 한다. 잡초제거매트나 부직포를 깔면 잡초가 올라오지 않는다. 두둑에 검은 비닐을 깔고 구멍을 뚫어 작물을 심으면 잡초가 올라오지 않는다. 비닐을 깔지 않았을 때는 주기적으로 두둑의 잡초를 제거해 주어야 한다. 잡초가 크면 햇빛을 가려서 작물의 성장을 방해하며 또한 작물이 먹어야 할 영양분을 잡초가 빼앗아가기 때문이다.

 작물의 수확할 때를 잘 알아서 때에 맞추어서 수확을 해야 한다. 너무 일찍 수확하면 열매가 익지 않고, 너무 늦게 수확하면 열매가 너무 익었다. 수확을 하지 않고 오래 버려두면 열매가 떨어지고 썩어 버린다.

 여기서 비유의 뜻은 다음과 같다.

① 삼보에 대한 믿음은 씨앗이다.
② 발심하고 수행하려는 의욕(열의)의 선근은 모종(어린 싹)이다.
③ 계율과 육근 단속은 어린 싹을 냉해와 세찬 바람과 산짐승으로부터 보호하는 것이다.
④ 법을 자주 듣고 배우는 것은 물을 주는 것이다.
⑤ 보시, 방생 등 공덕을 쌓는 것은 퇴비와 비료 등 거름을 주는 것이다.
⑥ 삼매를 닦는 것은 부직포와 비닐을 깔아 잡초라는 번뇌가 올라오지 못하게 하는 것이다.
⑦ 보호주를 외우는 것은 해충을 방제하는 것이다.
⑧ 통찰지는 꽃이 핀 것이고 일상의 문제를 해결하고 괴로움을 벗어나는 것은 열매를 수확한 것이다.

다. 때를 알아 행동하라

(1) 먹어야 할 때 먹고, 먹지 말아야 할 때 먹지 않기
 먹어야 할 때 먹고, 먹지 말아야 할 때 먹지 말아야 한다. 아침, 점심 식사시간은 먹어야 할 때이다. 식사시간 중간에는 간식을 먹지 말아야 할 때이다. 해가 진 후에 밤에는 먹지 말아야 할 때이다. 저녁을 먹으려면 캄캄해지기 전에 일찍 먹는다.

 위장, 소장, 대장도 일할 때 일하고 쉴 때 쉬어야 한다. 밤에는 장도 쉬어야 한다. 그런데 밤에 음식을 먹으면 장이 쉬지 못하고 일을 해야 하고 음식물과 위산이 목으로 역류하여 역류성식도염에 걸린다.

 음식의 양을 알아서 먹기를 그쳐야 할 때 그쳐야 한다. 양을 모르고 먹기를 그쳐야 할 때 그치지 못하여 계속 먹으면 과식하고 배탈.설사.소화불량이 생기거나 또는 비만하게 되고 그로 인하여 각종 성인병이 발생하여 건강을 해친다.

 만약 전날 과식을 했다면 오늘 아침 한 끼는 굶는 것이 좋다. 아니면 오늘 하루를 온전히 굶으면 더 좋다. 그래서 배가 고프고 허기가 지면 그때부터 다시 음식을 먹기 시작한다.

 변을 보아야 할 때 변을 보아야 하고 대변과 소변을 너무 오래 참지 말아야 한다. 중요한 일이 있다면 그 일이 있기 전에 미리 변이 마렵지 않더라도 용변을 보아서 일하는 중간에 변이 마려워 조급해지는 근심거리를 만들지 말아야 한다. 음식과 음료를 적게 먹고 마시면

변도 적게 나오니 근심도 적다. 오죽하면 변소를 '해우소(解憂所) 근심을 푸는 곳' 라고 말했겠는가.

(2) 자야 할 때 자고, 자지 말아야 할 때 자지 않기
 밤 10시 ~ 새벽 2시에는 수면호르몬이 생성되는 때이니 이때는 자야 한다. 이 수면호르몬은 인체의 면역력과 관계가 깊다. 자야 할 때 자지 않으면 수면호르몬(멜라토닌)이 분비되지 않아 면역력이 저하된다. 낮에는 잠을 자지 말아야 한다. 낮에 잠을 자면 밤에 잠이 오지 않아서 늦게 자고 아침에 늦게 일어나는 올빼미형의 수면습관이 생긴다. 단, 육체적으로 고된 일을 하는 사람은 낮잠을 잠깐 자는 것은 건강에 이로울 수 있으나 그렇지 않은 사람이 낮에 잠을 자면 해태.혼침의 장애에 빠지는 것이다.

(3) 일해야 할 때 일하고, 쉬어야 할 때 쉬기
 일해야 할 때 일하고 쉬어야 할 때 쉬어야 한다. 여기서 일이란 학업이나 수행까지도 포함한 것이다. 평일에는 일하고 주말에는 쉰다. 평일 중 낮에는 일하고 밤에는 쉰다. 쉬어야 할 때 제대로 쉬지 못하면 일할 때 일을 제대로 할 수 없다. 이런 말이 있다. "쉴 줄 모르는 사람은 일할 줄 모르는 사람이다." 쉬어야 할 때 제대로 쉬지 못한다는 것은 주말이나 야간에 일을 하거나 또는 일 생각을 하며 근심 걱정하고 불만족하는 것이다. 쉴 때는 일을 완전히 쉬고 일에 대한 생각까지도 완전히 끊어버려야 한다. 그래야 재충전이 되어 일해야 할 때 제대로 일할 수 있다.

반대로 일해야 할 때 쉬는 사람은 게으른 사람이다. 그는 일과 휴식

에 절도가 없어서 하는 일을 완수할 수 없다.

(4) 후생을 대비해야 할 때 후생을 대비하기

아함경에는 머리에 흰머리가 나는 것을 '천사(天使)'라고 불렀다. 흰머리를 천사라고 부른 이유는 죽음을 준비하고 후생을 준비하라는 의미이다. 이때는 세속적인 일을 모두 내려놓고 자식들을 돌보는 일도 내려놓고 오직 후생을 생각하여 공덕을 쌓고 수행을 해야 한다. 늙어서까지 세속적인 일에 매달리고 감각적 쾌락을 추구하는 사람은 어리석은 사람이다.

라. 때에 맞게 가르치라

(1) 선근의 보호

남을 가르칠 때에는 때를 잘 알아야 한다. 처음 불교에 관심을 갖고 믿고자 하는 마음을 일으킨 사람이 있다면 기회를 놓치지 말고 그 사람을 잘 이끌어주어야 한다.

발심하여 처음 수행을 시작한 초발심 수행자에게는 그 발심을 물러나지 않게 잘 보호해주어야 한다. 삿된 사람과 교제하거나 접촉하지 못하도록 금지하고 계율을 잘 지키도록 지도한다.

스승이 제자의 선근을 잘 보호하는 것은 마치 어미닭이 21일동안 알을 품어 먹지도 않고 물을 마시지도 않고 잠을 자지도 않고 털이 빠지도록 참고 견디며 움직이지 않고 오직 알을 품어 따뜻한 온도를 유지하는 것과 같다. 그와 같이 스승은 제자의 수행의 열의를 잘 보호하여 성장하도록 지도한다.

(2) 참회

 업장이 많은 사람은 수행을 하기 전에 먼저 공덕을 쌓아 업장소멸을 하도록 가르친다. 업장이 많은 사람에게 법문부터 설하거나 수행을 시키면 업장으로 인하여 법문도 이해하지 못하고 수행도 할 수 없기 때문이다. 그 방법은 ① 불상 앞에 백팔배나 삼천배 절을 하고 ② 부처님 앞에 자신의 죄를 고백하고 지극정성 참회하며 ③ 계를 잘 지키고 ④ 방생과 보시 공덕을 쌓고 ⑤ 독경 또는 사경과 염불을 열심히 하여 선근을 늘리고 업장을 소멸하도록 가르친다.

(3) 격려

 초심수행자나 제자가 선한 일을 하려고 계획하고 노력할 때는 기회를 놓치지 말고 격려해준다. 제자가 선한 일, 유익한 일, 훌륭한 일을 했을 때는 기회를 놓치지 말고 칭찬해준다. 힘들고 어려운 일을 당했을 때는 기회를 놓치지 말고 위로해 주고 희망을 불어넣어 준다.

(4) 문제 해결

 초심수행자나 제자에게 법을 설하여 기쁨을 준다. 또한 제자의 고민이 있을 때는 기회를 놓치지 말고 법을 설하여 바른 견해를 확립하도록 하고 또한 바른 선택과 행위를 하도록 지도해서 그가 자기 자신의 고민을 해결하고 괴로움을 벗어나도록 도움을 준다. 이때 스승은 제자가 법의 이익을 얻고 괴로움을 벗어난 것을 따라 기뻐한다.

(5) 줄탁동시

 어미닭이 21일동안 알을 품고 있다가 병아리가 알 속에서 나올 때가 되어 움직이고 안에서 껍데기를 쪼면 밖에서 어미닭이 알을 쪼아주어 병아리가 껍질을 깨고 나오도록 돕는 것을 줄탁동시(啐啄同時)라고 말한다. 이것은 스승의 중요한 역할이다.

14. 부정관, 음욕을 다스리는 법

음욕은 무수한 전생에서부터 익혀온 습관이다. 음욕을 다스리는 법에 있어서 출가 스님을 기준으로 말하자면 항상 엄격하게 수행하여야 하겠지만, 재가 불자의 기준으로 말하자면 한 달에 여섯 번 육재일에 아라한 스님처럼 수행하며 팔재계를 지킬 때 이 법을 수행하면 될 것이다.

부처님께서는 ① 몸의 더러움을 관찰하는 부정관 ② 모든 사람들을 부모, 형제, 자매로 보고 보호하는 생각을 일으키는 수행 ③ 육근을 단속하는 수행 ④ 감각적 쾌락의 괴로움을 관찰하는 수행을 통해 감각적 욕망을 다스리도록 가르치셨다. 이하 이 네 가지에 대해 구체적인 방법을 제시한다.

가. 부정관(不淨觀)

음욕이 발동하는 것은 여자의 몸 또는 남자의 몸이 깨끗하다는 생각이 원인이 된다. 더럽다고 보면 음욕이 생기지 않는다. 그러므로 더럽다는 생각을 닦아야 한다. 왜냐하면 사람의 몸은 본래 더러운 것이기 때문이다.

(1) 몸 밖으로 흘러나오는 더러운 것들
사람 몸은 본래 더럽다. 두 눈에서는 눈물과 눈꼽이, 두 귀에서는 귀지가, 두 콧구멍에서는 콧물이, 입에서는 침과 가래가, 항문에서는 똥이, 요도에서는 오줌이, 자궁에서는 피고름과 냉대하가, 모공에서는 땀과 피부기름기가 계속해서 흘러나오고 있기 때문이다. 이것이 몸의 본 모습이다.

 이와 같이 몸이 본래 더럽기 때문에 매일 씻어야 하고, 옷을 빨고 갈아입아야 한다. 씻고 화장하고 새 옷을 입어서 마치 몸이 본래 깨끗한 것처럼 보이려고 하는 것이다 그래서 부처님께서는 몸이 더러운 것을 더럽다고 있는 그대로 보라고 가르치셨다. '몸이 깨끗하다는 생각' 이러한 뒤바뀐 전도망상을 일으키지 말라는 것이다.

(2) 몸 안에 들어있는 더러운 것들
 몸 안에는 32가지의 부분들이 있다.

단단한 것 20가지 = 땅의 요소(地大)
① 머리털 ② 몸털 ③ 손발톱 ④ 이빨 ⑤ 피부 ⑥ 살 ⑦ 힘줄 ⑧ 뼈 ⑨ 골수 ⑩ 콩팥 ⑪ 심장 ⑫ 간 ⑬ 근막 ⑭ 지라 ⑮ 허파 ⑯ 큰창자 ⑰ 작은창자 ⑱ 위 속의 음식 ⑲ 똥 ⑳ 뇌
흐르는 것 12가지 = 물의 요소(水大)
① 쓸개즙 ② 가래 ③ 고름 ④ 피 ⑤ 땀 ⑥ 굳기름
⑦ 눈물 ⑧ 피부기름기 ⑨ 침 ⑩ 콧물 ⑪ 관절혈액 ⑫ 오줌

 이 몸의 32가지 부분들을 하나하나 자세히 관찰한다. 이것들은 단단한 땅의 요소와 흐르는 물의 요소 뿐이다. 이 살과 뼈의 무더기에서 '나'를 찾는다. "여기 어디에 '나'가 있는가? 여기 어디에 '사람'이 있는가? 여기 어디에 '남자', '여자'가 있는가? 여기 어디에 '중생', '생명'이 있는가? 아무것도 없다. 그저 살 무더기와 뼈 무더기

가 있을 뿐이다. '나', '사람', '남자', '여자', '중생'이라는 것은 실재가 아닌 개념이고 허망한 분별망상이다. 그동안 이런 망상에 집착하여 살아왔구나."

몸을 통째로 보면 '나', '사람'이라는 착각이 일어나지만 분해하여 놓고 보면 이런 망념이 사라진다. 마치 방금 죽은 소는 '소'라는 생각이 있지만, 분해하여 벌려 놓으면 '소'라는 생각은 사라지고 '고기', '뼈'라는 생각만 있는 것과 같다. 이와 같이 사람 몸의 더러움을 자세히 관찰하면 '나', '사람', '중생'이라는 개념을 벗어날 수 있다.

나. 보호관

보호관은 모든 여성, 남성을 나의 가족이라고 보고 다치지 않게 보호하는 생각을 일으키는 것이다. 남성의 경우 나보다 나이 든 여자는 어머니, 이모, 고모, 할머니로 보고 나이가 비슷한 여자는 누나, 여동생으로 보고, 나이가 어린 여자는 딸, 조카, 손녀로 보고 존중하고 사랑하는 것이다.

여성의 경우 나보다 나이 든 남성은 아버지, 삼촌, 할아버지로 보고 나이가 비슷한 남자는 오빠, 남동생으로 보고, 나이가 어린 남자는 아들, 조카, 손자로 보고 존중하고 사랑하는 것이다. 이렇게 볼 때 남을 다치지 않게 보호하려는 생각이 일어나서 음욕이 사라진다.

다. 육근의 단속

부정관을 해도 음욕이 없어지지 않고 보호관을 해도 음욕이 없어지지 않을 때는 어떻게 해야 하는가? 부처님께서는 이런 경우에 눈, 귀, 코, 혀, 몸, 뜻의 육근을 단속하라고 가르치셨다.

여섯 가지 감각기관(눈, 귀, 코, 혀, 몸, 뜻)을 단속하여 음란한 것을 보지 않고, 듣지 않고, 접촉하지 않고, 생각하지 않는 것이다.

(1) 눈을 단속하여 이성의 모습, 음란한 모습, 음욕을 부추기는 모습을 보지 않는다.
(2) 귀를 단속하여 이성의 말소리, 노랫소리, 음란한 소리를 듣지 않는다.
(3) 코를 단속하여 이성의 몸의 냄새를 맡지 않는다.
(4) 혀를 단속하여 이성의 맛을 보지 않는다.
(5) 몸을 단속하여 이성의 몸, 머리카락, 옷과 접촉하지 않는다.
(6) 마음으로 과거의 이성의 모습을 기억하지 않는다. 미래의 이성의 모습을 상상하지 않는다.

특히 TV, 영화, 동영상 등을 통하여 음란한 그림과 소리를 듣지 않도록 주의하고, 마음을 단속하여 과거의 음행을 기억하지 말고, 미래의 음행을 상상하지 말아야 한다.

라. 땀흘리기

 위의 방법을 다 써보았는데도 음욕이 가라앉지 않으면 땀을 흘리는 방법을 쓰면 가라앉는다. 음욕은 태어날 때부터 타고난 몸의 에너지이다. 이 에너지를 좋은 곳에 쓰는 것이 좋은 방법이다. 몸을 써서 땀을 흘리고 나서 샤워를 하면 몸이 개운하고 상쾌하고 음욕이 가라앉는다.

(1) 백팔배
 음욕이 일어날 때마다 곧바로 일어나 백팔배를 한다. 유튜브 등에서 백팔대참회문을 틀어놓고 들으면서 백팔배를 하는 것이 좋다. 백팔배가 끝날 때쯤에는 음욕이 가라앉는다. 만약 그래도 가라앉지 않는다면 천배, 삼천배에 도전한다. 몸이 땀에 흠뻑 젖을 때까지 절을 한다. 그러면 음욕이 반드시 가라앉을 것이다.

(2) 육체노동
 집을 수리하거나, 대청소를 하거나, 손빨래를 하거나, 텃밭을 일구거나 육체노동을 하면서 땀을 흘리고 나서 샤워를 하면 음욕이 가라앉는다.

15. 화가 날 때 다스리는 법

가. 성냄의 나쁜 점

성냄은 불만족하고, 우울하고, 근심하고, 두려워하고, 짜증 내고, 분노하고, 적대감을 가지는 마음이다. 성냄은 마음을 동요하게 하며 애써 쌓은 선업공덕을 파괴하고 수행을 물러나게 한다. 그러므로 이 성냄을 빨리 알아차려서 다스리고 끊고 없애야 한다.

(1) 성냄은 독(毒)이다
 자주 성내는 사람은 몸이 많이 아프다. 화를 내면 심장과 혈관계에 무리한 자극을 주고 정상적인 기능을 약화시킨다. 또한 몸속에서 해로운 독소를 분비하게 만들어 몸을 점차 병들게 한다.

(2) 성냄은 불(火)이다
 성냄은 선한 마음을 파괴한다. 성냄은 사랑과 존중과 연민과 너그러움 등의 착한 마음을 불태우고 무너뜨린다.

(3) 성냄은 불안(不安)이다
 성냄은 마음을 동요하게 하고 들뜨고 불안하고 산란하게 만든다. 그래서 오장애 중의 하나로서 수행의 장애가 된다.

(4) 성냄은 어리석음(愚癡)이다.
 성냄은 지혜와 바른 견해를 마비시킨다. 성내는 사람은 적의와 악의로 인해 그릇된 판단을 내리고 어리석은 행동을 한다.

성냄은 이와 같이 해롭다.

나. 성냄 빨리 알아차리고 내려놓기

성냄을 빨리 알아차려서 다스리고 끊고 없애야 한다. 마치 잡초가 처음 자랄 때는 뽑기가 쉽지만 다 자라고 나면 뽑기가 쉽지 않은 것과 같다. 한참 성내고 있을 때 이 성냄을 다스리는 것은 때가 늦기 때문이다. 성냄을 빨리 알아차리는 방법은 자신의 마음속에 불만족이 있는가를 보는 것이다. 불만족이 있다면 반드시 성냄이 있다. 왜냐하면 성냄은 항상 불만족한 느낌과 함께 하기 때문이다.

(1) 마음 챙김이 없는 사람은 한참 화내고 나서 가라앉을 때 비로소 알아차린다. 마치 브레이크가 고장난 자동차가 멈추지 못하고 어딘가에 충돌하고 나서야 비로소 멈추는 것과 같다.

(2) 마음 챙김을 시작한 사람은 화내는 중간에 알아차리고 천천히 멈춘다. 이것은 마치 시속 60킬로미터로 달리는 자동차가 브레이크를 잡고 나면 곧바로 멈추지 못하고 한참을 끌려간 후에야 멈추는 것과 같다.

(3) 마음 챙김이 익숙한 사람은 성냄이 일어나는 초기에 알아차리고 조금 후에 멈춘다. 예를 들어 욕이 목구멍에서 입 밖으로 나가려는 찰나에 알아차리면 곧 목구멍에서 욕이 멈추고 밖으로 나가지 않게 된다. 이것은 마치 시속 10킬로미터로 달리는 자동차가 브레이크를 잡으면 움찔하다가 멈추는 것과 같다.

(4) 마음 챙김이 예리한 사람은 성냄이 일어나는 순간에 알아차리고 곧바로 멈춘다. 예를 들어 가슴속에서 성냄의 기운이 꿈틀하고 일어날 때 알아차리면 곧 가슴에서 성냄이 가라앉는다. 이것은 마치 자동차 시동을 걸고 나서 처음 움직일 때 멈추는 것과 같다.

(5) 마음 챙김 수행이 완성된 사람은 성냄이 일어나지 않는다. 성냄 대신에 연민심이 일어나거나 평온함을 유지한다. 자동차의 시동을 걸지 않는 것과 같다.

다. 법의 기쁨 일으키기

몸과 마음을 편안하고 즐겁게 가져라. 몸이 힘들고 괴롭거나 마음에 갈등이 생기면 자연히 짜증과 성냄이 생긴다. 그러나 괴로움이란 본래 공(空)한 것이다. 괴로운 느낌과 즐거운 느낌이 모두 무상하고 실체가 없으니 모두 버려라. 모두 버렸을 때 진정으로 편안하고 즐겁게 된다. 편안하고 즐거워야 성냄이 없어진다.

성냄이 많은 사람은 즐겁다는 관찰이나 깨끗하다는 관찰을 해야 한다. 더럽다는 관찰(부정관)이나 괴롭다는 관찰을 해서는 안된다. 성냄이 많은 사람이 부정관, 괴로움의 관찰을 하면 오히려 불만족과 성냄이 더 커지기 때문이다. 즐겁다는 관찰로 마음이 편안해졌으면 이 즐거움도 또한 무상하다는 것을 생각하고 집착을 떠나 마음을 평온하게 한다. 이와 반대로 탐욕이 많은 사람은 즐거움, 깨끗함을 관찰하면 탐욕이 오히려 더 커지기 때문에 더러움, 괴로움을 관찰해야 한다. 이와 같이 병에 따라 약을 쓰는 법이다.

걱정이 있고 우울하며 불만족하면 기쁨을 일으켜라. 그러나 감각적 욕망으로 기쁨을 일으키면 안 된다. 예컨대 맛있는 음식을 먹어서 기쁨을 일으킨다면 성냄을 일시 제거할 수는 있지만, 반대로 감각적 욕망을 키우게 되고 나중에 더 큰 불만족과 성냄이 일어난다.

법답게(如法) 기쁨을 일으키는 법은 6가지 계속해서 생각함이 있다.

(1) 부처님 : 부처님의 공덕과 지혜와 위대한 힘을 생각하여 믿음과 기쁨을 일으킨다. (念佛)
(2) 법 : 부처님의 가르침을 생각하여 기쁨을 일으킨다. (念法)
(3) 승가 : 훌륭한 큰스님들을 생각하여 믿음과 기쁨을 일으킨다. (念僧)
(4) 계 : 계를 잘 지키면 후회하지 않아 기쁨이 일어난다. (念戒)
(5) 보시 : 보시하고 봉사함으로서 기쁨이 생긴다. (念施)
(6) 천신 : 천신들의 행복한 삶을 생각함으로써 기쁨이 생긴다. (念天)

또한 자애, 확신, 법의 기쁨, 승진, 경안, 반조의 여섯 가지 법(六法)이 기쁨을 일으킨다.

(7) 자애 : 남의 이익과 행복을 바라는 자애를 닦을 때 기쁨이 일어난다.
(8) 확신 : 수행법에 대하여 확신을 가졌을 때 기쁨이 일어난다.

(9) 법의 기쁨 : 법을 숙고하여 지혜의 눈이 밝아지면 기쁨이 일어난다.
(10) 승진 : 수행이 진전되고 올라갈 때 기쁨이 일어난다.
(11) 경안 : 몸과 마음이 가볍고 편안할 때 기쁨이 일어난다.
(12) 반조 : 자신의 공덕과 변화하는 모습을 반조할 때 기쁨이 일어난다.

반조함으로서 기쁨을 일으키는 열네 가지 법은 다음과 같다.

① 삼악도에서 고통받는 중생들이 한량없이 많은데 나는 삼악도를 벗어나서 사람 몸을 받았다. (기쁨)
② 인간으로 태어났어도 병약한 사람들이 많은데 나는 건강한 몸을 갖고 있다. (기쁨)
③ 건강한 사람이라도 부처님 법을 만나지 못한 사람이 많은데 나는 부처님 법을 만났다. (기쁨)
④ 부처님 법을 만났어도 그 가운데 정법(正法)을 만나기가 어려운데 나는 정법을 만났다. (기쁨)
⑤ 정법을 만났어도 믿음과 공경심을 일으키기가 어려운데 나는 믿음과 공경심이 있다. (信) (기쁨)
⑥ 믿음이 있더라도 발심하여 수행하기가 어려운데 나는 발심하여 수행하고 있다. (기쁨)
⑦ 좋은 수행처를 만나지 못해 여기저기 떠돌며 힘들게 수행하는데 나는 좋은 수행처를 만났다. (기쁨)
⑧ 선지식을 만나기 어려운데 나는 선지식을 만났다. (기쁨)
⑨ 계를 지키기 어려운데 나는 계를 지키고 있다. (持戒) (기쁨)
⑩ 보시하기 어려운데 나는 보시하고 있다. (布施) (기쁨)

⑪ 법을 자주자주 많이 듣기 어려운데 나는 법을 자주자주 많이 듣고 있다. (多聞) (기쁨)
⑫ 바른 견해와 마음챙김을 갖기가 어려운데 나는 바른 견해와 마음챙김을 가지고 있다. (智慧) (기쁨)
⑬ 믿음, 지계, 보시, 다문, 지혜를 갖추면 천상세계에 태어나는데 나는 이 법들을 갖추고 있다. 나의 서원에 따라 원하는 천상세계나 인간세계에 태어날 수 있다. (기쁨)
⑭ 나의 일년전 마음과 지금의 마음은 다르다. 계와 지혜와 선법이 늘어났고 악행과 번뇌는 줄어들었다. 나는 깨달음과 열반을 향해 계속 승진(昇進)해 나가고 있다. (기쁨)

앞만 보지 말고 뒤도 돌아보아 기쁨을 일으켜야 한다. 앞만 보면 부처님과 대보살, 아라한 등 성인들만 생각하고 자신과 비교하여 실망하고 불만족과 근심이 일어날 수 있다. 뒤돌아보아 과거에 비해 현재 내가 이만큼 성장했고 남들에 비해 이러한 좋은 공덕을 갖추고 있다는 것을 반조하면 기쁨이 일어난다.

그렇다고 뒤만 돌아보고 기뻐하고 만족하면 수행이 정체하게 되고 앞으로 나아가지 못하게 된다. 그러므로 다시 부처님과 대보살, 아라한 등 성인들을 생각하고 분발하고 정진해야 한다. 앞뒤를 두루 보고 나아가야 한다.

라. 인욕하고 괴로움을 감수하기

현재 겪는 괴로움은 과거에 내가 마음속에 갈애라는 원인을 심었기 때문에 그 과보로서 일어난 것이다. 이 도리를 아는 사람은 결코 다른 사람을 원망하지 않고 세상을 원망하지 않는다. 스스로 과거에 지은 업의 과보로서 괴로움을 받는 것이기 때문이다.

부처님은 장애라는 생각(거슬린다는 생각)이 성냄의 먹이가 된다고 말씀하셨다. 좋고 싫은 것이 없으면 장애도 없다. 좋은 것이 있으니 싫은 것이 있는 것이고, 싫은 것이 나타나면 피하려고 하고 마음에 거슬려 수행의 장애가 된다. 다른 사람이 수행에 장애가 된다는 생각 때문에 남을 원망한다. 환경이 수행에 장애가 된다고 생각하여 주위환경을 싫어하고 괴로워한다. 현재 처한 환경에 만족하지 못하니 다른 좋은 수행처를 바라고, 바라는 대로 되지 않으면 또다시 괴로워한다.

내 마음도 내 뜻대로 되지 않는데 어찌 다른 사람을 내 뜻에 맞게 변화시킬 수 있겠는가. 마음에 들지 않는 사람을 피해서 다른 곳으로 옮기더라도 또 다른 사람이 괴롭힌다. 환경을 바꾸어보아야 다른 환경에서도 또 새로운 괴로움이 생긴다. 업의 과보는 피할 수 없으니 마치 그림자를 피할 수 없는 것과 같다. 그림자가 항상 사람을 따라다니듯이 마음속의 업의 형성력(業力)은 항상 따라다닌다. 그러니 괴로움을 달게 받아서 묵은 업을 녹여내라. 괴로움을 감수하여 화를 내지 말고 원망을 품지 말고 평정심을 유지하라.

새 업을 짓지 말라. 참지 못하고 성내면 다시 새로운 업을 짓는 것이다. 마치 빚진 사람이 빚을 갚자마자 또다시 새로운 빚을 지는 것과 같다. 괴로움을 달게 받고 이겨내면 수행이 한 단계 올라가니 사실은 장애가 해탈의 원인이 되는 것이다.

 좋은 경계도 좋아하지 말라. 나쁜 경계도 싫어하지 말라. 좋고 싫음이 없어 마음이 평등하면 장애가 없다. 또한 차별에서 장애가 생긴다. 경계를 분별하지 말라. 좋다, 나쁘다, 옳다, 그르다, 친하다, 친하지 않다는 분별을 떠나면 더 이상 다툼이 없고 집착도 없다. 부처님과 아라한이라 할지라도 애착하지 않으며, 외도와 악한 자들이라도 싫어하지 않아 모든 이를 평등하게 대하여야 한다.

 참아라. 부처님께서는 추위와 더위를 참고, 배고픔과 목마름을 참고, 파리와 모기를 참고, 곧 죽을 것 같은 극심한 몸의 통증을 참아야 하며, 남의 욕설과 비방과 구타를 참으라고 말씀하셨다. 이 사바세계(娑婆世界)는 참아야만 살아갈 수 있는 감인세계(堪忍世界)라는 뜻이다. 그러니 참아라. 억지로 억눌러서 참는 것이 아니요, 마음챙김을 놓치지 않기 때문에 바른 견해로 무상과 무아를 보기 때문에 참을 수 있는 것이다.

 몸의 아픔과 불쾌한 감촉은 몸의 알음알이이다. 부처님께서는 '모든 알음알이는 환각과 같다(諸識如幻)'고 설하셨다. 꿈속에서도 아픈 몸의 감촉을 느끼지만 깨어나면 아무것도 없다. 이것은 망상으로 지어진 것이니 진실이 아닌 것이다. 또한 몸의 감촉은 무상한 것이니 곧 지나갈 것이다. 아프다는 생각을 놓아버려라. 몸이 있다는 생각을 버려라. 몸은 본래 텅 빈 것이다. 만약 극심한 몸의 통증을 참아내고 마음이 괴롭지 않다면 인욕의 힘을 얻어 수행에 큰 도움이 될 것이다.

비방하는 자도 공하고, 듣는 자도 공하며, 말소리는 목구멍에서 나오는 바람일 뿐이다. 이와 같이 생각하여 참아라. 고통을 받는 것은 자신이 지은 업의 과보이니 달게 받아라. 이로서 묵은 빚을 갚고 새 업을 짓지 않으면 점차 괴로움에서 벗어날 것이다.

마. 조급함 버리기

조급한 마음을 버리고 천천히 꾸준히 수행하라. 빨리 결과를 얻고자 하지 말라. 말처럼 뛰지 말고 소처럼 천천히 걸어 쉬지 않고 나아가라. 조급한 마음으로 억지로 힘을 주고 수행하다 보면 상기가 되어 머리가 아프고 몸은 긴장하여 들뜨니 삼매에 들 수 없고 빨리 결과가 나타나지 않으니 불만족하고 실망하고 좌절하여 수행할 마음이 물러나게 된다.

부처님께서는 하프의 줄 고르는 비유를 말씀하셨으니 줄이 너무 팽팽하면 좋은 소리가 나지 않고 너무 느슨해도 좋은 소리가 나지 않으나 적당히 조였을 때 좋은 소리가 난다. 이와 같이 적당하고 은근하게 쉬지 않고 꾸준히 노력했을 때 수행이 진보한다.

마음의 부담을 없애라. 자신의 능력에 비해 지나치게 높은 목표를 정하고 그 목표를 달성하려고 결심했을 때 이 일은 실천하기에 힘이 든다. 이 부담감으로 인하여 마음이 무겁다. 그러므로 계획을 세울 때는 항상 자신의 능력과 조건을 감안하여 비교적 쉽게 달성 가능한 목표를 정해야 한다. 그리고 그 목표를 달성하고 나서는 다시 새롭게 목표를 정하는 것이다. 이렇게 조금씩 나아가야 부담이 없어 마음도 가볍고 일도 수월하게 성취한다. 성취감과 자신감이 있을 때 수행의 열의가 물러나지 않는다.

바. 자애와 연민

 자애는 성냄을 다스리는 묘약이다. 자애는 남을 즐겁고 행복하게 해주려는 마음이다. 모든 중생은 괴로움을 싫어하고 즐거움을 좋아하기 때문이다. 자애는 남을 사랑하고 배려하며 친절을 베푸는 것이다. 평소에 이런 마음을 키워야 한다. 모든 존재를 사랑하는 자애심은 자신의 마음 또한 행복하게 하고 기쁘게 한다. 나보다 나이 든 사람을 보면 부모처럼 사랑하고, 나와 비슷한 나이의 사람은 형제자매와 같이 생각하며, 나이가 어린 사람은 자식이나 조카나 손자와 같이 생각한다.

 자애는 그 자체로 큰 복덕을 짓는다. 모든 공덕 가운데 자애의 공덕이 제일 으뜸이다.

 연민심은 중생의 고통을 생각하고 불쌍히 여기는 것이다. 동병상련이라, 내가 탐진치의 번뇌를 벗어나지 못하여 생사에 윤회하면서 한량없는 괴로움의 병을 앓고 있는데, 다른 모든 중생들도 역시 같은 병을 앓고 있는 것이 아닌가? 마땅히 불쌍하게 생각하여 중생을 보호하는 마음을 가져서 해치려는 마음, 잔인함, 무자비함, 폭력, 폭언을 없애야 한다.

 남이 악행을 하는 것을 보면 "저 사람은 나중에 불행을 겪을 것이고 고통을 받을 것이다. 어리석어 자신이 악행을 하는 것도 모르고, 나중에 괴로움을 받을 것도 모르는구나. 참으로 불쌍하다."라고 생각한다.

16. 간략한 호흡명상법

저녁이나 새벽에 가족이나 남들에게 방해받지 않는 조용한 시간에 명상을 한다. 마음이 산만한 사람, 잡념과 근심 걱정이 많은 사람, 쉽게 들뜨고 흥분하는 사람, 기분이 좋았다가 나빴다가 감정의 기복이 심한 사람은 호흡명상을 함으로서 큰 이익을 얻는다.

명상을 하면 신경의 흥분이 가라앉아 정서가 순화되고 마음이 차분하고 평온해진다. 학업이나 일에 집중력이 높아져서 능률이 오른다. 마음이 유연해지고 힘이 생겨서 남의 비난이나 공격을 능히 감당할 수 있다. 저녁에 명상을 한 후 잠을 자면 악몽을 꾸지 않고 편안하게 잠을 잘 수 있다.

방석에 등과 허리를 펴고 바르게 앉는다. 먼저 등과 허리를 쭉 편 다음 등과 허리의 힘을 약간 빼고 편안하게 자세를 취한다. 평좌로 앉는다. 왼쪽 발을 사타구니에 바짝 당겨놓고 오른쪽 발을 왼쪽 정강이 앞에 당겨놓는다. 손은 주먹을 가볍게 쥐고 양 무릎 위에 놓는다. 또는 왼손을 손바닥이 위로 향하도록 하여 배꼽 아래 붙이고, 오른손을 왼손 위에 포개놓고 양 손의 엄지를 붙인다. 눈은 감는다. 만약 명상시에 졸음이 자주 오는 사람은 처음부터 눈을 반쯤 뜨고 명상하는 것이 좋다.

마음을 코끝에 놓고 호흡을 지켜본다. 숨이 들어오면 들어온다고 알아차리고, 숨이 나가면 나간다고 알아차린다. 숨이 길면 길다고 알아차리고, 숨이 짧으면 짧다고 알아차린다. 숨이 차가우면 차갑다고 알아차리고, 숨이 따뜻하면 따뜻하다고 알아차린다. 숨이 불안하면 불안하다고 알아차리고, 숨이 편안하면 편안하다고 알아차린다. 오직 할 일은 숨을 알아차리는 것 뿐이다.

 알아차림을 하다 보면 잡념이 일어나게 되어있다. 이것은 자연현상이다. 잡념이 일어나는 것을 싫어하지도 말고 잡념이 일어나지 않기를 바라지도 말아야 한다. 과거에 대한 기억 또는 미래에 대한 상상 등 잡념이 일어날 때마다 백 번이건 천 번이건 즉각 알아차리고 다시 코끝으로 돌아온다. 그러다 보면 잡념이 일어나는 횟수가 점차 줄어들고 마음이 고요해진다.

 마음이 고요해졌어도 졸면 안된다. 끝까지 명료한 의식으로 호흡에 대한 알아차림을 놓치지 않는다. 처음에는 하루 저녁에 10분 정도 명상하고 매일 매일 1분씩 늘려나가서 나중에는 1회에 50분 이상 명상하는 것이 좋다. 만약 명상을 하다가 코끝에서 흰빛을 보면 이 때는 삼매에 가까워진 것이니 전문적인 명상스승의 지도를 받는다. 그러나 굳이 삼매를 얻지 않더라도 명상을 통해 마음이 편안해지기만 해도 좋은 이익을 얻은 것이다.

17. 사무량심 명상법

가. 사무량심의 의미

사무량심(四無量心)이란 '네 가지의 한량없는 마음' 이다.
'자애' 의 한량없는 마음(慈無量心)
'연민' 의 한량없는 마음(悲無量心)
'따라 기뻐함' 의 한량없는 마음(喜無量心)
'평온' 의 한량없는 마음(捨無量心)
이 네 가지의 한량없는 마음은 색계 범천(梵天)의 마음이고 한량없는 복덕을 일으킨다.

자애(慈)의 의미는 '남에게 이익과 즐거움과 행복을 주려는 마음' 이다. 연민(悲)의 의미는 '남의 고통과 공포와 불행을 없애주려는 마음' 이다. 따라 기뻐함(喜)의 의미는 '남의 행복을 함께 기뻐하는 마음' 이다. 평온(捨)의 의미는 '즐거움과 괴로움이 없는 중립적인 흔들림 없는 마음' 이다.

자애는 성냄(악의, 적의, 증오, 원망, 원한, 다툼)을 다스린다.
연민은 해침(잔인함, 폭력, 해코지, 괴롭힘)을 다스린다.
따라 기뻐함은 질투(샘, 시기)를 다스린다.
평온은 마음의 동요(이랬다 저랬다 하는 변덕스러움, 즐거웠다 괴로웠다 하는 감정의 기복)을 다스린다.

사무량심은 '중생' 이라는 개념을 대상으로 청정한 마음(악의없음,

해침없음, 질투없음, 동요없음)을 닦는 마음의 수행이다. 사무량심 명상은 사선(四禪)을 얻거나 또는 초선의 근접삼매에 이른다. 그러므로 그는 통찰지가 없더라도 최소한 큰 복덕을 얻고 후생에 색계 범천의 세상에 태어나게 된다.

자애명상을 '자애를 통한 마음의 해탈'이라고 부른다. 사무량심을 토대로 하여 위빳사나 수행으로 통찰지를 개발하여 감각적 욕망과 성냄의 잠재성향(뿌리)을 끊으면 아나함과를 얻는다. 만약 사무량심을 토대로 뛰어난 통찰지로서 10가지 족쇄를 모두 다 끊는다면 금생에 아라한과를 이룬다.

나. 사무량심의 열한 가지 이익

자애 경, 앙굿따라 니까야 A11:16 (제6권p561)

"비구들이여, 자애를 통한 마음의 해탈을 반복하고, 닦고, 많이 공부짓고, 수레로 삼고, 기초로 삼고, 확립하고, 굳건히 하고, 부지런히 닦으면 열한 가지 이익이 기대된다. 무엇이 열하나인가?"

"① 편안하게 잠들고,
② 편안하게 깨어나고,
③ 악몽을 꾸지 않고,
④ 사람들이 좋아하고,
⑤ 비인간들이 좋아하고,
⑥ 천신들이 보호하고,

⑦ 불이나 독이나 무기가 그를 해치지 못하고,
⑧ 마음이 쉽게 삼매에 들고,
⑨ 얼굴빛이 맑고,
⑩ 정신이 흐리지 않은 상태로 죽고,
⑪ 더 높은 경지를 통찰하지 못하더라도 범천의 세상에 태어난다.

비구들이여, 자애를 통한 마음의 해탈을 반복하고, 닦고, 많이 공부 짓고, 수레로 삼고, 기초로 삼고, 확립하고, 굳건히 하고, 부지런히 닦으면 이러한 열한 가지 이익이 기대된다."

다. 사무량심의 큰 복덕

자애 경, 앙굿따라 니까야 A7:58-2 (제4권p472)

"비구들이여, 공덕(福)을 두려워하지 말라. 비구들이여, 공덕(福)이라는 것은 행복과 같은 말이다. 비구들이여, 나는 오랜 세월을 지어온 공덕으로 오랜 세월동안 원하고 좋아하고 마음에 드는 과보를 누렸다.

① 나는 7년을 자애의 마음을 닦은 뒤 일곱 번의 수축하고 팽창하는 겁 동안 이 세상에 돌아오지 않았다. 비구들이여, 세상이 수축할 때(壞劫) 나는 광음천에 가 있었으며 세상이 팽창할 때(成劫) 텅 빈 범천의 궁전에 태어났다. 비구들이여, 거기서 나는 대범천이었고 지배자였고 지배되지 않는 자였고 전지자였고 전능자였다.

② 비구들이여, 다시 나는 서른여섯 번을 신들의 왕인 삭까(제석천왕)였다.

③ 그리고 나는 일곱 번을 전륜성왕이었으니, 정의롭고 법다운 왕이었으며 사방을 정복한 승리자여서 나라를 안정되게 하고 일곱 가지 보배를 두루 갖추었다. 비구들이여, 그런 나에게는 이러한 일곱 가지 보배들이 있었으니, 그것은 윤보, 상보, 마보, 보배보, 여인보, 장자보 그리고 주장신보가 일곱 번째이다. 천 명이 넘는 나의 아들들은 용감하고 훤칠하며 적군을 정복하였다. 그는 바다를 끝으로 하는 전 대지를 몽둥이와 칼 없이 법으로써 승리하여 통치하였다."

라. 니까야의 사무량심을 통한 해탈

아래 내용은 상윳따 니까야 S46:54 자애가 함께 함 경(제5권p381)과 앙굿따라 니까야 A4:125~126 자애 경1, 2의 내용을 요약한 것이다.

"오라, 비구들이여, 그대들은 자애가 함께한 마음으로 한 방향을 가득 채우면서 머물러라. 그처럼 두 번째 방향을, 그처럼 세 번째 방향을, 그처럼 네 번째 방향을 가득 채우면서 머물러라. 이와 같이 위로, 아래로, 주위로, 모든 곳에서 모두를 자신처럼 여기고, 충만하고 광대하고 무량하고 원한 없고 악의 없고 자애가 함께한 마음으로 모든 세상을 가득 채우고 머물러라.

이와 같이 연민이 함께한 마음으로 … 따라 기뻐함이 함께한 마음으로 … 평온이 함께한 마음으로 한 방향을 가득 채우면서 머물러라. 그처럼 두 번째 방향을, 그처럼 세 번째 방향을, 그처럼 네 번째 방향을 가득 채우면서 머물러라. 이와 같이 위로, 아래로, 주위로, 모든 곳에서 모두를 자신처럼 여기고, 충만하고 광대하고 무량하고 원한 없고 악의 없고 자애가 함께한 마음으로 모든 세상을 가득 채우고 머물러라." (S46:54 자애가 함께 함 경)

여기서 한 방향, 두 번째, 세 번째, 네 번째 방향은 동서남북이다. 위로, 아래로는 상하의 방향이다. '한 방향을 자애와 함께한 마음으로 가득 채우면서 머문다'는 것은 예를 들어 '동쪽 방위의 모든 중생들(인간들과 천신들과 사악처의 중생들)이 행복하고 즐겁기를! 악의가 없기를! 원한이 없기를! 다툼이 없기를!' 하고 바라는 마음을 동쪽 방위에 가득 채우는 것이다. '모두를 자신처럼 여긴다'는 것은 '나'와 '남'의 분별이 없어서 남을 자신과 한 몸으로 보는 것, 동체대비(同體大悲)이다.

연민이 함께한 마음은 '동쪽 방위의 모든 중생들이 위험이 없고 고통이 없고 두려움이 없기를!' 하고 바라는 마음으로 동쪽 방위를 가득 채우는 것이다. 따라 기뻐함이 함께한 마음은 '동쪽 방위의 모든 중생들이 즐겁고 행복할 때 나도 그들과 함께 행복하다!' 라는 마음으로 동쪽 방위를 가득 채우는 것이다. 평온이 함께한 마음은 '동쪽 방위의 모든 중생들이 평온하고 안정되고 흔들림 없는 마음을 갖기를!' 하고 바라는 마음으로 동쪽 방위를 가득 채우는 것이다.

"비구들이여, 그러면 자애를 통한 마음의 해탈을 어떻게 닦아야 하는가? 무엇이 그것의 목적이고 무엇이 그것의 궁극적 경지이고 무엇이 그것의 결실이고 그것의 귀결점인가?

비구들이여, 여기 비구는 자애가 함께하고 떨쳐버림을 의지하고, 탐욕을 벗어남을 의지하고, 소멸을 의지하고, 철저한 버림으로 향하는 마음챙김의 깨달음의 구성요소를 닦는다. … 법을 간택하는 깨달음의 구성요소를 닦는다. … 정진의 깨달음의 구성요소를 닦는다. … 희열의 깨달음의 구성요소를 닦는다. … 삼매의 깨달음의 구성요소를 닦는다. … 평온의 깨달음의 구성요소를 닦는다.

연민을 통한 마음의 해탈, 따라 기뻐함을 통한 마음의 해탈, 평온을 통한 마음의 해탈을 어떻게 닦아야 하는가? ~ 평온의 깨달음의 구성요소를 닦는다." (S46:54 자애가 함께 함 경)

① '떨쳐버림(遠離)을 의지한다'는 것은 세속의 시끄럽고 잡다한 일에 얽매임을 떠나 일없는 조용한 곳에서 홀로 머무는 것(은둔)이다.
② '탐욕을 떠남(離欲)을 의지한다'는 것은 형색, 소리, 냄새, 맛, 감촉이라는 5가지 물질에 대한 욕계의 감각적 욕망을 벗어나는 것이다.
③ '소멸(滅)을 의지한다'는 것은 10가지 족쇄들(번뇌들)의 소멸이다.
④ '철저한 버림(捨)으로 향한다'는 것은 형성된 법들인 오취온, 상카라들을 철저히 버리고 열반의 평화로운 경지(공해탈, 무상해

탈, 무원해탈)로 향하는 것이다.

"그는 이 선(禪. 자애의 삼매)을 즐기고, 이것을 바라고, 이것에 만족한다. 그는 여기에 굳게 서고, 여기에 확신을 가지고, 여기에 많이 머물고, 이것으로부터 물러서지 않아서 죽은 뒤에 범신천(梵身天)의 신들의 동료로 태어난다. 거기서 범부는 그 신들의 수명의 한계(일겁)만큼 머물다가 그 기간이 모두 다하면 지옥에도 가고 축생에도 가고 아귀에도 간다. 그러나 세존의 제자는 그 신들의 수명의 한계만큼 거기 머물다가 그 기간이 모두 다하면 바로 그 범신천에서 반열반에 든다. 이것이 많이 배운 성스러운 제자와 배우지 못한 범부 사이의 차이점이고 특별한 점이고 다른 점이다.

그는 이 선(禪, 연민, 따라기뻐함, 평온의 삼매)을 즐기고 ~ 죽은 뒤에 광음천(光音天)의 신들의 동료로 태어난다. … 변정천(遍淨天)의 신들의 동료로 태어난다. … 광과천(廣果天)의 신들의 동료로 태어난다. 광음천의 신들의 수명의 한계는 2겁이다. 변정천의 신들의 수명의 한계는 4겁이다. 광과천의 신들의 수명의 한계는 오백겁이다. 거기서 범부는 그 신들의 수명의 한계만큼 머물다가 그 기간이 모두 다하면 지옥에도 가고 축생에도 가고 아귀에도 간다. 그러나 세존의 제자는 그 신들의 수명의 한계만큼 거기 머물다가 그 기간이 모두 다하면 바로 그 광과천에서 반열반에 든다. 이것이 많이 배운 성스러운 제자와 배우지 못한 범부 사이의 차이점이고 특별한 점이고 다른 점이다." (A4:125 자애 경1)

"그는 거기서(자애, 연민, 따라기뻐함, 평온의 삼매) 물질이건 느낌

이건 생각이건 행위이건 알음알이이건 그러한 법들을

① 무상하다고
② 괴로움이라고
③ 병이라고
④ 종기라고
⑤ 화살이라고
⑥ 재난이라고
⑦ 질병이라고
⑧ 남이라고
⑨ 붕괴하는 것이라고
⑩ 공한 것이라고
⑪ 무아라고 바르게 관찰한다.

그는 몸이 무너져 죽은 뒤에 정거천(淨居天)의 신들의 동료로 태어난다. 이 정거천에 태어나는 것은 범부들과는 함께할 수 없는 것이다."(A4:126 자애 경2)

여기서 정거천에 태어나기 위해서는 자애삼매 등을 닦은 후에 그 자애삼매 가운데의 오취온에 대하여 무상, 고, 무아 등을 통찰해야만 한다는 것을 알 수 있다.

마. 청정도론의 사무량심 명상법

청정도론에서는 자애명상을 좀 더 구체적으로 설하고 있다. 먼저

한적한 곳에서 편안한 자리에 앉아 성냄의 위험과 자비, 인욕의 이익을 반조해야 한다. '보지 못한 허물은 버릴 수 없고, 알지 못한 이익은 얻을 수 없다.' 즉 성냄의 허물을 보지 못하는 사람은 성냄을 버릴 수 없다. 자비, 인욕의 이익을 알지 못하는 사람은 자비, 인욕을 얻을 수 없다.

① 자애명상을 할 때 이성을 대상으로 자애를 닦아서는 안된다. 애욕이 일어나기 때문이다.
② 죽은 자에 대해 자애를 닦아서는 안된다. 죽은 자를 대상으로 자애를 닦으면 본삼매도 얻을 수 없고 근접삼매조차 얻을 수 없기 때문이다.
③ 처음부터 원한 맺힌 사람에 대해 자애를 닦아서는 안된다. 성냄이 일어나기 때문이다.
④ 처음부터 싫은 사람에 대해 자애를 닦아서는 안된다. 피곤하고 힘들어지기 때문이다.
⑤ 처음부터 아주 좋아하는 사람이나 무관한 사람에 대해 자애를 닦아서는 안된다. 이것도 역시 피곤해지기 때문이다.

(1) 자기 자신을 대상으로 자애를 닦기

처음에는 자기 자신을 대상으로 자애를 닦아야 한다.

'내가 행복하기를!
내게 고통이 없기를!
내게 원한이 없기를!

내게 악의가 없기를!
내게 근심이 없기를!
내가 행복하게 삶을 영위하기를!' 이라고 닦는다.

 자기 자신을 대상으로 자애를 닦으면 본삼매를 얻을 수 없다. 그러나 이것은 자기 자신을 본보기로 삼아서 남을 대상으로 자애를 닦을 수 있는 기초가 된다. 내가 행복하기를 바라기 때문에 남들의 행복을 바랄 수 있다. 내가 고통을 두려워하기 때문에 남들이 고통에서 벗어나기를 바랄 수 있다. 그러므로 제일 먼저 자기 자신을 자애로 가득 채워야 한다. 마음 속에서 자기 자신이 웃는 모습이나 행복해하는 모습이 떠오른다면 자신에 대한 자애가 충만한 것이다.

(2) 존경하는 사람을 대상으로 자애를 닦기
 자기 자신을 대상으로 자애를 가득 채웠다면 다음으로는 공경하는 스승이나 선지식이나 그와 필적할 만큼 존경할 만한 친구에 대하여 자애를 닦는다. '이런 선한 분께서 행복하시기를! 고통이 없으시기를!' 이렇게 닦는다. 이렇게 닦을 때 본삼매를 얻을 수 있다. 마음속에서 존경하는 분이 웃는 모습이나 행복해하는 모습이 떠오른다면 그분에 대한 자애가 충만한 것이다.

(3) 무관한 사람을 대상으로 자애를 닦기
 존경하는 사람을 대상으로 자애를 가득 채웠다면 다음으로는 자신과 친하지도 않고 싫지도 않은 무관한 사람에 대하여 자애를 닦는다. '저 사람이 행복하기를! 고통이 없기를!' 마음속에서 무관한 사람이 웃는 모습이나 행복해하는 모습이 떠오른다면 그 사람에 대한 자애가 충만한 것이다.

(4) 원한 맺힌 사람을 대상으로 자애를 닦기
무관한 사람을 대상으로 자애를 가득 채웠다면 다음으로는 원수나 원한을 맺은 적이 있는 사람에 대하여 자애를 닦는다. 만약 원수나 원한을 맺은 적이 있는 사람이 전혀 없거나 또는 원한의 마음이 전혀 일어나지 않는다면 억지로 닦을 필요는 없다.

만약 원한 맺힌 사람을 대상으로 자애를 닦을 때 적개심이 일어난다면 아직 자애심이 충만하지 않은 것이다. 그렇다면 다시 위 세 부류의 사람들(자기 자신, 존경하는 사람, 무관한 사람)에 대하여 자애를 닦아서 적개심을 제거해야 한다.

만약 이렇게 노력해도 적개심이 없어지지 않는다면 세존의 말씀을 기억해야 한다. '비구들이여, 무지막지한 악당들이 양쪽에 손잡이가 달린 톱으로 사지를 토막토막 자르더라도 그것 때문에 마음속에 화를 낸다면 그는 나의 가르침을 따르는 제자가 아니다.'

마음 속에서 원한 맺힌 사람이 웃는 모습이나 행복해 하는 모습이 떠오른다면 그 사람에 대한 자애가 충만한 것이다.

(5) 일체중생을 대상으로 자애를 닦기
이렇게 네 부류의 사람들에 대한 자애가 평등하고 충만하다면 일체중생을 향한 자애를 닦는다.

'모든 중생들이 원한이 없기를! 악의가 없기를! 근심이 없기를! 행복하게 살기를! 모든 신들이 … 모든 인간들이 … 모든 여자들이 … 모든 남자들이 … 모든 성자들이 … 모든 범부들이 … 모든 악도에 떨어진 자들이 원한이 없기를! 악의가 없기를! 고통이 없기를! 근심이 없기를! 행복하게 살기를!

동쪽에 있는 모든 중생들이 원한이 없기를! ~
서쪽에 있는 모든 중생들이 원한이 없기를! ~
북쪽에, 남쪽에, 동남쪽에, 동북쪽에, 서남쪽에, 서북쪽에, 상방에, 하방에 있는 모든 중생들이, 모든 신들이, 모든 인간들이, 모든 여자들이, 모든 남자들이, 모든 성자들이, 모든 범부들이, 모든 악도에 떨어진 자들이 원한이 없기를! 악의가 없기를! 고통이 없기를! 근심이 없기를! 행복하게 살기를!' 이렇게 자애를 닦는다.

자애와 연민과 따라 기뻐함을 통해서 초선 ~ 제3선까지 얻을 수 있다. 평온을 통해서 제4선을 얻을 수 있다.

또한 자애 등이 충만해지고 나서 그 대상인 일체중생들이 오직 오온일 뿐이며 그 몸은 사대일 뿐이라고 알고, 그 오온에 대하여 멀리 떠나고, 탐욕을 벗어나고, 소멸을 찾고, 철저한 버림으로 향하여 칠각지를 개발하고 통찰지를 성숙시키면 도와 과를 증득하고 해탈에 이르게 된다.

18. 마음의 수행과 지혜의 수행은 다르다

 마음의 수행은 탐(貪), 진(瞋), 치(癡), 만(慢)의 정적(情的)인 번뇌, 닦아야만 없어지는 번뇌를 제거하여 마음을 청정하게 하는 것이다. 마음의 수행은 개념을 방편으로 집중하는 사마타 수행으로 삼매를 얻고 잡념 망상을 가라앉혀 마음을 청정하게 한다. 그 수행법은 아나빠나사띠, 사무량심, 까시나 등의 사마타 수행이다. 또한 일상생활에서 많은 것을 바라지 않고 만족할 줄 아는 것, 자애심과 연민심을 키우고 인욕하는 것, 생각을 쉬고 분별하지 않고 나와 남을 하나로 보는 것, 자만을 내려놓고 겸손한 것 등이다.

 지혜의 수행은 사견(邪見), 의심(疑)의 지적(知的)인 번뇌, 깨달아서 없어지는 번뇌를 제거하여 지혜를 청정하게 하는 것이다. 지혜의 수행은 개념과 실재(법)를 구분하여 알고, 실재(법)를 관찰하는 위빳사나 수행이다. 정신과 물질의 무상, 고, 무아, 공을 관찰하고 연기를 통찰하여 견해를 청정하게 한다. 그 수행법은 사념처와 위빳사나 수행으로 통찰지를 개발하는 것이다.

 마음의 수행과 지혜의 수행을 평등하게 닦아서 원만하게 성취해야 한다. 법을 잘 알고 지혜는 있는데 바라는 것이 많고 만족할 줄 모르거나, 자비심이 적고 성내거나 질투하거나, 자신을 뽐내고 자만하거나, 마음이 옹졸하다면 마음의 수행을 열심히 닦아야 한다. 반대로 욕심이 적고 마음이 너그럽고 자비심이 있으며 겸손한 덕이 있는데 정신과 물질의 무상, 고, 무아, 공을 모르고, 선과 악을 분별하지 못하고, 행해야 할 것과 행하지 말아야 할 것을 판단.결정하지 못한다면 지혜의 수행을 열심히 닦아야 한다.

(상세한 해설)

가. 번뇌의 2가지 종류

번뇌에는 2가지가 있다. 견소단번뇌(見所斷煩惱)는 깨달음을 얻을 때 그 뿌리(잠재성향)가 끊어지는 번뇌를 말한다. 6가지 근본번뇌 가운데 사견과 의심 2가지가 바로 그것이다. 수소단번뇌(修所斷煩惱)는 깨달았다고 해서 곧바로 그 뿌리(잠재성향)가 끊어지지 않고, 닦아야만 점차 줄어들고 없어지는 번뇌이니 6가지 근본번뇌 가운데 탐, 진, 치, 만 4가지가 그것이다.

견소단번뇌(깨달아서 없어지는 번뇌)를 끊는 것은 지혜의 수행이다. 수소단번뇌(닦아서 없어지는 번뇌)를 끊는 것은 마음의 수행이다.

나. 마음의 수행법의 2가지 종류

마음의 수행에 있어서 그 수행법은 2가지가 있으니 첫 번째의 수행법은 사마타 수행으로서 먼저 다섯 가지 장애를 빨리 알아차리고 다스린 후, 방석위에 단정히 앉아 하나의 명상주제에 마음을 집중하여 잡념 망상을 없애고 마음을 기쁘고 즐겁게 하여 삼매에 들어 고요한 마음을 얻는 것이다. 마음이 쉬어야만 지혜가 개발되기 때문이다.

마음의 수행에 있어서 두 번째 수행법은 일상생활에서 탐, 진, 치, 만의 번뇌가 일어남을 빨리 알아차리고 내려놓으며, 또한 미리 번뇌와 반대되는 공덕을 닦음으로서 마음을 청정하게 하는 것이다. 탐욕과 반대되는 공덕은 많은 것을 바라지 않고 만족할 줄 아는 수행이다. 성냄과 반대되는 공덕은 사무량심이니 자애, 연민, 따라 기뻐함, 평온이다. 어리석음과 반대되는 공덕은 경을 읽거나 선지식의 법문을 들어 법을 배우고, 홀로 깊이 사유하여 그 뜻을 탐구하는 것이다. 자만과 반대되는 공덕은 나를 내려놓고 잊어버리고 마음을 낮추어 겸손해지는 것이다.

마음의 수행은 개념을 적절히 방편으로서 활용하는 것이다. 명상주제에 집중하는 것은 개념에 집중하는 것이다. 또한 분별을 없애고 하나로 보는 것도 개념을 사용하는 것이다. 예를 들어 남녀의 다툼이 있을 때 남녀라는 분별을 없애고 오직 '사람'이라는 개념에 집중하면 남녀의 다툼은 사라지는 것과 같다. 이와 같이 마음의 수행은 개념을 적절히 활용하는 것이다.

지혜의 수행인 위빳사나에서는 개념을 버리고 실재(법)에 집중하여 관찰하는 것이니 '나', '사람', '중생', '생명체(수명을 가진 자)'는 실재하지 않는 개념이라고 통찰하고 법인 정신·물질의 무상함과 괴로움과 무아를 통찰한다. 그러나 마음의 수행은 '사람'이라는 개념과 '중생'이라는 개념을 적절히 활용하여 마음을 넓게 하고 청정하게 한다. 대표적으로 사무량심이 있다. 사무량심은 중생이라는 개념을 활용하여 자애와 연민 등의 마음을 동.서.남.북, 동남.서남.동북.서북과 상.하의 열 가지 방위로 무한히 확장하여 우주 끝까지 넓

힘으로서 성냄과 적의와 원한과 질투와 다툼이라는 마음의 더러움과 때를 청정하게 만들기 때문이다.

사마타 수행의 40가지 명상 주제는 다음과 같다. 여기에 대한 자세한 수행법은 청정도론을 읽기 바란다.

(1) 열 가지 까시나(十遍處) 땅, 물, 불, 바람, 청, 황, 적, 백, 허공, 광명
(2) 열 가지 더러움(시체) ① 부푼 것 ② 검푸른 것 ③ 문드러진 것 ④ 끊어진 것 ⑤ 뜯어먹힌 것 ⑥ 흩어진 것 ⑦ 난도질당하여 뿔뿔이 흩어진 것 ⑧ 피가 흐르는 것 ⑨ 벌레가 버글거리는 것 ⑩ 해골이 된 것
(3) 열 가지 계속해서 생각함(十念) 부처님, 법, 승가, 계, 보시, 천신, 고요함, 죽음, 몸, 들숨날숨
(4) 사무량심(四無量心) 자애, 연민, 따라 기뻐함, 평온
(5) 음식의 더러움(飮食不淨觀)
(6) 사대의 구분(四大觀)
(7) 사무색정(四無色定) 공무변처, 식무변처, 무소유처, 비상비비상처

다. 지혜의 수행법의 3가지 종류

지혜의 수행에 있어서 그 수행법은 3가지가 있으니 첫 번째 수행법은 마음챙김 - 사띠(sati 正念)이다. 사띠는 마음이 항상 대상에 머물러 떠나지 않는 것이다. 대상을 항상 기억하여 잊지 않는 것이다. 대상을 거두어 잡아 결코 놓치지 않고 주시하는 것이다. 예를 들어 몸에 대한 마음챙김의 확립이란 항상 몸을 기억하여 결코 잊지 않으

며, 몸을 다잡아 놓치지 않는 것이며, 마음이 몸에 머물러 떠나지 않는 것이다.

지혜의 수행에 있어서 두 번째 수행법은 알아차림 - 삼빠잔냐(sampajañña 正知)이다. 대상을 올바로 알아차리는 것이다. 사띠와 삼빠잔냐의 차이는 무엇인가? 사띠는 마음이 항상 대상에 머물러 결코 놓치지 않고 잊어버리지 않는 것이고, 삼빠잔냐는 대상을 올바로 알아차리는 것이다. 부처님께서는 이 두 가지를 정념정지(正念正知)라고 항상 함께 말씀하셨다. 마음이 대상에 머물고 대상을 주시하지 않으면 결코 알아차릴 수 없다. 마음이 대상에 머물고 대상을 주시하면 자연히 알아차리게 되어있다. 그래서 사띠와 삼빠잔냐는 바늘과 실의 관계처럼 서로 떨어질 수 없는 관계이다.

지혜의 수행에 있어서 세 번째 수행법은 빤냐(paññā 통찰지)이다. 대상을 주시할 때 그 대상과 자기 자신을 동일시하지 않고 멀리 떨어져서 객관적으로 제3자의 입장에서 바라볼 때 유신견(有身見)이라는 사견은 사라진다. 있는 그대로 대상의 일어남과 사라짐을 보게 된다. 몸을 주시한다면 그저 '몸이 있구나' 하고 알아차릴 뿐이다. 그 몸을 '나'라고 보지 않고 '내 것'이라고 보지 않는다. 몸이 항상 변한다는 것, 무상하다는 것을 통찰한다. 무상하기 때문에 그것은 괴로움이라고 통찰한다. 몸 가운데 변하지 않는 '나'도 없고, '내 것'도 없다고 통찰한다.

몸에 대한 갈애가 없음을 통찰한다. 몸에 달라붙지 않고 움켜쥐지 않고 관심 갖지 않는다. 이것은 마음이 몸에서 물러섬이다. 마치 닭

털을 불 위에 올려놓으면 오그라드는 것과 같다. 몸에 대한 취착의 완전한 소멸을 얻을 때까지 계속 수행한다.

 느낌에 대해서도, 마음에 대해서도, 법에 대해서도 역시 이와 같이 수행한다. 몸과 느낌과 마음과 법에 대한 취착이 완전히 소멸하면 열반에 이른다.

19. 위빳사나 명상법

 방석 위에 단정하고 편안하게 앉아서 몸을 움직이지 않고 호흡을 고르게 한 후 다음과 같이 사유한다.

담마(법)

 담마는 정신·물질이다. 정신은 4가지 - 느낌(受), 생각(想), 행위(行), 알음알이(識)이다. 물질은 10가지 - 눈, 형색, 귀, 소리, 코, 냄새, 혀, 맛, 몸, 감촉이다. 이것들 외에 실재하는 것은 아무것도 없다.

담마의 개별적 특징

 느낌은 '경험하는 것'이고 즐거움, 괴로움이다. 생각은 '떠오르는 것'이고 과거의 기억, 미래의 상상, 현재의 분별이다. 행위는 '짓는 것'이고 의도, 선법들, 불선법들이다. 알음알이는 '식별하여 아는 것'이고 안식, 이식, 비식, 설식, 신식, 의식이다. 물질은 사대와 사대로부터 파생된 물질들이다.

담마의 공통적 특징

 정신·물질은 한 찰나에 일어나고 사라진다. 조건이 일어나면 담마가 일어나고, 조건이 사라지면 담마가 사라진다. 무상! 무상! 무상! 일어나고 사라짐이 곧 괴로움이다. 고! 고! 고! 정신·물질은 지배력을 행사할 수 없어서 '나'가 아니다. '내 것'도 아니다. 정신·물질

가운데 '나'도 없고, '내 것'도 없다. 정신·물질 가운데 '사람'도 없고, '남자', '여자'도 없고, '중생'도 없다. 무아! 무아! 무아! 담마가 아닌 개념을 실재한다고 보는 무명에 빠지지 말라.

4가지 정신에 대한 무상.고.무아의 관찰

① 과거·현재·미래의 모든 느낌은 무상하다. 괴로움이다. 느낌은 '나'가 아니고 '내 것'도 아니다.
② 과거·현재·미래의 모든 생각은 무상하다. 괴로움이다. 생각은 '나'가 아니고 '내 것'도 아니다.
③ 과거·현재·미래의 모든 행위는 무상하다. 괴로움이다. 행위는 '나'가 아니고 '내 것'도 아니다.
④ 과거·현재·미래의 모든 알음알이는 무상하다. 괴로움이다. 알음알이는 '나'가 아니고 '내 것'도 아니다.

10가지 물질에 대한 무상, 고, 무아의 관찰

① 과거·현재·미래의 모든 눈은 무상하다. 괴로움이다. 눈은 '나'가 아니고 '내 것'도 아니다.
② 과거·현재·미래의 모든 형색은 무상하다. 괴로움이다. 형색은 '나'가 아니고 '내 것'도 아니다.
③ 과거·현재·미래의 모든 귀는 무상하다. 괴로움이다. 귀는 '나'가 아니고 '내 것'도 아니다.
④ 과거·현재·미래의 모든 소리는 무상하다. 괴로움이다. 소리는 '나'가 아니고 '내 것'도 아니다.

⑤ 과거 · 현재 · 미래의 모든 코는 무상하다. 괴로움이다. 코는 '나'가 아니고 '내 것'도 아니다.
⑥ 과거 · 현재 · 미래의 모든 냄새는 무상하다. 괴로움이다. 냄새는 '나'가 아니고 '내 것'도 아니다.
⑦ 과거 · 현재 · 미래의 모든 혀는 무상하다. 괴로움이다. 혀는 '나'가 아니고 '내 것'도 아니다.
⑧ 과거 · 현재 · 미래의 모든 맛은 무상하다. 괴로움이다. 맛은 '나'가 아니고 '내 것'도 아니다.
⑨ 과거 · 현재 · 미래의 모든 몸은 무상하다. 괴로움이다. 몸은 '나'가 아니고 '내 것'도 아니다.
⑩ 과거 · 현재 · 미래의 모든 감촉은 무상하다. 괴로움이다. 감촉은 '나'가 아니고 '내 것'도 아니다.

공(空)

① 모든 물질과 몸은 물거품 덩어리와 같다. 물질과 몸 가운데 단단한 것, 변하지 않는 것, 영원한 것이 없다.
② 모든 느낌은 비가 올 때 땅 위의 물거품과 같다. 느낌 가운데 단단한 것, 변하지 않는 것, 영원한 것이 없다.
③ 모든 생각은 사막의 아지랑이와 같다. 생각 가운데 단단한 것, 변하지 않는 것, 영원한 것이 없다.
④ 모든 행위는 야자수 줄기와 같이 가짜다. 행위 가운데 단단한 것, 변하지 않는 것, 영원한 것이 없다.
⑤ 모든 알음알이는 환각과 같다. 알음알이 가운데 단단한 것, 변하지 않는 것, 영원한 것이 없다. 공! 공! 공!

염오와 위험과 물러섬

 정신·물질은 조건 지어진 것이고 형성된 것이다. 이것들 가운데 그 어떤 즐거움도 없다. '내 것'이 아닌데 왜 움켜쥐는가? 왜 달라붙고 집착하는가? 정신·물질은 위험하다. 가까이할 것이 못된다. 그것들은 마치 병과 같이 괴롭고, 종기와 같이 쓰라리고, 독화살과 같이 아프게 찌른다. 오직 괴로움일 뿐인 이것들을 다 놓아버리자! 물러섬! 물러섬! 물러섬!

열반

 열반은 고요하고 평온한 경지이고 일어나고 사라짐이 없다. 열반은 괴로움의 종식, 탐욕·성냄·어리석음의 완전한 소멸이다. 오직 열반이 행복이다.

열반은 공(空)해탈이다 : 허공처럼 텅 비었고, 한계가 없고, 모든 곳에서 태양처럼 밝게 빛난다. 무아를 관찰하면서 공해탈로 들어간다.

열반은 무상(無相)해탈이다 : 모양이 없어서 볼 수 없다. 아무 생각이 없고 분별이 없다. 무상(無常)을 관찰하면서 무상해탈로 들어간다.

열반은 무원(無願)해탈이다 : 원하는 것이 없고 바라는 것이 없다. 의도와 행위가 없다. 고(苦)를 관찰하면서 무원해탈로 들어간다.

20. 일심정진(一心精進)

가. 일심(一心)

사마타이건 위빳사나이건 참선이건 염불이건 모든 수행이 일심으로 무간등이 되어야 성공한다. 일심(一心)이란 '하나된 마음', '집중된 마음', '잡생각이 없는 마음'이다. 경에서는 무간등이라는 용어를 쓴다. 무간(無間)이란 '사이가 없다', '틈이 없다'는 뜻이다. 등(等)은 평등하다는 뜻이다. 마음이 하나의 대상에 안주하여 끊임없이 지속되는 상태이다. 즉, 마음이 오르고 내림이 없고 높고 낮음이 없어 한결 같은 모습, 여여(如如)한 상태를 말한다.

부처님께서는 "사성제가 무간등이 되어야 한다. 사성제가 무간등이 되지 못하면 그것은 무명이다"라고 말씀하셨다. 이 말씀은 사성제의 지혜가 끊어짐이 없이 항상 밝게 깨어있어야 한다는 말씀이다.

대념처경에서는 "지혜만이 있고, 마음 챙김만이 현전할 때까지" 수행하라고 하셨는데, 이것도 일심, 무간등의 의미이다. 사념처 위빳사나 수행에서 일심, 무간등의 상태가 일주일만 계속되면 반드시 깨달음이 온다고 부처님께서 분명히 보증하셨다.

나. 용맹정진과 깨달음

정진 후 마음을 쉬었을 때 지혜가 개발되고 깨달음이 열린다. 노력하고 애쓰지 않으면 결코 깨달음이 열리지 않는다. 그렇다고 해서 계속 정진만 한다고 해서 깨달음이 열리지는 않는다. 정진 후에는 쉬어야 한다. 쉬었을 때 지혜가 개발된다.

 아난다 존자와 같다. 아난다 존자는 부처님께서 살아 계실 때에는 수다원과에 머물렀으며 다른 도반들, 큰 제자들이 모두 아라한이 되었음에도 불구하고 오직 혼자서만 유학의 지위에 있었다. 그것은 전생의 서원에 기인한 것이었다. 아난다 존자는 전생에 부처님의 시자가 되기를 서원했었다. 만약 부처님의 시자가 아라한이 된다면 그는 이미 해탈했고 아무런 의도가 일어나지 않으므로 시자 역할을 하기에 부적절하다. 그러므로 아난다는 부처님 생존시에는 아라한과를 증득하지 못했던 것이다.

 부처님 열반 후 마하 깟사빠(마하가섭) 존자가 오백 아라한들을 모아 경과 율을 결집할 때 처음에 아난다 존자는 여기에 참여할 수 없었다. 아라한이 아니었기 때문이었다. 결집하는 날이 다가오자 아난다는 초조했다. 경을 외워 결집할 수 있는 사람은 자신뿐이었는데 아라한이 아니라서 그 결집에 참여할 수 없었기 때문이다. 그래서 아난다는 목숨을 걸고 용맹정진했다. 계속 경행하며 위빳사나 수행을 했고 결코 앉지도 않고 쉬지도 않았다. 결국 극도로 피곤해져서 견딜 수 없어 자리에 누웠다. 누울 때 머리가 바닥에 닿기 전에 아라한과를 증득했다. 이와 같이 용맹정진 후에 쉴 때 깨달음을 증득한다. 아난다 존자는 다음 날 결집에 참여하여 경을 외우고 오백 아라한들의 추인을 받아 경장을 결집했다. 율은 우빨리(우바리) 존자가 외우고 오백 아라한들의 추인을 받아 율장을 결집했다.

여기에 7가지 비유가 있다.

비유1 금의 주조

 금을 주조할 때 처음에는 강한 불로 열을 가해 녹여야 한다. 그래야 순금과 불순물을 분리할 수 있기 때문이다. 이것은 정진을 비유한 것이다. 만약 계속해서 강한 불로 열을 가한다면 어떻게 될 것인가? 금이 다 타버린다. 그러므로 강한 불로 열을 가한 후에는 물을 뿌려 식히기도 하고 그냥 놔두기도 한다.

 수행자도 이와 같다. 처음에는 용맹정진을 하고 중간에는 과도한 노력을 줄여서 은근하게 정진하고 나중에는 노력을 완전히 쉰다. 그러면 지혜가 개발된다. 시간이 지나면 다시 정진한다. 그리고 노력을 줄여 은근히 정진하고 나중에는 노력을 완전히 쉰다. 이런 과정을 반복하면서 지혜는 더욱 늘어가고 성숙해진다.

① 강한 불로 열을 가하여 녹임 : 용맹정진. 사마타와 위빳사나.
② 물을 뿌림 : 과도한 노력을 느슨하게 하여 강도를 조절함.
③ 그냥 놔둠 : 노력을 완전히 쉼. 숙성.

이렇게 때에 따라 3가지 방편을 써야만 깨달음에 이를 수 있다.

비유2 밥 짓기

 밥을 지을 때 처음에는 강한 불로 열을 가한다. 끓기 시작하면 불을 줄여 약불로 은근히 익힌다. 밥 냄새가 나면 불을 끄고 뜸을 들인다.

① 센 불로 끓임.
② 약불로 은근히 익힘.
③ 불을 끄고 뜸을 들임. 숙성.

 수행자도 이와 같다. 처음에는 용맹정진을 하고 중간에는 과도한 노력을 줄여서 은근하게 정진하고 나중에는 노력을 완전히 쉰다. 그러면 지혜가 개발된다.

비유3 기름 그릇

 경의 비유가 있다. 기름이 가득 든 그릇을 든 사람이 시장 한복판을 지나간다. 그의 뒤에는 칼을 든 사람이 뒤따르고 있다. 만약 기름을 한 방울이라도 떨어뜨리면 그 사람은 칼을 휘둘러 목을 벨 것이다. 그러므로 그 사람은 극도로 주의를 기울여 기름을 떨어뜨리지 않도록 노력한다. 시장에는 아름다운 미녀가 노래하고 춤추고 공연을 한다. 수많은 사람들이 몰려들어 구경하고 있다. 이때 이 사람은 결코 여기에 마음을 빼앗길 수 없다. 오직 그릇만을 주시할 뿐이다. 목을 베일 위험이 있기 때문이다. 그는 아름다운 미녀를 쳐다보지 않고 마음속에 취하지 않고 지나간다.

 수행자도 이와 같다. 일심으로 용맹정진할 때에는 눈과 귀를 단속하여 사물의 형색을 보더라도 그 표상(相)을 취하지 않고, 소리를 들어도 그 표상(相)을 취하지 않는다. 지극히 주의하여 육근을 단속하고 명상 주제에 집중한다.

비유4 절벽의 길

마치 깎아지른 절벽 가운데에 길이 하나 나 있는데, 이 실과 같이 가느다란 길을 걷는 것과 같다. 잠깐만 한눈을 팔면 절벽 아래로 추락하여 죽을 것이다. 그러므로 그는 극도로 주의를 기울여 마음을 강하게 다잡고 오직 길만 보고 한눈을 팔지 않고 걸어간다.

수행자도 이와 같다. 죽음이 내일 올지 알 수 없으며 또한 부처님 말씀처럼 목숨이 숨 한번 들이쉬고 내쉬는 사이에 있다는 것을 자각하고 일심으로 정진한다.

비유5 암탉

암탉이 알을 낳고 부화시키기 위해서는 알을 품어서 따뜻한 온도를 유지해야 한다. 만약 닭이 알을 떠나서 모이를 먹거나 물을 마시거나 할 때 그 알은 식어버려 온기를 잃을 것이고 온기를 잃으면 그 새끼는 죽을 것이다. 그러므로 닭은 결코 자리를 움직이지 않고 먹지도 않고 마시지도 않고 잠을 자지도 않고 털이 빠지도록 참고 견딘다.

수행자도 이와 같다. 조금만 방심해도 수행의 열의가 식을 것이고 번뇌가 마음을 침범할 것이다. 그러므로 먹는 것도 잊고 자는 것도 잊고 몸도 잊고 오직 명상 주제에만 집중한다.

비유6 어린아이

마치 어린아이를 돌보는 것과 같다. 조금만 주의하지 않으면 아이는 끓는 물에 데거나, 높은 곳에서 떨어지거나, 날카로운 모서리에 부딪치거나, 물건을 떨어뜨리거나 하는 등 예기치 않은 사고가 일어난다. 그래서 계속해서 아이를 주시하고 관찰해야 한다.

수행자도 그와 같다. 항상 마음챙김의 대상에 주의를 기울이고 그 대상을 놓치지 않는다.

비유7 운전

마치 운전을 하는 것과 같다. 운전자는 항상 전방을 주시해야 한다. 잠시만 옆에 앉은 사람을 쳐다보고 이야기를 하거나 먼 곳을 쳐다보며 전방을 주시하지 않으면 큰 사고로 이어진다.

수행자도 이와 같다. 전면에 마음을 챙겨 명상주제를 주시하고 결코 한눈을 팔지 않는다.

다. 망상과 탐욕의 제거

보통 사람들은 일심, 무간등이 되기까지는 시간이 많이 걸리기 마련이다. 망상과 탐욕으로 인하여 무간등이 되기 어렵고, 목숨을 걸고 용맹심을 내기 쉽지 않기 때문이다. 그러나 꾸준히 노력하여 망상과 탐욕만 극복할 수 있다면 무간등이 되어 누구나 깨달을 수 있다.

금생에 안 된다고 실망할 필요 없고 오직 최대한 노력해야 한다. 왜냐하면 최초로 사마타, 위빳사나 수행을 본격적으로 시작하여 가장 예리한 근기라고 하더라도 삼생(三生) 동안 닦아야 아라한과를 이루며 가장 둔한 근기는 60겁을 닦아야 한다고 아비담마에서 설하기 때문이다. 전생에 충분히 닦은 근기가 뛰어난 사람은 금생에 해탈할 것이고, 전생에 충분히 못 닦았거나 근기가 둔한 사람은 시간이 오래 걸리는 것이다.

21. 악연(惡緣)을 푸는 방법

재가 불자가 사회 생활을 하다보면 악연도 만나고 좋은 인연도 만나는데 만약 악연을 만났을 때 어떻게 풀어야 하는가?

가. 용서를 빌기

남이 정당한 이유 없이 나를 괴롭힌다면 이것은 내가 전생에 그 사람을 힘들게 하여 빚을 졌다는 것을 알아야 한다. 그러므로 원망이나 적의를 품지 말고 오히려 그 사람에게 미안한 마음을 가져야 한다.

기꺼이 남의 괴롭힘을 감수하고 오히려 그 사람에게 미안하다고 말하고, 내 잘못을 용서해달라고 말하며 감사하다고 말한다. 그 사람은 처음에는 의아하게 생각할 것이며 그 의도를 의심할 것이다. 그러나 상당기간동안 이렇게 일관성있게 진정성 있는 모습을 보인다면 그 사람도 나중에는 감동하여 괴롭히는 행동을 멈출 것이며 오히려 좋은 인연으로 변할 것이다.

나. 악연을 피하지 않고 당당히 마주하기

현명한 사람은 남을 원망하지 않는다. 악연이 있는 사람이라도 피하려고 하지 않는다. 어차피 피할 수 없다면 당당히 마주하여 감내하고 이겨나가야 한다. 일시적으로 피한다고 해도 다시 새로운 악연이 생기기 쉽다.

직장상사 때문에 괴로워서 부서를 옮기더라도 또 다른 괴롭히는 사람이 나타난다. 다니던 직장을 그만두고 다른 직업을 갖더라도 또 다른 괴롭히는 사람이 나타난다. 오히려 전 사람보다 더 악질을 만나게 된다. 악연은 피하면 피할수록 받는 괴로움도 더욱 커진다.

다. 참고 이겨내기

상대방의 오해로 인하여 문제가 생겼다면 그 오해를 풀면 문제가 해결된다. 평소에 오해받을 말과 행동을 하지 않도록 주의해서 의사표현을 구체적이고 명확하게 해야 하며, 남 앞에서 자기 자신을 비하하거나 패배주의적인 말을 하지 말아야 한다. 내가 나를 무시하면 남도 나를 무시한다.

나에게 잘못이 전혀 없고 상대방도 오해가 없는데도 남에게 괴롭힘을 당한다면 이것을 기꺼이 받아들이고 녹여내야 한다. "지금 이것을 피하면 나중에 또 다른 악연으로 더 괴로움이 커질 것이다. 피하지 말고 기꺼이 받아들이고 참고 이겨내자." 하고 생각해야 한다.

라. 과거의 악연으로부터 벗어나기

과거의 악연의 기억이 자주 떠오르더라도 괴로워하지 말라. 이와 같이 생각한다 "괜찮다. 괴로워할 필요가 없다. 과거는 이미 사라졌다. 마치 꿈과 같다. 좋은 일이든 나쁜 일이든 과거를 기억하는 것은 손해가 많고 스스로를 괴롭힐 뿐이다. 과거에 대한 생각을 내려놓자. 과거의 기억이 떠오르는 것을 빨리 알아차리고 끊어버리자."

사람 생각을 끊어버린다. 사람을 생각하면 마음이 들뜨고 어지러우며 머리가 아프다. 모든 사람 생각을 잊어버린다.

오직 현재 하는 일에만 전념한다. 과거도 미래도 모두 잊고 오직 현재 하는 일에만 전념하는 것이 마음을 차분하게 안정시켜서 괴로움에서 벗어나는 길이다.

22. 수행과 마장(魔障)

　수행을 열심히 할수록 마장(魔障)과 업장(業障)이 빨리 나타나고 잘 나타난다. 반면에 수행을 전혀 하지 않는 사람 또는 게으르게 수행하는 사람은 악업이 익어야만 업장이 나타나고 악업이 익기 전에는 업장이 나타나지 않는다.

　수행을 열심히 하는 사람에게 때로는 매우 격한 화가 치밀어오르기도 하고, 매우 강한 열정이 나타나기도 한다. 수행이 막혀서 진전이 안 되기도 한다. 남으로부터 욕을 먹거나 꾸지람과 괴롭힘을 당하기도 한다. 이것은 업장소멸의 과정이다. 이때는 잠시 사마타, 위빳사나 수행을 멈추거나 또는 일부 시간을 할애해서 보시, 지계, 방생, 염불, 독경 등의 공덕행을 닦아야 한다.

　선업을 일정 기간 짓고 나서 다시 사마타, 위빳사나 수행을 하면 수행이 잘 된다. 경에 말씀하시기를 "복업(福業)으로 말미암아 불도(佛道)를 이룬다."고 했으며, 석가모니 부처님이 보리수 아래에서 천마(天魔)를 항복받을 때에 오른손으로 땅을 가리키면서 지신(地神)에게 '나의 공덕을 증명하라'고 명하여 지신이 공덕을 증명함으로서 마를 항복받았다.

　평소에 사마타의 적정행과 위빳사나의 지혜행과 함께 보시, 지계, 사무량심, 사섭법 등의 공덕행을 꾸준히 실천하는 사람은 천마나 귀신의 장애가 적고 번뇌로 인한 장애도 적다. 그러나 공덕이 부족한 사람이 오직 참선수행만 열심히 할 때는 천마, 귀신의 장애가 있거나 번뇌로 인한 장애가 잘 나타난다.

 참선 중에 천마, 귀신이 거룩한 부처님이나 보살의 형상을 나타내기도 한다. 이때 바른 견해로 형상에 집착하지 않으면 이런 것들은 사라지고 만다. 그러나 바른 견해가 없고 형상을 좋아하는 집착이 있으면 이 현상이 나타나는 것을 보고 좋아하고 이 불상에 절하기도 한다. 그러면 마(魔)에 포섭되어 천마 귀신의 마설(魔說)을 불보살의 거룩한 설법이라고 믿고 받아들여 삿된 견해에 오염되어 스스로 깨달았다거나 계시를 받았다고 큰 소리를 치고 요망한 말을 하는 것이다. 이 사람은 마의 앞잡이와 졸개가 되어 많은 사람들에게 사견을 퍼뜨리고 악업을 짓다가 죽어서는 삼악도에 떨어지게 된다.

 무명, 갈애, 집착, 성냄, 자만 등의 번뇌를 없애는 것은 마음의 때와 더러움을 구석구석 법의 물(法水)로 씻어내고 쓸고 닦아 청소하는 것과 같다. 마장 또는 업장이 잘 나타나는 것은 수행을 열심히 하고 있다는 증거이다. 이것은 마치 집안 청소나 물건 정리를 할 때 집안 구석구석에 숨어있는 더러운 것들과 쓸데없는 물건 등이 나타나는 것과 같다. 청소를 했기 때문에 그런 것들이 나타난다. 청소를 하지 않으면 그런 더러운 것들이 나타나지 않는다.

 마음공부와 수행도 이와 같다. 열심히 수행했기 때문에 마음의 때와 더러운 번뇌들이 빨리 잘 나타난다. 마(魔)의 장애를 두려워하지 말고 근심하지 말라. 오히려 기뻐하라. "이것은 자연스러운 현상이다. 마치 청소를 할 때 숨어있던 더러운 것들이 나타나는 것과 같다. 내가 수행을 열심히 했기 때문에 이런 장애가 생긴 것이다. 나의 업장이 소멸될 좋은 기회가 왔구나. 나는 이 기회를 이용하여 지혜와 인욕으로 장애를 잘 견뎌내고 평정심을 잃지 않아서 업장이 소멸됨으로써 수행이 한 단계 더 진전되고 지혜와 공덕이 증장(增長)하도록 만들어야 한다." 이렇게 생각한다.

23. 인욕바라밀

맛지마 니까야 M145 뿐나를 교계한 경(제4권p554)에서 뿐나 존자의 인욕수행을 설하고 있다. 이 경은 상윳따 니까야 S35:88 뿐나 경(제4권195)과 동일한 경이다. 여기서는 맛지마 니까야 "뿐나를 교계한 경"을 인용한다.

이와 같이 나는 들었다. 한때 세존께서는 사왓티에서 제따 숲의 아나타삔디까 원림(급고독원)에 머무셨다. 그때 뿐나 존자는 해거름에 홀로 앉음에서 일어나 세존을 찾아갔다. 가서는 세존께 절을 올리고 한 곁에 앉았다. 한 곁에 앉아서 뿐나 존자는 세존께 이렇게 말씀드렸다.

"세존이시여, 세존께서 제게 간략하게 가르쳐 주시면 감사하겠습니다. 그러면 저는 세존으로부터 법을 듣고 혼자 은둔하여 방일하지 않고 열심히, 스스로 독려하며 지내고자 합니다."
"뿐나여, 그렇다면 듣고 마음에 잘 새겨라. 이제 설하리라."
"그러겠습니다, 세존이시여."라고 뿐나 존자는 세존께 대답했다.

"뿐나여, 원하고 좋아하고 마음에 들고 사랑스럽고 감각적 욕망을 짝하고 매혹적인, 눈으로 인식되는 형색들이 있다. 비구가 만일 그것을 즐기고 환영하고 움켜쥐면 그에게 기쁨이 일어난다. 뿐나여, 기쁨이 일어나므로 괴로움이 일어난다고 나는 말한다.

뿐나여, … 귀로 인식되는 소리들이 있다. … 코로 인식되는 냄새들이 있다. … 혀로 인식되는 맛들이 … 몸으로 인식되는 감촉들이 있다. 원하고 좋아하고 마음에 들고 사랑스럽고 감각적 욕망을 짝하고 매혹적인, 마노로 인식되는 법들이 있다. 비구가 만일 그것을 즐기고 환영하고 움켜쥐면 그에게 기쁨이 일어난다. 뿐나여, 기쁨이 일어나므로 괴로움이 일어난다고 나는 말한다."

"뿐나여, 원하고 좋아하고 마음에 들고 사랑스럽고 감각적 욕망을 짝하고 매혹적인, 눈으로 인식되는 형색들이 있다. 비구가 만일 그것을 즐기지 않고 환영하지 않고 움켜쥐지 않으면 그에게 기쁨이 소멸한다. 뿐나여, 기쁨이 소멸하므로 괴로움이 소멸한다고 나는 말한다.

뿐나여 … 귀로 인식되는 소리들이 있다. … 코로 인색되는 냄새들이 있다. … 혀로 인식되는 맛들이 … 몸으로 인식되는 감촉들이 있다. 원하고 좋아하고 마음에 들고 사랑스럽고 감각적 욕망을 짝하고 매혹적인, 마노로 인식되는 법들이 있다. 비구가 만일 그것을 즐기지 않고 환영하지 않고 움켜쥐지 않으면 그에게 기쁨이 소멸한다. 뿐나여, 기쁨이 소멸하므로 괴로움이 소멸한다고 나는 말한다."

"뿐나여, 그대는 이렇게 간략하게 나의 법문을 들었다. 이제 어느 지방에서 머물려고 하는가?"
"세존이시여, 세존께서 이렇게 간략하게 법문을 설해주셨으나 수나빠란따라는 지방이 있는데 저는 그곳에서 머물고자 합니다."

가. 욕설과 험담을 하면

"뿐나여, 수나빠란따 사람들은 거칠다. 수나빠란따 사람들은 사납다. 뿐나여, 만일 수나빠란따 사람들이 그대에게 욕설을 하고 험담을 하면 거기서 그대는 어떻게 할 것인가?"

"세존이시여, 만일 수나빠란따 사람들이 저에게 욕설을 하고 험담을 하면 저는 이렇게 여길 것입니다. '이 수나빠란따 사람들은 나에게 손찌검을 하지 않으니 친절하다. 수나빠란따 사람들은 참으로 친절하다.'라고. 세존이시여, 거기서 저는 그렇게 여길 것입니다. 선서시여, 거기서 저는 그렇게 여길 것입니다."

나. 손찌검을 하면

"뿐나여, 만일 수나빠란따 사람들이 그대에게 손찌검을 하면 그대는 어떻게 할 것인가?"

"세존이시여, 만일 수나빠란따 사람들이 저에게 손찌검을 하면 저는 이렇게 여길 것입니다. '이 수나빠란따 사람들은 나에게 흙덩이를 던지지 않으니 친절하다. 수나빠란따 사람들은 참으로 친절하다.'라고. 세존이시여, 거기서 저는 그렇게 여길 것입니다. 선서시여, 거기서 저는 그렇게 여길 것입니다."

다. 흙덩이를 던지면

"뿐나여, 만일 수나빠란따 사람들이 그대에게 흙덩이를 던지면 그대는 어떻게 할 것인가?"

"세존이시여, 만일 수나빠란따 사람들이 저에게 흙덩이를 던지면 저는 이렇게 여길 것입니다. '이 수나빠란따 사람들은 나를 몽둥이로 때리지 않으니 친절하다. 수나빠란따 사람들은 참으로 친절하다.' 라고. 세존이시여, 거기서 저는 그렇게 여길 것입니다. 선서시여, 거기서 저는 그렇게 여길 것입니다."

라. 몽둥이로 때리면

"뿐나여, 만일 수나빠란따 사람들이 그대를 몽둥이로 때리면 그대는 어떻게 할 것인가?"

"세존이시여, 만일 수나빠란따 사람들이 저를 몽둥이로 때리면 저는 이렇게 여길 것입니다. '이 수나빠란따 사람들은 나를 칼로 베지 않으니 친절하다. 수나빠란따 사람들은 참으로 친절하다.' 라고. … 저는 그렇게 여길 것입니다."

마. 칼로 베면

"뿐나여, 만일 수나빠란따 사람들이 그대를 칼로 베면 그대는 어떻게 할 것인가?"

"세존이시여, 만일 수나빠란따 사람들이 저를 칼로 베면 저는 이렇게 여길 것입니다. '이 수나빠란따 사람들은 날카로운 칼로 내 목숨을 빼앗아 가지 않으니 친절하다. 수나빠란따 사람들은 참으로 친절하다.'라고 … 저는 그렇게 여길 것입니다."

바. 칼로 목숨을 빼앗으면

"뿐나여, 만일 수나빠란따 사람들이 칼로 그대의 목숨을 빼앗아 간다면 그대는 어떻게 할 것인가?"

"세존이시여, 만일 수나빠란따 사람들이 칼로 저의 목숨을 빼앗아 간다면 저는 이렇게 여길 것입니다. '세존의 제자들 가운데는 몸이나 생명에 대해 싫증나고 혐오하여 자결할 칼을 찾는 자도 있다. 그러나 나는 이것을 찾지 않았는데도 칼을 만났다.'라고. 세존이시여, 거기서 저는 그렇게 여길 것입니다. 선서시여, 거기서 저는 그렇게 여길 것입니다."

"장하구나, 뿐나여. 장하구나, 뿐나여. 그대는 이러한 자제력과 고요함을 구족하였다면 수나빠란따 지방에 살 수 있을 것이다. 뿐나여, 지금이 적당한 시간이라면 그렇게 하라."

그러자 뿐나 존자는 세존의 말씀을 기뻐하고 감사드리면서 자리에서 일어나 세존께 절을 올리고 오른쪽으로 돌아 경의를 표한 뒤 거처를 정돈하고 발우와 가사를 수하고 수나빠란따 지방으로 유행을 떠났다. 차례대로 유행하여 수나빠란따 지방에 도착하여 뿐나 존자는 수나빠란따 지방에 머물렀다. 그때 뿐나 존자는 그 안거 동안 오백 명의 남자 신도들과 오백 명의 여자 신도들을 얻었다. 그는 그 안 거 중에 세 가지 명지(三明)를 실현했고 나중에 완전한 열반에 들었다.

 그러자 많은 비구들이 세존을 뵈러 갔다. 가서는 세존께 절을 올리고 한 곁에 앉았다. 한 곁에 앉아서 그 비구들은 세존께 이와 같이 말씀드렸다.
"세존이시여, 세존께서 간략하게 법문을 해주셨던 뿐나라는 선남자가 임종을 했습니다. 그가 태어날 곳은 어디이고 그는 내세에 어떻게 되겠습니까?"
"비구들이여, 뿐나 선남자는 현자이다. 그는 법답게 도를 닦았다. 그는 법을 이유로 나를 성가시게 하지 않았다. 비구들이여, 뿐나 선남자는 완전한 열반에 들었다."

 세존께서는 이와 같이 설하셨다. 그 비구들은 흡족한 마음으로 세존의 말씀을 크게 기뻐하였다.

 이 경의 주석서에서는 다음과 같이 설명하고 있다. 뿐나 존자는 수나빠란따 지역에서 살던 사람이었다. 그는 동생과 함께 살았다. 두 형제가 교대로 도시로 나가서 무역을 하면서 사업을 영위했다. 한때 형인 뿐나는 오백 대의 수레를 끌고 사왓티에 이르게 되었다. 그때 사왓티의 사람들의 손에 꽃을 들고 제따와나 숲에 계신 부처님께 공양하기 위해 가고 있었다. 그는 그들을 따라가서 그곳에서 부처님을 뵙고 가르침을 들었다. 다음날 승가에 크게 보시를 하고 스승 아래 출가하여 명상주제를 들었다. 그러나 명상주제에 집중할 수가 없었다. 그래서 그는 '이 땅은 내가 명상을 하기에 적당하지 않다. 스승께 명상주제를 받아서 고향으로 가서 명상해야겠다.'라고 생각했다. 그래서 세존을 찾아가 이 경의 법문을 듣고 수나빠란따 지방으로 갔다.

 그는 수나빠란따 지역의 네 곳에 머물렀다. 첫 번째에는 앗주핫타 산에 들어가 머물면서 탁발했는데 속가의 동생이 음식을 보시하면서 거기에 머물러달라고 부탁했다. 그 후에 두 번째에는 바다와 인접한 암벽에 있는 승원으로 옮겼다. 그곳에서는 경행을 하기가 힘들었고 파도가 들이쳐 암벽에 부딪칠 때 아주 시끄러웠다. 그 다음에 세 번째로는 마뚤라 산으로 갔다 그곳에는 새 떼가 몰려들어 밤낮으로 시끄러웠다. 장로는 그곳에 머물 수가 없었다. 다시 옮겨 네 번째에는 마꿀라까 원림의 승원으로 갔다. 그곳은 상인의 마을에서 너무 멀지도 가깝지도 않아서 탁발을 오가는데 적합했고 한적하고 조용했다. 거기서 안거를 지냈다. 이곳에서 세 가지 명지를 얻고 열반에 들었다. 상윳따 니까야 S35:88 뿐나 경에서는 이 안거 도중에 열반에 들었다고 설하고 있다.

24. 강한 의지조건과 수행

기후, 음식물, 사람, 처소는 강한 의지조건이다.

가. 기후

 기후는 강하게 의지하는 조건이다. 너무 더워도, 너무 추워도 수행에는 장애가 된다. 너무 습해도, 너무 건조해도 수행에는 장애가 된다. 인욕의 힘이 강한 수행자는 그런 혹독한 조건에서도 참고 수행할 수 있다. 그러나 인욕의 힘이 약한 수행자는 혹독한 조건을 참을 수 없다. 자기의 인욕의 힘에 맞추어서 적절하게 기후 조건을 맞추어야 한다. 자기 능력에 맞지 않게 억지로 참으려고 하다가는 몸에 병을 얻고 수행을 중단할 수밖에 없는 위험이 있기 때문이다.

 추위를 넘기기 위해서 불을 피우거나, 난방을 하거나, 두꺼운 옷을 입는다. 더위를 넘기기 위해서 부채나 선풍기나 에어컨을 사용하고 찬물로 씻거나 그늘에서 쉰다. 수행자는 적절한 범위 내에서는 추위와 더위를 참을 만큼 참되, 견디기 어려워서 마음이 안정되지 않으면 필요한 물품을 써야 한다. 예를 들어 환절기에 재채기가 나면 즉각 목도리를 하거나 어깨 위에 숄을 덮어서 감기가 들지 않게 한다.

 수행자가 기후 조건을 적절하게 갖추면 수행이 빨리 증진되고 향상된다. 반대로 이 조건들을 적절하게 갖추지 못하면 이것들이 장애가 되어 수행이 진전되지 못하고 오히려 퇴보하게 만들 수 있다.

나. 음식물

음식물은 강하게 의지하는 조건이다. 음식을 너무 많이 먹어도 수행의 장애가 되고, 너무 적게 먹어도 수행의 장애가 된다. 과식하면 배가 더부룩하고 소화불량이 되며 머리가 흐리멍텅해진다. 행동은 둔하고 졸리고 게을러져서 드러눕기를 좋아한다. 이와 반대로 음식이 너무 적으면 허기가 져서 기운이 없고 몸이 편안하지 않다. 그래서 부처님께서는 항상 "음식의 양을 알아라"고 말씀하셨다.

음식의 양을 알기 위해서는 먹을 때 양을 알아차리면서 먹어야 한다. 포만감이 들기 조금 전에 숟가락을 내려놓는다. 먹은 음식의 양을 기억해둔다. 다음부터는 식사를 시작할 때 미리 파악한 적당한 양에 맞게 미리 밥과 반찬을 덜어서 먹는다. 음식이 너무 많지도 않고 너무 적지도 않게 먹되, 가급적이면 적게 먹어야 몸이 가볍고 머리가 맑다. 또한 적게 먹어야 대소변을 적게 보니 근심할 일이 적다.

오후불식(午後不食)을 하면 매우 좋고, 하루 한 끼 일종식(一種食)을 하면 최상이다. 오후불식을 하는 것을 불교에서는 재(齋)라고 말하는데 이것 자체가 공덕이 된다. 재가불자는 매월 육재일(음력 8, 14, 15, 23, 29, 30일)에 팔재계를 지키며 오후불식을 하는 것이 큰 공덕이 된다.

음식의 양 못지 않게 식재료도 중요하다. 탄수화물, 단백질, 지방, 비타민, 미네랄(무기질)의 5대 영양소를 골고루 섭취하는 것이 좋으며, 어떤 음식이 몸에 좋다고 하여 한두 가지 음식만 지나치게 편

식해서는 안된다.

 탄수화물 음식을 먹을 때는 자연상태 그대로의 음식들 즉 현미, 보리, 귀리, 콩, 팥 등 통곡물과 탄수화물 함량이 많은 채소.과일(감자, 고구마, 옥수수, 단호박, 밤, 대추, 포도, 바나나, 감 등)과 발효음식(김치, 된장.청국장, 낫또)을 먹는 것이 좋다. 가루로 된 정제탄수화물 즉, 떡, 국수, 빵, 라면, 과자 등은 절제하는 것이 좋다. 가공식품과 방부제 등 첨가물이 많은 음식도 절제한다. 당분이 많은 음료수와 과일주스 그리고 기름에 튀긴 음식, 볶은 음식도 절제한다.

요약하면
(1) 음식의 양을 알고 먹는다.
(2) 자연상태의 음식과 발효음식을 섭취한다.
(3) 5대 영양소의 음식을 골고루 먹는다.
(4) 음식을 먹을 때는 10분이상 천천히 꼭꼭 씹어서 먹는다.

다. 사람

 사람은 강하게 의지하는 조건이다. 어떤 사람과 가까이 하고 접촉하는가에 따라 마음이 안정되는지 아니면 마음이 요동치는지가 달라진다. 그래서 경에서는 "선지식과 선한 도반을 가까이하는 것이 수행의 전부"라고까지 말씀하셨다. 선지식을 가까이하고, 선지식을 섬기고 공양 올리고 자주 정법을 듣는다.

가까이 해야 할 8종류의 사람

(1) 말과 행동을 절제할 줄 알고 계(戒)가 청정한 사람을 가까이하라.
(2) 자기 것을 아끼지 않고 남에게 베푸는 사람을 가까이하라.
(3) 화내지 않고 다투지 않고 온화하고 자비로운 사람을 가까이하라.
(4) 겸손하여 자신을 낮추고 남을 존중하는 사람을 가까이하라.
(5) 자기 장점을 자랑하지 않고 남을 험담하지 않는 사람을 가까이하라.
(6) 법을 많이 듣고 배워 지혜의 눈이 밝은 사람을 가까이하라.
(7) 말과 행동이 차분하고 마음이 고요하고 평온한 사람을 가까이하라.
(8) 실참 수행으로 내면의 지혜가 빛나는 사람을 가까이하라.

멀리 해야 할 8종류의 사람

(1) 말과 행동을 절제할 줄 모르고 계를 지키지 않는 사람을 멀리 하라.
(2) 자기 것을 아끼고 인색하여 남에게 베풀 줄 모르는 사람을 멀리 하라.
(3) 화를 잘 내고 남과 자주 다투며 무자비한 사람을 멀리하라.
(4) 자신을 높이고 뽐내며 남을 무시하고 깔보는 사람을 멀리하라.
(5) 자기 장점은 자랑하고 남의 단점을 험담하는 사람을 멀리하라.
(6) 법을 듣고 배운 것이 적고 선악을 분간하지 못하는 사람을 멀리 하라.
(7) 말과 행동이 들뜨고 산란하고 마음이 불안한 사람을 멀리하라.
(8) 내면의 지혜가 없어서 맹목적으로 남을 믿는 사람을 멀리하라.

만약 함께 사는 가족이나 직장동료가 "멀리 해야 할 8종류의 사람"

이라면 어떻게 해야 하는가? 피할 수 없는 상황이라면 개선할 수밖에 없다. 그러기 위해서는 자기 자신이 먼저 개선되어야 한다. 왜냐하면 입장을 바꾸어 상대방의 입장에서 생각해보면 나 자신이 위 "멀리 해야 할 8종류의 사람"에 해당될 수 있기 때문이다.

먼저 자기 자신이 위 "가까이 해야 할 8종류의 사람" 중에 몇 가지가 해당되는지, "멀리 해야 할 8종류의 사람" 중에 몇 가지가 해당되는지 판단해 본다. 아마 부족한 점이 많을 것이다. 그렇다면 자기 자신이 위 "가까이 해야 할 8종류의 사람"이 되기 위해 열심히 노력해야 한다. 그래서 자신이 전보다 더 도덕적인 사람이 되고, 남을 배려하고 연민하며, 말과 행동이 차분해지고, 지혜로운 사람으로 변화되고 개선되는 모습을 보이면 상대방도 감동을 받고 저절로 변화가 되는 것이다.

자기는 개선하려는 노력을 하지 않고 남이 자기에게 맞추어 좋아지기만을 바라는 것은 어리석은 생각이다. 나의 도덕과 지혜가 밝아지면 자연스럽게 상대방의 도덕과 지혜도 밝아진다. 그러니 자신의 마음과 말과 행동을 개선하여 "가까이 해야 할 8종류의 사람"이 되기 위해 노력하고, "멀리 해야 할 8종류의 사람"이 되지 않기 위해 노력해야 한다. 그러면 나의 주위에 있는 사람도 자연히 변화되는 것이다. 이와 같이 자신을 먼저 제도하고 주위의 가족과 직장동료까지도 개선되도록 도와주는 것이 참된 불자이다.

라. 처소

(1) 집을 옮길 때 자신에게 맞는 처소를 고르기

 처소는 강한 의지조건이다. 이사를 가기 위해 처음 집을 고를 때에는 집이나 터전을 세심하게 잘 관찰해야 한다. 사람은 자신에게 맞는 처소가 있고 맞지 않는 처소가 있기 때문이다. 어떤 집이나 땅에 갔을 때 자신의 마음과 몸과 기분을 잘 관찰한다. 마음이 편안해지는지 불안해지는지, 몸이 따뜻해지는지 차가워지는지, 기분이 좋은지 나쁜지 관찰한다. 마음이 편안하고 몸이 따뜻하고 기분이 안락한 곳이 좋은 터이고 자신에게 맞는 터이다. 만약 마음이 불편하고, 몸은 차갑고 경직되고, 기분이 좋지 않으면 자신에게 맞지 않는 터다.

 경의 말씀과 같다. 부처님께서는 어떤 한 무리의 비구들에게 어떤 숲에 가서 수행하라고 말씀하셨다. 그 숲에서 도.과를 이룰 것을 미리 아셨기 때문이다. 그래서 그 비구들은 그 숲에 가서 수행했다. 그런데 그 숲에 사는 목신(木神)들은 계를 지키는 비구들 위에서 더 높은 곳에서 살 수가 없었다. 그들은 낮은 곳에 살면서 불편하고 괴로웠다. 그래서 악취를 풍기고 밤에 괴상한 소리를 내서 비구들을 쫓아내려고 했다. 비구들은 악취와 소음 때문에 수행을 하기가 어려워서 부처님께 찾아왔다. 그 말을 들은 부처님께서는 자애의 계송을 일러주면서 이 경을 숲에서 외우라고 말씀하셨다. 비구들은 숲에 가서 자애경을 외우면서 수행했다. 목신들은 그 경을 듣고 마음이 열리고 자애심이 생겨서 비구들을 공경하고 더 이상 괴롭히지 않았다. 그 비구들은 그 숲에서 도(道)와 과(果)를 이루었다.

부처님께서는 6년 고행을 마치고 정진할 곳을 찾고 계셨다. 니련선하(尼連禪河)의 강을 건너 보드가야에 이르렀을 때 숲은 아름답고 강물은 유유히 흐르고 탁발할 마을은 멀지 않고 모든 조건이 갖추어진 땅이 있는 것을 보시고 부처님께서는 생각하셨다. "이곳은 용맹정진하기에 적합한 곳이다." 그리고 보리수 아래 앉아서 성도하셨다.

(2) 생각과 견해를 바꾸기

만약 현재 처소가 마음에 들지 않고 조건이 맞지 않은데 옮길 수 없는 상황이라면 어떻게 해야 하는가? 그렇다면 생각과 견해를 바꾸면 된다. 어디에 있건 간에 『지금 이 순간, 바로 여기』가 좋은 수행처이다. 수행이란 밖의 경계를 보는 것이 아니고 자신의 몸과 마음을 보는 것이기 때문이다. 지금 앉아있는 곳이 좌선하기 좋은 곳이고, 지금 걷고 있는 곳이 경행하는 좋은 곳이고, 지금 누워있는 곳이 쉬기에 좋은 곳이다. 이런 태도와 마음가짐을 갖는다면 어떤 처소라도 적응할 수 있고 괴롭지 않게 수행할 수 있다.

25. 재가수행(在家修行) 지침(指針)

가. 재가수행과 출가수행의 차이

출가 스님은 집을 버리고 재산을 버리고 부모, 형제, 처, 자식을 버리고 멀리 떠나(遠離) 산중에서 도를 닦는다. 계를 지키고 선정을 닦으며 지혜를 닦아 번뇌를 떠나 해탈에 이르기 위해 노력한다. 세속의 일과 인연을 모두 버렸으므로 순수하게 범행을 닦고 전념하여 도를 닦는다.

재가수행자는 생업을 가지고 돈을 벌어 가족을 부양해야 할 의무가 있으므로 오직 수행에만 전념하기는 쉽지 않다. 부처님 당시에는 재가불자 중에 수다원, 사다함, 아나함의 성자들이 많이 나왔는데 이때 재가불자들은 선근과 복덕을 충분히 갖추고 있었기 때문에 생업에 크게 신경을 쓰지 않고도 수행을 할 수 있었다. 그들은 생계에 필요한 최소한의 일 외에는 매일 스님들께 음식을 보시하고 자주 부처님을 찾아가 꽃을 공양했으며 또한 자주 절에 가서 법문을 듣고 수행을 열심히 했다.

나. 선업공덕을 부지런히 지어라

속세에서는 선업공덕을 지을 기회가 많다. 그러므로 부질없는 감각적 쾌락(五欲樂)을 즐기기 위해서 돈을 낭비하지 말고 기회가 있을 때마다 선업공덕을 지어야 한다. 사마타, 위빳사나의 본격 수행을 하는 것은 충분한 복이 없으면 못하는 것이다. 보시와 지계와 자비와 인욕으로 공덕을 충분히 쌓아야만 정진할 수 있는 기회가 주어지고 선정과 지혜를 닦을 수 있다. 그래서 육바라밀의 처음에 보시바라밀과 지계바라밀이 있다.

산중수행을 하는 수행자들은 이미 과거의 전생에 또한 금생에 탐욕을 버리고 충분히 복과 지혜를 닦았기 때문에 모든 것을 버리고 수행할 수 있는 것이다. 산중에 홀로 있는 수행자는 가진 것이 없지만 그럼에도 보시바라밀을 닦을 수 있다. 내 것을 아끼는 간탐(慳貪)이 없는 것이 곧 보시바라밀이기 때문이다.

다. 재가수행의 장점과 업장소멸

한편으로는 속세의 번뇌를 일으키는 곳이 곧 마음을 반조할 수 있는 좋은 수행처가 된다. 탐욕이 일어날 만한 조건과 성냄이 일어날 만한 조건에서도 육근을 단속하여 마음이 움직이지 않고 평정심이 유지되면 더욱 빨리 도에 나아가는 것이다. 또한 항상 마음 챙겨 탐욕이 일어나는 것과 사라지는 것을 있는 그대로 알아차리고, 탐욕과 성냄을 가라앉히고 끊고 없애기 위해 노력한다.

절에 있던, 수행센터에 있던, 속세의 시끄럽고 번잡한 곳에 있던 마음챙김이 항상 살아있고 바른 견해를 잃지 않는다면 평정심을 유지할 수 있다. 누가 보더라도 탐욕을 일으킬 만한 상황에서 탐욕이 일어나지 않고, 누가 보더라도 성내지 않을 수 없는 상황에서도 그 마음에 성냄이 일어나지 않는다면 그 사람은 진실한 수행자다. 이런 정도의 법력이면 굳이 산속에서만 도를 닦을 필요가 없다.

수행을 열심히 하면 할수록 번뇌는 더 크게 일어난다. '도고마성(道高魔盛)이라 도가 높을수록 마가 치성하다'는 말도 이런 뜻이다. 수행으로 복과 지혜가 늘어나면 번뇌를 없애기 위해 번뇌의 뿌리를 자꾸 건드리기 때문에 번뇌가 더 튀어나오게 된다. 그러므로 어느 정도 수행을 하고 나면 역경계를 만났을 때 마음을 점검하기가 쉽고 업장을 소멸시킬 수 있는 기회가 된다. 마치 날카로운 칼을 만들기 위해 쇠뭉치를 더욱 내려치고 단련시키는 것과 같다. 역경계에서 즉 성냄을 일으키는 곳에서 마음을 단련하여 평정심을 유지한다면 업장이 소멸되고 수행이 한 차원 진보한다.

사마타로 선정을 닦을 때에도 숲속이 제일 좋은 것은 사실이지만 도심 한가운데서라도 조용한 빈 방 하나만 있으면 충분히 수행할 수 있다. 빈 방이 없으면 벽면 한쪽을 치우고 벽을 바라보고 앉아서 수행하면 된다. 선정과 지혜를 함께 닦아서 균형이 이루어져야 깨달음이 열리기 때문이다.

가정에서나 사회생활을 할 때나 많은 갈등과 충돌이 있으므로 이런 환경에서 마음을 단련하여 모든 순경계나 역경계를 수용하여 거부하지 않고 마음이 움직이지 않을 수 있다면 마음이 열려 넓어지고 단련되어 깨달음의 길로 빨리 나아간다. 마치 큰 바다가 일체의 깨끗한 물, 더러운 물을 모두 받아들여 한 맛으로 만드는 것과 같다.

라. 바로 지금 여기서 수행하라

재가자들은 수행을 뒤로 미루지 말아야 한다. '나중에 조건이 되면 수행하겠다.' '먹고 사느라 가족을 부양하느라 바쁘고 틈이 없는데 어떻게 수행하겠는가' 이렇게 핑계를 대는 것은 바른 견해가 아니고 바른 정진이 아니다.

 산속에 있건 도시에 있건 육근과 육경을 조건으로 육식이 생겨나는 감각접촉은 항상 경험하고 있는 것이므로 언제 어디서건 장소와 시간에 관계없이 수행할 수 있다.

『지금 이 순간 바로 여기에서』 일어나고 사라지는 탐욕, 성냄 등 번뇌를 알아차리고 즉각 가라앉히고 끊어 없애라. 지금 이 순간 개념을 실재로 보는 전도망상을 알아차리고 개념을 개념으로, 실재를 실재로 구분하여 꿰뚫어 보라. 또한 실재(오온, 십이처, 십팔계)라고 하더라도 그것들 역시 일어나고 사라지고 변하는 무상한 것이라고, 미래의 괴로움을 초래한다고, '나'도 아니고 '내 것'도 아니라고 꿰뚫어 보라. 이것이 참다운 수행이다.

26. 병들었을 때의 수행

가. 몸의 감촉에 대한 바른 관찰

수행자는 병이 들었을 때 어떻게 수행해야 하는가? 병고를 겪더라도 의식만 있으면 언제나 어디서나 수행할 수 있다. 육근에서 보고 듣고 느끼고 생각하는 가운데, 마음속에서 악법들과 선법들이 일어나고 사라짐을 있는 그대로 알아차려 그것들의 '무상함'을 보고 '나 아님'을 보는 것이 수행이기 때문이다.

몸이 아프더라도 이 아픔은 몸의 알음알이(身識)로서 부처님께서 '모든 알음알이는 환각과 같다.'고 말씀하신 것을 생각하고 이겨내야 한다. 또한 이 아픔은 무명과 탐욕의 번뇌로부터 생긴 것이니 허망하고 무상한 것이라고 관찰하여 몸은 아프더라도 마음은 괴롭지 말아야 한다. 보왕삼매론에 "몸에 병 없기를 바라지 마라. 병이 없으면 탐욕이 생기느니라."는 말이 있다.

몸의 괴로운 느낌에 대하여 초연하기가 쉽지는 않다. 만약 극심한 몸의 통증이나 병고에 대하여 정신적으로 괴로워하지 않는다면 그는 진정한 수행자다. 그는 몸의 괴로운 느낌은 그저 조건 따라 일어나고 사라지는 법일 뿐 그것은 '나'가 아님을 알기 때문이다. '나는 아프다', '나는 괴롭다' 이것은 모두 사견(邪見)이다. 그저 몸이 감촉이 일어나고 사라질 뿐이다.

만약 몸의 느낌이 실체가 있는 것이라면 계속해서 아파야 할 것이다. 그런데 극심하게 아프다가도 무슨 큰 소리가 나면 귀를 쫑긋 세우고 그 소리를 듣는다. 그 소리를 듣는 동안에는 아픔을 잊어버린다. 이것은 무엇을 의미하는가? 몸을 향해 주의를 기울이지 않으면 감촉을 느낄 수 없고 느낌도 없다는 것이다. 곧 작의(作意)라는 조건이 화합하지 않으면 몸의 감촉도 느낌도 생겨나지 않는 것이라서 감촉과 느낌이라는 것이 실체가 없다는 것이다.

법의 이익은 몸과 마음의 피로와 질병을 치유하는 불가사의한 힘이 있다. 마하 깟사빠(마하가섭) 존자와 마하 목갈라나(목건련) 존자는 중병에 걸렸을 때 세존으로부터 칠각지의 설법을 듣고 피가 정화되고 파생된 물질이 청정하게 되어 병이 사라졌다. 아누룻다(아나율) 존자는 중병에 걸렸을 때 사념처를 닦아서 병이 나았다. 수부띠(수보리) 존자는 중병에 걸렸을 때 공(空)을 사유하고 관찰하여 병이 나았다. 세존께서도 말년에 등창으로 아프실 때 쭌다 존자에게 칠각지를 외우라고 지시하시고 자리에 누웠다가 쭌다의 설법을 듣고 곧바로 일어나셨다. 이로 볼 때 몸의 느낌이라는 것은 무명(無明)의 번뇌망상으로부터 생긴 것이다. 그러므로 바른 법으로 치유할 수 있다.

수행자는 병을 낫지 못한 상태에서도 수행의 끈을 놓지 않고 정진하며 오히려 더 크게 발심하여, 병이 낫고 나면 더욱더 수행에 나아가게 된다. 역경이 오히려 좋은 기회가 되는 것이다.

나. 병고의 장점

 병든 사람에게는 다음과 같이 좋은 점이 있으니 이것을 반조하고 마음을 다스려야 한다.

(1) 무상(無常)을 자각한다
 몸이 건강할 때는 감각적 쾌락에 젖어 무상함을 모르고 괴로움을 모르다가 병이 들면 인생이 무상함을 알게 된다. 무상을 자각하고, 지난날에 게으름 피우고 시간을 헛되이 보낸 것을 후회하며 '몸이 낫고 나면 열심히 수행하리라.' 하고 발심한다면 병이 오히려 약이 되는 것이다.

(2) 탐욕이 적어진다
 몸이 아프면 탐욕이 적어진다. 오직 병이 낫기만을 바랄 뿐 많은 욕심을 부리지 않는다. 음식도 함부로 먹지 못하게 되니 식탐도 자연히 절제된다.

(3) 성냄이 적어진다
 몸이 적당히 아프면 성냄이 일어날 수 있으나 병고로 심하게 아프면 기운이 없어서 화를 내지 못한다. 화를 내지 않는 것만 해도 좋은 것이다.

(4) 자만이 적어진다.
 병든 사람은 남에게 자신을 뽐내고 자랑하는 마음이 적어진다. 병든 자신의 초라한 몸을 보고 자만하는 마음이 생기지 않는다. 이렇게 자만심이 적고 겸손해지는 것도 좋은 일이다.

(5) 연민심이 늘어난다.
 동병상련이라, 아픈 사람은 남의 아픔을 이해하기 때문에 다른 병자들에 대해 측은히 여기는 마음을 낸다. 이것도 좋은 공덕이다.

(6) 잡념망상이 적어진다.
 아프면 일을 쉬기 때문에 한가하고 오직 몸의 병이 낫기만을 바라기 때문에 잡념이 적어진다. 잡념이 적고 고요하기 때문에 자신의 과거를 돌아보게 된다. 재물과 명예를 쫓아 바쁘게만 살다 보면 자신을 돌아보지 못하다가, 아프면 자신을 돌아보기 때문에 잘못 살아온 과거를 반성하게 되는 것이다. 이것도 좋은 점이다.

다. 죽음의 공포로 발심하여 깨달음을 얻다

 수행자는 병으로 인하여 자신의 수행을 반조하고 크게 발심하기도 한다. 경허선사의 일화가 있다. 경허선사는 계룡산 동학사의 대강사였다. 교학을 통달하였고 말솜씨도 뛰어났다. 자신만만했던 그는 한 선지식을 만났는데 경허의 말이 유창하여 당할 수 없었다. 그 선지식은 '네가 말은 잘하지만 병들어 죽음에 임박하면 알 것이다.'고 말했다.

 경허가 어느 날 은사스님을 찾아뵙기 위해 길을 가는데 도중에 큰 비를 만났다. 그래서 한 집 처마에서 비를 피하는데 집주인이 큰 소리로 꾸짖으며 쫓아내는 것이었다. '그거 참 인심이 고약하네.' 하고 생각했으나 나중에 알고 보니 그 마을에 전염병이 돌아서 집집마다 사람이 죽어나가는 판이었다. 송장 치르느라 정신이 없었다. 그는 죽음의 위험을 느꼈다.

 경허는 자신의 공부를 점검해보았다. 그런데 지금까지 배운 모든 교학의 지식이 죽음 앞에서는 아무 소용이 없었다. '내가 지금까지 헛공부를 했구나.' 하고 각성했다. 그래서 길을 되돌아가 동학사에 도착해서는 당장 강사 일을 그만두고 공부하는 학인들을 모두 해산시킨 다음에 방에 들어가 문을 걸어 잠그고 오직 참선에 열중했다. 잠에 빠지지 않기 위해 턱 밑에 송곳을 세워놓았다. 꾸벅 졸면 송곳에 찔려서 턱은 피투성이가 되었다. 그렇게 자는 것도 잊어버리고 먹는 것도 잊어버리도록 열중하여 정진했다.

 경허스님이 크게 깨달음을 얻은 인연은 이렇다. 경허스님을 모시는 시자가 동은 사미였다. 동은의 속가 부친이 이 처사다. 하루는 이 처사가 계룡사에 찾아와 사미 동은과 대화를 했는데 이 처사가 '중노릇 잘못하면 죽어 소가 됩니다.' 하니 동은이 말하기를 '불법 공부하다 잘못해서 죽어 소가 되면 시주에게 은혜를 갚아야지요.' 하니 이 처사가 장난으로 말하기를 '어찌 그렇게밖에 대답을 못하십니까? 죽어 소가 되어도 고삐 뚫을 콧구멍이 없다고 말해야지요.' 했다. 대화를 듣고 있던 경허는 '콧구멍 없는 소(無鼻孔)'라는 말을 듣자마자 본 마음을 크게 깨달았다. 아래는 경허스님의 오도송이다.

忽聞人語無鼻孔　홀연히 '콧구멍 없는 소'라는 말을 듣고
頓覺三千是我家　문득 삼천대천세계가 바로 나임을 깨달았네

六月燕岩山下路　유월의 연암산 아랫길에서
野人無事太平歌　들판의 사람이 무사태평가를 부르네.

경허는 깨친 후 서산 천장암에 가서 1년 동안 보림하면서 몸을 움직이지 않고 정진했다. 옷을 벗지도 않고 씻지도 않고 앉아만 있었는데 이가 들끓어 온몸이 상처투성이였다. 신도들이 제발 옷 좀 갈아입으시라고 애원했으나 요지부동이었다. 깨달음을 얻고 나서도 이처럼 용맹하게 정진하여 깨달음의 마음을 점검하고 확고하게 다진 것이다.

제4편 문제 해결, 체험(證)

🌸 제4편 문제 해결, 체험(證)

1. 수행의 결실, 문제 해결 능력

수행을 하면 반드시 결실(果)을 이루어야 한다. 수행을 하더라도 결실을 맺지 못한다면 그 수행은 소용이 없다.

가. 수행의 결실(果)

수행의 결실이란 무엇인가? 그것은 괴로움을 벗어나는 것이다. 이것을 다른 말로 하면 일상의 문제를 지혜롭게 해결하는 것이다. 또 다른 말로 하면 번뇌를 제거하는 것이다.

(1) 번뇌를 제거한다.
(2) 일상의 문제를 지혜롭게 해결한다.
(3) 괴로움을 벗어난다.

이 세 가지 문장은 같은 뜻이다.

계(戒)를 지키고, 사마타 수행을 하고, 위빳사나 수행을 하는 것은 번뇌를 끊고 괴로움을 벗어나기 위한 것이다. 오랫동안 수행을 했는데도 불구하고 번뇌를 끊지 못하고 일상의 문제를 해결하지 못한다면 괴로움을 벗어나지 못한 것이다. 오랫동안 경과 논서를 공부했는데도 불구하고 번뇌를 끊지 못하고 일상의 문제를 해결하지 못한다면 괴로움을 벗어나지 못한 것이다. 말로는 그럴듯하게 수준높은 설법을 잘 하지만 그 말과 실제 행동은 달라서 일상생활에서 탐진치 속에 빠져있고 문제를 해결하지 못한다면 괴로움을 벗어나지 못한 것이다.

나. 문제 해결 능력

수행의 결실이 있다는 것은 일상의 문제 해결 능력이 있다는 것이다. 일상의 문제를 해결하지 못했다는 것은 곧 괴로움이 있다는 것이며 수행의 결실을 맺지 못한 것이다.

문제(괴로움)란 무엇인가? 다음과 같이 대략 네 가지가 있다.

(1) 갈등과 다툼
남(개인 또는 집단)과 갈등이 있거나, 몸으로 싸우거나, 말로 언쟁하거나, 이론으로 논쟁을 벌이거나, 서먹하거나 불편한 관계가 있다면 이것은 문제가 있는 것이고 괴로움이 있는 것이다.

(2) 혼란과 의심과 망설임
무언가에 정신이 홀려 미혹하거나, 혼란에 빠져 갈팡질팡 헤매거나, 남을 불신하고 경계하거나, 남에 대해 또는 어떤 일에 있어서 의심이 있거나, 판단을 내리지 못하여 긴가민가 하거나, 자기 태도를 결정하지 못하여 이럴까 저럴까 망설이고 주저하는 것은 문제가 있는 것이고 괴로움이 있는 것이다.

(3) 불안과 근심과 두려움
 마음이 불안하고 근심·걱정이 있고 두려움이 있는 것은 문제가 있는 것이고 괴로움이 있는 것이다.

(4) 불만족과 원망.혐오
 남에 대해 또는 자기 자신에 대해 불만족을 품고 원망하거나 혐오하거나 꺼림칙하여 거리낌이 있거나 마음에 거슬림이 있는 것도 역시 문제가 있는 것이고 괴로움이 있는 것이다.

 그렇다면 번뇌를 제거하고, 일상의 문제를 해결하여 괴로움을 벗어났다는 것은 구체적으로 어떤 것인가?

① 갈등과 다툼이 해소된다.
② 혼란과 의심이 없어진다.
③ 불안과 근심과 두려움이 해소된다.
④ 불만족과 원망이 없어진다.

 이것이 곧 문제를 해결하는 것이고 괴로움을 벗어나는 것이다. 이러한 문제를 해결하는 능력이 있을 때 그는 비로소 수행의 결실을 얻은 것이다.

수행을 오래 한 스님이나 재가 수행자가 남과 갈등이 있고 다툼이 있다면 그는 문제가 있고 괴로움이 있고 수행의 결실이 없다. 갈등과 다툼이란 탐욕, 적의와 분노, 이기심, 아집, 자만, 견해에 대한 집착, 질투, 인색 등의 번뇌로 생기기 때문이다.

이러한 번뇌가 제거되었을 때 그는 욕심이 적고 만족할 줄 알고, 적의와 분노를 내려놓아 다툼도 없고 원망도 없어 항상 마음속에 자애와 연민이 충만하고, '나'라는 생각이 없어 남에게 친절하고 항상 남을 배려하며, 견해에 대한 집착을 내려놓아 남과 논쟁하지 않고, 항상 겸손하고 하심(下心)하고 남을 존중·공경하며, 남의 행복을 따라 기뻐하고, 내 것을 아끼지 않고 기쁜 마음으로 남에게 베풀며, 내면에서 갈등과 다툼이 없다.

수행자가 혼란과 의심이 있다면 그는 문제가 있고 괴로움이 있고 수행의 결실이 없다. 혼란과 의심이란 바른 믿음과 바른 견해가 없고 그릇된 믿음과 그릇된 견해에 사로잡혀 있기 때문이다.

이러한 번뇌가 제거되었을 때 그는 불법승 삼보에 대한 믿음, 스승에 대한 믿음, 수행법에 대한 믿음, 자기 자신에 대한 믿음을 확고하게 갖추고, 바른 견해와 통찰지로서 법을 꿰뚫어 보아 바른 판단과 결정을 하며, 바른 말, 바른 행위, 바른 생계를 갖춘다. 그는 긴가민가 하는 의심도 없고, 이럴까 저럴까 하는 망설임과 주저함도 없으며, 그럴듯한 사이비의 요설이나 남의 협박이나 교활한 자의 현혹시키는 삿된 말에 전혀 흔들림이 없다.

수행자가 근심이 있고 우울하거나 마음이 불안하거나 무언가를 두려워한다면 그는 문제가 있고 괴로움이 있고 수행의 결실이 없다. 불안과 근심과 두려움은 탐욕과 집착에서 생긴다. 탐내고 아끼고 바라고 구하고 기뻐하고 즐기고 집착하기 때문에, 이미 얻은 것을 잃게 될까 근심하고 두려워하며, 미래에 얻고자 하는 것을 얻지 못하게 될까 근심하고 두려워한다.

이러한 번뇌가 제거되었을 때 그는 형색, 소리, 냄새, 맛, 감촉이라는 다섯 가지 감각적 쾌락에 대하여 달라붙지 않고, 집착이 없고, 관심이 없고, 흔들림이 없다. 그는 재물, 명예, 권력, 학식, 몸의 외모, 이성, 음식 등에 대하여 모두 괴로움으로 보고 쓸모없는 잡초나 썩은 나무토막처럼 내버린다.

수행자가 불만족과 원망과 혐오(싫어함)가 있다면 그는 문제가 있고 괴로움이 있고 수행의 결실이 없다. 불만족과 원망과 혐오는 분별과 고정관념과 옹졸한 마음에서 생긴다.

이러한 번뇌가 제거되었을 때 마치 큰 바다가 깨끗하거나 더러운 모든 강물을 받아들여 한 맛으로 만드는 것처럼, 그는 분별이 없어 넓은 마음, 열린 마음으로 일체를 포용하여 하나가 되어 싫은 것도 없고 장애도 없다. 마치 대지가 깨끗하거나 더러운 모든 것을 땅에 던져도 싫은 것이 없고 묵묵히 포용하고 만물을 키우듯이, 그는 자비와 인욕의 마음으로 흔들림 없이 묵묵히 모든 것을 포용하고 키운다. 마치 크고 거센 바람이 사면에서 불어도 바위산이 흔들림이 없는 것처럼, 그는 마음에 드는 순경계에도 흔들리지 않고, 마음에 들지 않는 역경계에도 흔들리지 않는다.

 그는 나와 남의 분별이 없으므로 일체중생을 나와 한몸으로 보아 남에게 법을 설하여 문제를 해결하고 괴로움을 벗어나게 한다.

① 그는 욕심이 적고 만족할 줄 알고 집착 없는 덕행과 자비와 겸손의 덕행을 설하여 남의 갈등과 다툼을 해소하여 평화로운 마음을 얻게 한다.

② 그는 삼보와 스승과 수행법과 자신에 대한 바른 믿음을 설하고, 무상, 고, 무아의 바른 견해를 설하여 남의 혼란과 의심과 망설임을 없애주고 법의 기쁨을 맛보게 해준다.

③ 그는 정신·물질이 괴로움이고, 감각적 욕망이 괴로움의 원인이며, 갈애를 떠나면 행복한 열반이고, 여덟 가지 바른 도를 닦으면 괴로움을 벗어나게 된다는 사성제의 법을 설하여 남의 불안과 근심과 두려움을 해소시켜주어 안온하고 즐겁게 해준다.

④ 그는 분별을 떠나는 수행과 넓고 크고 열린 마음의 수행과 자비와 인욕을 설하여 남의 불만족과 원망과 혐오를 없애고 만족하고 기쁘게 해준다.

 이것이 수행의 결실이다. 모든 수행자들은 말로만 법을 설할 것이 아니라, 참답게 실천 수행하여 자신의 이익과 결실을 성취하고 또한 남의 이익과 결실을 원만히 성취하기를 바란다.

2. 인간사의 갈등과 문제 해결

가. 존중과 사랑

 대인관계의 기본원칙은 '존중'과 '사랑'이다. 이 두 가지 원칙은 '바른 견해'를 바탕으로 한다. 바른 견해가 없을 때 남에 대한 존중이 없으며, 사랑도 없다.

 이 세상은 혼자서 살아갈 수 없고 모든 사람이 서로 돕고 영향을 미치면서 살아간다. 크게 보면 하나다. 마치 그물망의 그물코들이 서로 이어져 있는 것과도 같다. 한 그물코가 온전하려면 다른 그물코들이 온전해야 한다. 서로 하나로 이어져 있기 때문이다.

 내가 진실로 괴로움을 싫어하고 행복을 좋아한다면 남도 역시 나와 같이 괴로움을 싫어하고 행복을 좋아한다. 그러므로 내가 괴로움이 없이 행복하게 살기 위해서는 남을 괴로움에서 벗어나게 하고 행복하게 해주어야 하는 것이다. 이것이 연기법의 바른 견해를 기초로 한 '사랑'이다.

 부모와 자식의 관계, 부부 사이의 관계, 형제, 자매의 관계, 친구 사이의 관계, 직장동료 사이의 관계 이 모든 인간관계에 있어서 '존중'과 '사랑'이라는 두 원칙만 지켜진다면 그 어떤 갈등도 다툼도 원망도 없이 원만하고 평화로운 인간관계가 유지될 것이다.

나. 갈등의 원인과 해소

갈등과 다툼이 생기는 원인은 '존중'과 '사랑'이라는 기본원칙을 지키지 않기 때문이다. 또한 그 원인은 '나와 남이 서로 연결되어 있고 나 혼자서만 독자적으로 존재할 수 없다'는 연기의 바른 견해가 없기 때문이다. 바른 견해가 없기 때문에 남에 대한 배려 없이 자기 혼자만 즐겁고 행복하면 된다는 이기심이 발동하여 남을 존중하지 않고 사랑하지 않는다.

그렇다면 갈등과 다툼을 해소하는 법은 간단하다. 바른 견해를 가지고 남을 존중하고 사랑하면 되는 것이다. 나의 행복은 남의 행복과 밀접하게 연관되어 있으니 남을 행복하게 해주는 것이 곧 나의 행복이 되기 때문이다.

남의 뜻을 존중하고 그의 말을 경청하며 사랑하고 배려하고 친절히 대한다. 남이 의롭지 못한 악행을 하더라도 그를 불쌍히 여기고 원망하지 않는다. 그의 죄는 나쁘지만 그의 잘못된 견해와 말과 행동을 고치면 되는 것이다. 그 사람 자체를 증오해서는 안 된다. 그의 잘못된 말과 행동에는 나의 잘못된 생각과 말과 행동도 영향을 끼치고 있었기 때문이다. 모든 사람은 서로 연결되어 있는 것이다.

다. 심리치료

사람이 살아가면서 겪게 되는 온갖 일들 중에 부모.형제.자매.친구 등과 어렸을 때 사랑받지 못하고 정신적, 육체적 상처를 받았거나 또는 성장해서도 부부간에 또는 자녀와의 관계에서 작은 오해로부터 시작된 의심과 불신과 실망과 원망이 쌓이고 쌓여 마음에 원한이 맺혀 그 사람 생각만 떠올라도 화가 나고 증오하고 마음이 불편해지는 사람들이 많다.

이때 어떻게 해야 마음에 맺힌 깊은 원한을 풀 수 있을까? 여기에 하나의 뛰어난 방법이 있으니 그것은 바로 상대방의 장점을 찾고 생각하는 것이다. 10가지의 항목을 나열해 놓고 거기에서 단 하나라도 그 사람의 장점을 찾아본다. 10가지 가운데 9가지가 나쁘더라도 단 하나라도 장점이 있다면 오직 그 장점 하나만을 생각하고 나머지 9가지 나쁜 점은 무시해버린다.

처음에는 그 사람이 장점이라고는 눈을 씻고 보아도 찾을 수 없다고 생각될 것이다. 왜냐하면 증오와 원망이 가득 차서 마음을 덮어버렸기 때문이다. 그러나 마음의 평정을 되찾고 나서 다시 차분히 생각해 보면 무언가 장점 하나는 있기 마련이다.

우선 화를 가라앉히려면 상대방이 눈앞에 있으면 상대를 보지 말고 시선을 돌려서 다른 곳을 보아야 한다. 그리고 마음속의 화를 지켜보되 그 화에서 떨어져서 제삼자의 입장에서 화를 보라. 과거를 기억하다가 화가 일어났을 때는 화가 나는 상대방에 대한 생각을 떨쳐버리고, 관심을 돌려 좋아하는 사람이나 일 등 다른 것을 생각한다. 과학자들의 연구결과에 의하면 화가 나는 상대방을 66초만 보지 않고 관심을 다른 곳으로 돌리면 화는 가라앉는다고 한다. 우선 시선을 다른 곳으로 돌리고 심호흡을 하며 냉수를 마시거나 차를 마시거나 샤워를 하거나 운동을 하거나 취미활동을 하거나 하면서 마음을 가라앉힌다.

 마음이 가라앉고 나면 다음과 같이 10가지 항목을 나열하고 나서 그중에서 상대방의 장점이 있는지 찾아본다. 의외로 장점이 여러 개가 발견될 수도 있다.

예를 들어

① 생명을 함부로 죽이는 살생을 하는가? 하지 않는가? 생각해 본다. 함부로 생명을 죽이지 않고 사람이나 동물의 목숨을 소중히 생각한다면 그것은 그 (또는 그녀)의 장점이다.

② 남을 때리거나 괴롭히는가? 그러지 않는가? 생각해 본다. 그가 남을 때리거나 괴롭히지 않는다면 이것은 그의 장점이다.

③ 남의 것을 빼앗거나 훔치는가? 그러지 않는가? 생각해 본다. 남의 것을 훔치지 않는다면 그것은 그의 장점이다.

④ 불륜이나 강간, 성매매 등 나쁜 성관계를 하는가? 하지 않는가? 생각해 본다. 나쁜 성관계를 하지 않는다면 이것은 그의 장점이다.

⑤ 도박, 술, 마약 등에 중독되는 습관이 있는가? 없는가? 생각해 본다. 이러한 중독의 습관이 없다면 이것은 그의 장점이다.

⑥ 거짓말을 습관적으로 하고 남을 속이는가? 정직한가? 생각해 본다. 남을 속이지 않고 정직하다면 이것은 그의 장점이다.

⑦ 남의 사이를 이간질하거나 안보이는 데서 험담하고 비방하는가? 하지 않는가? 생각해 본다. 남의 뒤에서 험담하지 않는다면 이것은 그의 장점이다.

⑧ 욕을 많이 하고 남에게 상처 주는 말을 하는가? 하지 않는가? 생각해 본다. 욕을 하지 않고 남에게 상처 주는 말을 하지 않는다면 이것은 그의 장점이다.

⑨ 화를 자주 내고 남과 다투는가? 다투지 않는가? 생각해 본다. 남과 다투지 않는다면 이것은 그의 장점이다.

⑩ 책을 읽고 공부하는 것을 좋아하는가? 책을 멀리하고 공부하는 것을 싫어하는가? 생각해 본다. 책을 읽고 공부를 좋아하고 현명한 사람들의 말을 경청한다면 이것은 그의 장점이다.

상대방에 대한 증오가 일어날 때마다 위와 같이 마음을 가라앉힌 후에 오직 상대방의 장점만을 생각하고 나쁜 점을 무시한다. 이렇게 계속 생각하다 보면 점차 원망과 증오가 적어지기 시작한다. 원망하지 않게 되면 그 사람에게 행복을 기원하는 자애심을 일으키고 불쌍히 여기는 연민심을 일으킨다. 그에게 반복해서 자애를 보낸다. 그러면 점차 원한과 증오가 적어지게 된다. 이와 같이 1년 이상 충분히 노력하면 나도 모르게 원한이 다 없어질 것이다.

3. 자기 자신에게 의지하라

부처님께서 입멸하기 전 남기신 유훈에 자귀의, 법귀의, 자등명, 법등명의 가르침이 있다.

자귀의 = 자기 자신에게 의지한다. 자신을 섬(피난처)으로 삼는다.
자등명 = 자기 자신을 등불(기준, 이정표)로 삼는다.
법귀의 = 정법에 의지한다. 정법을 섬으로 삼는다.
법등명 = 정법을 등불로 삼는다.

여기서 자귀의와 자등명은 자기 몸과 마음을 관찰하는 사념처를 의지하여 수행한다는 뜻이다. 또 한편으로는 자기 스스로 위로하고 칭찬하고 격려하는 것도 자귀의, 자등명의 뜻이라고 볼 수 있다. 왜냐하면 부처님께서 항상 "일 없는 조용한 곳에 머물면서 홀로 정진하고 스스로 격려하라."고 말씀하셨기 때문이다. '스스로 격려하라'는 말씀은 나약해지는 마음을 추스려서 의욕을 일으키고, 정진하고, 힘을 내고, 마음을 다잡고, 애를 쓴다는 뜻이다. 그런데 힘을 내고 마음을 다잡기 위해서는 스스로 자신을 위로하고 칭찬하고 격려하는 방편이 필요하다.

남으로부터 위로를 받고, 칭찬을 받고, 격려를 받는 것과 스스로 자신을 위로하고, 칭찬하고, 격려하는 것은 아무런 차이가 없다. 왜 그러한가? '모든 일은 곧 마음속의 일(一切事卽心中事)'이기 때문이다. 남의 말을 내 귀로 듣고 위로를 받고 힘을 받는 것이나, 자기 자신에게 말하여 그 음성을 자신의 귀로 듣고 위로를 받고 힘을 받는 것은 이치로 볼 때 아무런 차이가 없다.

 스스로 자신을 위로하고 칭찬하고 격려하는 것은 어디에 있거나 항상 스스로 행할 수 있으니 이것은 기쁨을 느끼고 마음을 편안하게 하고 고요하게 만드는 좋은 방편이 된다. 남으로부터 위로를 받고 칭찬과 격려를 받는 것은 쉽지 않은 일이다. 아무 때나 원한다고 해서 들을 수 없다. 그러나 자기 스스로 행한다면 필요할 때마다 스스로 말하여 위로를 받고 힘을 받고 기쁨을 누릴 수 있으니 이 얼마나 쉽고 좋은 방편인가? 실제로 실천해보면 남에게 위로와 칭찬을 받는 것과 차이가 없다는 것을 알 것이다.

(1) 힘들고 지치고 근심하고 우울할 때 스스로 자신을 다독이고 달래고 위로하라. 스스로 어깨나 가슴을 다독거리며 말한다. '괜찮아! 잊어버려! 곧 지나갈거야! 집착을 버리면 더 이상 괴로움도 없어.'

(2) 자신이 잘한 일, 장점을 스스로 칭찬하라. 스스로 감탄하고 박수를 치고 환호해주어라. '와! 대단하다! 훌륭하다! 잘했다! 최고다! 박수! 짝짝짝!'

(3) 자신이 선한 일과 바른 수행을 하려고 할 때 스스로 격려해주어라. '잘한다! 힘내라! 열심히 해라!'

실례를 들어 설명한다.

예1.

 어떤 수행자가 한때 기분이 가라앉고 우울하고 몸도 아프고 힘들었다. 그래서 마음속으로 도반과 법담을 하는 상상을 했다. 마음속에서 열렬히 법에 대해 사유하고 담론했을 때 갑자기 전기 스위치를 켠 것처럼 마음이 환히 밝아졌다. 그러자 우울한 기분이 사라졌고 몸도 더이상 아프지 않았다. 스스로 반조했다. '나는 현명한 의도를 일으켜서 법의 이익을 얻어 문제를 해결하고 괴로움에서 벗어났구나. 이제 우울한 기분과 몸의 아픔이 사라졌다.' 그러자 다시 법의 기쁨과 환희심이 일어났다.

예2.

 어떤 스님이 홀로 토굴에서 수행하다가 과거에 여러 스님 대중과 함께 있었던 것을 기억하면서 다른 스님들을 그리워하고 보고 싶어졌다. 이때 그는 스스로 자기 이름을 불렀다. "OO스님!" 그러자 이상하게도 다른 스님들에 대한 그리움이 사라졌다. 단지, 자기 법명과 스님이라는 호칭을 불렀을 뿐인데 스스로 위로를 받고 만족하여 다른 스님들에 대한 그리움이 사라졌다.

예3.

 어떤 불자가 부엌에서 음식을 만들다가 칼에 손을 베었다. 그래서 의자에 앉아있는 도반에게 가서 칼에 베어 피가 났다고 말했다. 그런데 그 도반은 반응이 없었다. 내심 그 도반에게서 위로를 받고 밴드를 붙여주는 기대를 하고 있었는데 반응이 없으니 바로 돌아서서 자신에게 '괜찮아! 괜찮아!' 하고 스스로를 다독이고 위로했다. 그리고 휴지로 상처를 감쌌다. 나중에 도반에게 그 사실을 말하니 그 도반은 그 당시 법을 사유하고 법에 마음을 챙기고 집중했었다고 말했다.

두 사람은 서로 법담을 하였는데 서로를 객관적으로 제3자로 보고 마음속에서 일어난 법들 즉, 마음을 대상으로 향하는 작의(作意, 마나시까라)가 없으면 대상을 알아차리지 못한다는 것, 기대하고 바라는 마음이 있으면 실망이 뒤따른다는 것, 자기 위로를 해도 남에게서 위로를 받는 것과 다름없다는 도리에 대하여 논했다. 그 법담을 옆에서 들은 다른 초심불자가 말했다. "알아듣지 못할 말들을 하네. 자신들이 겪은 이야기인데 왜 남 이야기를 하는 것처럼 말하는지 이해가 되지 않네. 마치 외계인들이 대화를 하는 것 같네."라고 말했다.

예4.
어떤 불자가 빌라에 사는데 수도관이 터져서 빌라 전체에서 물이 새어나왔다. 여러 입주자가 모여서 회의를 하고 기술자를 불러서 조사를 해보니 그 불자가 사는 집 밑의 수도관이 터진 것이 확인되었다. 그런데 그 수도관은 밖에서 들어온 공통수도관이었고 그 불자의 개별적인 집안의 수도관은 아니었다. 입주자들 가운데 대부분은 이것은 공통수도관이니 입주자 전체가 비용을 분담해야 한다고 주장했고 다른 입주자 한 사람이 이것은 그 불자의 집 밑에서 터진 것이니 그 불자가 비용을 전담해야 한다고 주장했다. 양측의 입장이 팽팽했고 분란이 생겼다. 그 불자도 마음이 혼란스럽고 머리가 아팠다. 그 불자는 생각했다. '이 싸움을 멈추게 하려면 내가 이 비용을 전담해야겠다.' 이렇게 생각했는데 회의 결과 전체 입주자가 분담하기로 했다.

 그러자 그 불자는 "그러면 내가 보시하겠으니 이 돈으로 빌라 입구에 자동문을 설치하겠습니다." 그래서 자동문을 설치했다. 자동문을 설치하기 전에는 모르는 사람들이 와서 현관문을 두드리기도 하고, 문 앞에 전단지를 덕지덕지 붙이기도 하고, 사람들이 계단으로 옥상에 올라가고 내려가고 담배를 피우기도 하며 소란스러웠다. 그런데 자동문을 설치한 뒤에는 그런 소란스러움이 없고 조용했다. 그래서 경전공부와 수행에 큰 도움이 되었다. '남을 위해 자동문을 보시했는데 그 혜택을 내가 받는구나. 그러니 남을 위하는 것이 곧 나를 위하는 것이다.'

예5.
 어떤 수행자가 평소에 '갑'이라는 사람에 대하여 장점을 찾아볼 수 없고 단점이 매우 많은 것으로 알고 있었다. '그는 화를 잘 내고 자만하며 남을 무시하는 말을 잘 한다. 매사 부정적인 시각을 가지고 항상 남을 비판한다. 항상 가시 돋친 말을 하니 다가가기 힘들다.' 그는 자기 수행을 하면서 힘들 때는 자기 위로를 하여 마음을 안정시켰다. 자기 장점을 보았을 때는 스스로 자신을 칭찬하고 박수를 보냈다. 기쁨을 느끼고 마음이 고요해졌다.

 나중에 '갑'이라는 사람을 보자 그의 장점이 비로소 보였다. 그는 화가 많은 기질이지만 한 번 일을 시작하면 반드시 끝을 본다는 것, 자기가 맡은 일에 대한 책임감이 강하다는 것, 꼼꼼하게 분석하는 재능이 뛰어나다는 것을 알았다. '전에는 장점을 보지 못했는데 왜 이제서야 보일까' 의문을 품고 반조해보았다. '전에는 나의 마음이 안정되지 않고 고요하지 않았기 때문에 그 사람의 부정적인 면만 보였다. 이제 나의 마음이 기쁘고 편안하니 그의 장점이 보이는구나.'

예6.
 수행자가 이렇게 자신을 위로하고 칭찬하고 격려하여 문제를 해결한 체험을 한 후 그는 만나는 사람들에게 항상 이렇게 말했다. "남에게 듣고 싶은 말을 자기 자신에게 하세요. 그러면 문제가 해결될 것입니다." 그러자 이 말을 들은 사람들은 나중에 다시 만났을 때 한결같이 말했다. "말씀하신대로 남에게 듣고 싶은 위로나 칭찬을 나 자신에게 말했더니 남에 대한 불만과 원망과 근심이 사라졌고 힘을 얻고 마음이 편안해져서 문제가 해결되었습니다. 감사합니다."

 보통 사람들의 마음은 항상 경주마처럼 밖의 대상을 향해 달려나간다. 이때 마음 챙기고 알아차려 말의 고삐를 잡고 제지시킨 후 말의 방향을 돌리는 것처럼, 이와 같이 마음을 다잡아 내면으로 돌아가면 마음이 쉬고 편안하게 머물게 된다. 이와 같이 마음이 밖의 대상으로 달려나가서 남에 대하여 불만과 원망을 품거나, 위로를 받기를 바라거나, 칭찬을 듣기를 바랄 때 곧바로 알아차리고 마음을 다잡아 내면으로 돌아가서 자기 스스로를 위로하고 칭찬하면 마음이 쉬고 편안해지거나 기쁨을 얻고 힘을 얻는 것이다.

4. 언제나 어디서나 주인이 되라

선덕희(善德喜. 가명)라는 법명을 가진 한 불자가 있었다. 그는 평소에 늘 경전을 공부하고 육재일에 팔재계를 지켰으며 바른 견해의 팔정도를 닦았고 인연 따라 남에게 법을 설하여 감동과 기쁨을 주고 이익을 주는 보살행을 실천하는 사람이었다.

그는 최근 수년 동안 업장으로 인하여 인간관계에 있어서 어려움을 겪었으나 지혜와 인욕으로 장애를 잘 이겨내고 평정심을 유지하려고 노력하고 애를 썼다. 그럼에도 불구하고 마음이 안정되지 못하고 사람에 대한 두려움과 경계심이 일어나 마음이 예민해졌다.

그는 매일 하루 한 번 내지 두 번 집에서 나가 산책길을 걸으면서 중요한 경전을 외우는 습관이 생겼다. 걸을 때 손에 경문을 적은 쪽지를 쥐고 다니지 않으면 불안하여 마음이 안정되지 않았다. 길에서 지나가는 사람이 신경 쓰이고 시선 둘 곳이 없고 불안하면 쪽지에 쓴 경문을 읽고 외우면서 마음이 편안해졌다. 오직 손에 쥔 쪽지가 안전한 의지처, 피난처였다. 집에서 나가려고 할 때에도 '나갈까 말까' 주저하고 망설였다.

그가 스승님에게 그런 사실을 말하니 스승님이 그 길에 이름을 지어주었다. 『선덕희 명상길』이렇게 이름을 받고 나서는 마음이 안정되었다. 그는 집을 나갈 때도 주저하지 않고 곧바로 집을 나섰다. 그는 그 명상길에서 편안하였고 남들을 신경 쓰지 않았고 두렵지 않았다. 지나가는 사람들이 내 집에 온 손님처럼 느껴졌다.

그 후 그는 명상길을 더 넓혀서 해변의 공원에까지 이르는 길을 명상길 1코스, 2코스, 3코스로 정했다. 그는 이제 더 마음이 넓어졌다. 이 세 코스의 모든 길이 편안하고 두려움이 없는 길이 되었다.

그는 자기 마음의 변화가 신기하고 몹시 궁금했다. "이게 뭐지? 단지 이름 하나 지었을 뿐인데 왜 이렇게 마음이 편안하고 당당해졌을까?" 그래서 스승님을 찾아 그 원인을 물었다. 스승님은 이렇게 말했다.

"사람이 '내 집', '내 공간'에서는 주인이 되어 마음이 편안하고 자유롭다. 그러나 남의 집, 남의 공간에서는 손님이 되어 조심스럽고 긴장되고 남의 눈치를 보며 불안하다. 어린 아이들도 자기 방이 있으면 그 방안에서는 아이가 주인이다. 아이도 자기 방에서는 편안하고 자유롭고 주인이 되어 엄마 아빠한테도 당당하게 나가달라고 말한다. 이와 같이 이름을 짓기 전에 그 산책길을 걸을 때는 남의 집에 간 손님처럼 긴장되고 지나다니는 사람들의 눈치가 보이고 조심스러웠지만 『선덕희 명상길』이라고 이름을 짓고 나니 그 길은 '내 집', '내 공간'으로 생각되었기 때문에 주인이 되어 남의 눈치를 보지 않고 당당해졌던 것이며, 지나가는 사람들은 내 집에 온 손님처럼 느껴져서 두려움이 없는 것이다." 이제 그는 이 도리를 이해했다.

처음에는 손에 쥔 쪽지가 의지처, 피난처였다가 명상길 전체가 내 공간이 되어 마음이 넓어지고, 더 나아가 1코스, 2코스, 3코스 해변 공원까지 내 공간이 되어 마음이 넓어졌다. 그는 평소에 도솔천왕생을 발원하고 염불하는 사람이었다. "나모 멧떼야(Namo Metteyya)!

나무미륵보살!" 하고 염불했으며, 죽은 후에는 도솔천 내원궁에 태어나 미륵보살님을 친견하고 수행하다가 나중에 미륵보살님이 인간에 내려와 위없는 깨달음을 얻고 미륵불이 되셨을 때 그 밑에서 출가하여 해탈하기를 서원했다. 그는 지혜제일의 제자가 되기를 서원했다.

그는 늘 염불하고 왕생을 발원했기 때문에 자기 집과 명상길이 도솔천의 미륵보살님과 성중(聖衆)들과 사성제, 팔정도의 담마(法)로서 서로 통한다고 생각했다. 도솔천(兜率天)은 빠알리어로 Santusita (산뚜시따)이며 기뻐하고 만족하는 천상세계(喜足天)이다. 도솔천 성중들의 덕행은 자애와 연민이 한량없고, 욕심이 적고 만족할 줄 아는 덕이 있으며, 항상 기뻐하고, 지혜 또한 뛰어나다. 그는 이러한 덕행을 본받아 자신도 자애와 연민 등 사무량심을 닦고, 바른 말, 바른 행위, 바른 생계의 계행을 청정하게 갖추고, 가진 것에 만족할 줄 아는 덕행을 갖추기를 늘 발원하고 수행하고 있다.

그렇다면 마음을 더 넓힐 수 있을까? 스승님이 옛 선지식 임제선사의 말씀과 경허선사의 오도송을 들려준 것을 기억했다.

임제록(臨濟錄)
수처작주(隨處作主)
"언제 어디서나 항상 깨어있어 주인이 되면,"
입처개진(立處皆眞)
"'지금 이 순간 바로 여기'가 항상 참된 진리의 세계이다."

경허선사의 오도송(悟道頌)
돈각삼천시아가(頓覺三千是我家)
"문득 깨달았네, 삼천대천세계가 곧 내 집이라는 것을."

"만약 온 우주 끝까지 모두 '내 집', '내 공간'으로 본다면 언제나 어디에 있거나 항상 편안하고 불안과 두려움이 없을 것이다. 이제 내 마음은 온 우주 끝까지 넓어진 기분이다. 이렇게 관찰한다면 어디에 가든지 '내 집', '내 공간'의 주인이 되어 다른 사람들을 내 집의 손님으로 보아 두렵지도 않고 불안하지도 않고 편안하고 당당할 것이다."

좁은 마음을 버리고 넓은 마음을 가져라. 세상은 마음의 거울이기 때문에 나의 미래와 행복은 마음이 창조한다. 그러므로 생각을 바꾸고 견해를 바꾸고 마음을 바꾸면 세상은 달라진다. 온 세상, 우주 끝까지 '내 집', '내 고향', '내 공간'으로 보라. 온 세상의 주인이 되라.

'내 집', '내 고향', '내 공간'이라는 것은 마음을 넓히고 청정하게 하는 방편이다. 그러나 지혜로 보면 그것은 개념이다. 실재가 아니다. 그러므로 사념처로 법을 관찰해야 한다. 개념을 적절한 방편으로 사용하여 마음을 청정하게 하고 나서 다시 법을 관찰하여 지혜를 청정하게 하는 양면의 수행을 치우치지 않게 원만하게 닦아야 한다.

5. 생각을 바꿔서 괴로움에서 벗어난 이야기

한 불자가 빌라 2층에 살았는데 바로 밑의 1층에 음식점이 있었다. 배달 전문 음식점이었다. 방에서 경전공부를 할 때나 쉴 때나 저녁에 누워 잠을 청할 때나 새벽에도 밑의 음식점에서 음식 조리하는 냄새가 창문을 통해 올라왔다. 고추를 볶는 매콤한 냄새가 코를 찔렀다. 매운 냄새로 인하여 자주 기침을 하다 보니 목안이 부어서 병원 치료를 하였다. 또한 주방의 환기하는 장치인 후드의 팬 돌아가는 소리가 크게 들렸고 방바닥이 진동했다. 그 냄새와 소리로 인해 스트레스를 받고 힘들어 신경쇠약에 걸릴 지경이었다.

그래서 견디지 못하고 몇 달간 시골에 가 있었다. 그런데 시골집의 인근에 소를 키우는 축사와 돼지를 키우는 축사가 있었는데 바람결에 소와 돼지의 역한 똥 냄새가 풍겨와서 괴로웠고 또 시도 때도 없이 울어대는 소 울음소리도 스트레스였다. 이렇게 시골에서 몇 개월 지내다가 다시 집에 돌아왔다.

그런데 공부를 하다가 '온 우주가 내 집이다.'라는 각성을 하고 나서 생각하니 '저 음식점의 주인도 나의 가족이고 나의 자매다. 먹고 살려고 얼마나 애를 쓰고 있는가? 불쌍하구나.'라고 생각하자 이상하게도 냄새와 소리에 대해 스트레스를 더 이상 받지 않고 마음이 편안하게 되었다. 그래서 '왜 괴로움이 사라졌을까?' 하고 숙고했다.

'전에는 그 음식점이 나와 무관한 남의 집이라고 생각했었는데, 그저 그곳이 내 집이라고 생각하고 그 주인이 나의 자매라고 생각을 바꾸었을 뿐인데 싫은 생각이 없어지고 힘들지 않게 되었구나. 아! 모든 것이 마음이다. 마음가짐을 바꾸고 생각과 견해를 바꾸면 괴로움에서 벗어난다. 이 얼마나 통쾌하고 자유로운가! 이제 나는 어떠한 힘들고 어려운 환경에서도 스스로 생각과 견해를 바꾸어 괴로움에서 벗어날 수 있는 힘을 얻게 되었다. 감사합니다! 부처님! 부처님의 가르침은 참으로 위대합니다! 사두! 사두! 사두!'

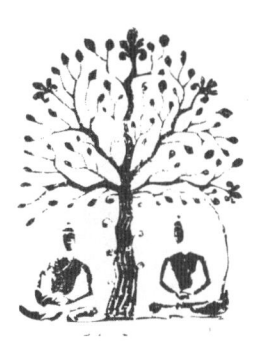

회향문

 독자들이 이 책을 읽은 공덕으로 바른 믿음과 바른 견해를 확립하고, 사악처를 영원히 벗어나서 인간과 천상의 행복을 누리며, 세세생생 불법을 만나 복과 지혜를 구족하여 끝내 최상의 깨달음과 대열반을 성취하기를 바라나이다!